APRENDE JAPONÉS

Hiragana Katakana y Kanji N5

CUADERNO DE LENGUA PARA PRINCIPIANTES

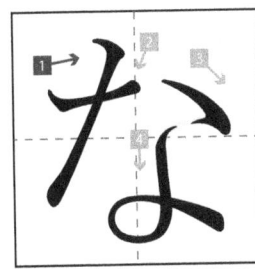 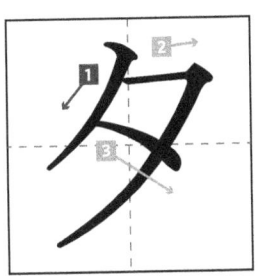 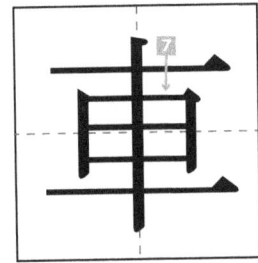

NUEVA EDICIÓN DE CUADERNO TRIPLE 3 EN 1

POLYSCHOLAR

www.polyscholar.com

CONTENIDO

Consejo: *Es mejor trabajar en este libro con bolígrafos de gel, lápices y otros similares. Tenga cuidado con los rotuladores y la tinta, ya que los medios pesados o húmedos pueden hacer que el papel manche o se transfiera a las páginas inferiores. A continuación se presentan algunos cuadros de prueba para comprobar la idoneidad de sus bolígrafos:*

APRENDER JAPONÉS

¡Los primeros pasos para aprender a leer, escribir y hablar japonés son aprender Hiragana y Katakana! Si empiezas mirando tablas de caracteres, te empezará a parecer una tarea muy complicada – pero este libro ha sido diseñado para hacer que sea más fácil y rápido de entender.

Empezaremos repasando información general básica para ofrecerte una mejor comprensión sobre cómo funciona el sistema lingüístico completo. ¡Luego, después de echar un breve vistazo a los diferentes 'alfabetos' *(¡sí, hay más de uno!)* pasaremos directamente a aprender los Kana!

CÓMO USAR ESTE LIBRO

Como al aprender cualquier idioma, la repetición es una de las maneras más rápidas de adquirir conocimientos. Este cuaderno de actividades contiene páginas de instrucciones diseñadas detalladamente para enseñarte a escribir cada carácter, además de espacio para practicar tus nuevos conocimientos sobre la caligrafía japonesa:

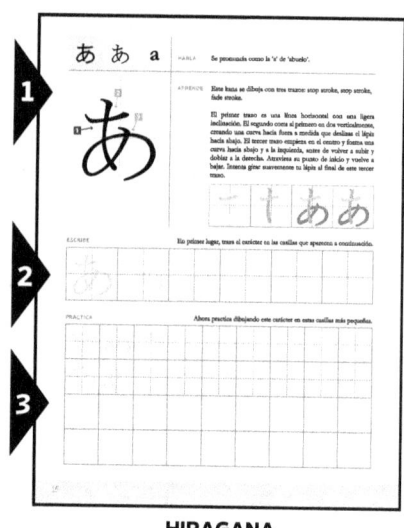

HIRAGANA

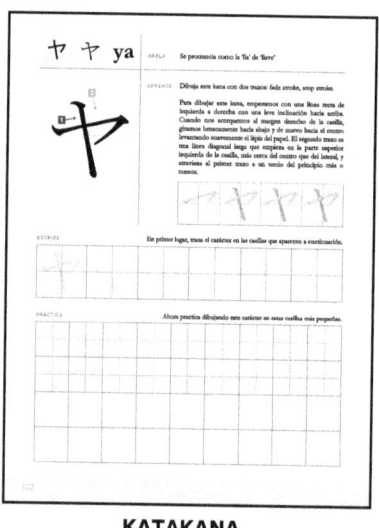

KATAKANA

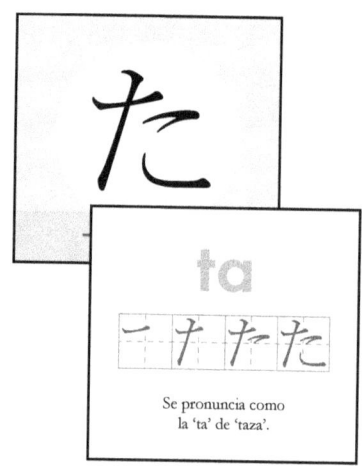

TARJETAS DE MEMORIA

En la parte final de este libro encontrarás casillas adicionales que podrás usar después de aprender a escribir algunos de *(o incluso todos)* los Kana – estas páginas con cuadrículas se denominan tradicionalmente en japonés *Genkouyoushi*, que significa *'papel manuscrito'*.

La parte final de este libro contiene páginas con un conjunto de tarjetas que se pueden fotocopiar o cortar. Estas tarjetas son una buena forma de ayudarte a memorizar los símbolos y poner a prueba tus conocimientos. *¡Los estudiantes más jóvenes deben buscar a un adulto que les ayude a cortarlas!*

GUIONES JAPONESES

Cuando estudias japonés, te encuentras con cuatro tipos de escritura muy diferentes *(o alfabetos)*. Aunque esto puede sonar complicado al principio, debería empezar a tener mucho más sentido en algún momento – ¡especialmente cuando entiendas uno de ellos!

RŌMAJI ロマンジ

Significa literalmente 'letras romanas'. Este alfabeto usa las conocidas letras del alfabeto español para representar la lengua japonesa. Solo se usan para escribir las palabras de una forma que puedan entender las personas que no hablan japonés. No es muy común en el uso diario.

Los otros tres tipos de escritura, **Hiragana, Katakana, y Kanji** son las que más se usan y normalmente se combinan entre sí para crear palabras y frases en la escritura japonesa cotidiana. Cada alfabeto tiene su propia finalidad y juntos nos indican el significado de las palabras, su procedencia y cómo deben pronunciarse.

HIRAGANA ひらがな

あいうえおかきくけこ

Este es el primer alfabeto que deberíamos aprender. Consiste en caracteres sencillos trazados con formas redondas. A diferencia del alfabeto español, el Hiragana es un **sistema de escritura fonético**, y cada carácter representa el sonido de una sílaba. Cada vez que veas un carácter en concreto, sabrás cómo suena.

KATAKANA カタカナ

アイウエオカキクケコ

Este alfabeto también es fonético. El katakana **representa los mismos sonidos silábicos que el Hiragana**, pero se usa para los préstamos lingüísticos (palabras que se toman prestadas de otros idiomas), como los nombres extranjeros, las nuevas tecnologías, o nombres de comidas, por ejemplo. Su apariencia es más angulosa, no presenta formas redondas.

Se traduce literalmente como *'letras chinas'*. Los **Kanji** son caracteres que han sido tomados prestados del chino. A diferencia de los otros alfabetos que representan sonidos, los símbolos del alfabeto Kanji muestran bloques de significado, como palabras completas, o una idea general sobre algo.

年本月生米前合事社京

Hay literalmente *miles* de Kanji, y se siguen creando algunos nuevos, así que son un completo desafío incluso para los lingüistas más expertos. Se crean de una manera más o menos lógica, así que *eventualmente* puedes entender o adivinar el significado de los símbolos que nunca habías visto antes.

SILABARIOS KANA

Hiragana y Katakana *(más conocidos como Kana)* tienen cada uno de ellos 46 caracteres básicos que, a diferencia de las letras del alfabeto español, representan un sonido diferente *(en vez de una letra)*. Prácticamente, todos estos sonidos se basan en solo 5 'sonidos vocálicos' a los que les añadimos un sonido de consonante delante para hacer sonidos nuevos. *¡Te prometo que será más fácil de lo que parece!*

Hiragana	あ	い	う	え	お
Katakana	ア	イ	ウ	エ	オ
Romaji	a	i	u	e	o
Pronunciación	'ah'	'ee'	'oo'	'eh'	'oh'

Los cinco sonidos vocálicos

Este libro te enseñará a escribir todos los caracteres básicos de los alfabetos Hiragana y Katakana, y también te mostrará cómo se crean los sonidos nuevos combinando los símbolos básicos. Cuando llegues al final del libro, podrás escribir los caracteres que componen la mayoría de los sonidos necesarios para el japonés.

Las siguientes páginas contienen mucha información, pero no dejes que esto te estrese. Además de las tablas con todos los símbolos de Kana básicos que vas a aprender, desglosaremos algunas reglas básicas para combinar estos símbolos – ¡después de esto llegará el momento de ponerse manos a la obra!

DIRECCIÓN DE ESCRITURA

Los textos japoneses a veces se disponen en columnas verticales que se escriben y se leen de arriba hacia abajo, columna a columna, empezando por el lado derecho de la hoja. Desde que terminó la Segunda Guerra Mundial, se usa la orientación horizontal que nos resulta más familiar – aquella que se lee de izquierda a derecha, justo como en la lengua española. Esto se aplica a todos los alfabetos del japonés.

El texto de los siguientes ejemplos es idéntico, solo cambia la dirección de lectura y escritura:

私は犬を飼っています。
彼女は行儀が良い。
彼らは寝るのが好きです。
多くの場合、一日中。
多分彼女は怠け者です。

Tategaki
縦書き
(*'escritura vertical'*)

1.
2. 私は犬を飼っています。
彼女は行儀が良い。
彼らは寝るのが好きです。
多くの場合、一日中。
多分彼女は怠け者です。

Yokogaki
横書き
(*'escritura horizontal'*)

Se aceptan ambos estilos y a veces se elige uno u otro dependiendo del diseño y formato del documento. En general, el diseño vertical se usa en textos tradicionales, mientras que el diseño horizontal se encuentra en escritos más modernos o en documentos oficiales. Hay que recordar que los libros con el estilo de escritura *tategaki* (vertical) se producen en la dirección contraria a los libros que podemos encontrar en español, ¡por lo tanto, el principio del libro se sitúa en la cubierta trasera!

PRONUNCIACIÓN

Cuando aprendes los alfabetos Kana, empiezas a aprender también a pronunciar correctamente el japonés, ya que dichos sistemas de escritura cubren la mayoría de los sonidos necesarios en todo el idioma. Es importante practicar en las primeras etapas del aprendizaje si quieres desarrollar un acento que suene natural y nativo.

Nota: Este libro de actividades incluye una introducción muy básica a la pronunciación japonesa, debido a que este aspecto se enseña con más efectividad con la ayuda de un audio. Para describir los sonidos, en cada una de las páginas de práctica se usa una palabra o sílaba que suena parecida en español – una buena práctica es repetirlas en alto a medida que avanzas con el libro.

TRAZOS Y LÍNEAS

Los alfabetos japoneses originalmente se escribían con una brocha y tinta. En la actualidad se usan bolígrafos modernos, pero es importante que aprendamos a escribir con los movimientos y **trazos tradicionales**. Vamos a usar el carácter del alfabeto Hiragana け *(o 'ke')* como ejemplo, ya que contiene los tres tipos de trazos que vas a usar – para que resulte más sencillo describir cómo se escriben los caracteres en el próximo tema, le hemos puesto nombres que reflejan cómo se trazan y cuál es su apariencia:

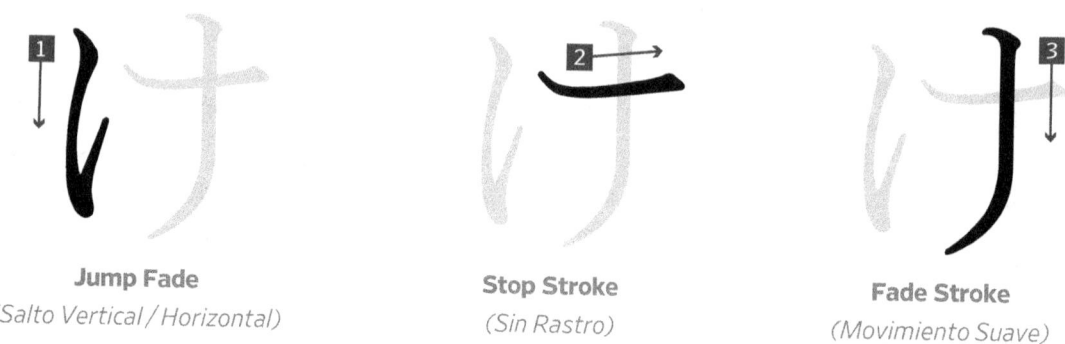

Jump Fade

(Salto Vertical / Horizontal)

Stop Stroke

(Sin Rastro)

Fade Stroke

(Movimiento Suave)

El trazo **'jump fade'** se realiza con un movimiento rápido del bolígrafo al final del trazo. Se suele hacer un giro hacia arriba y hacia la derecha o izquierda en los trazos verticales *(salto vertical)* y hacia arriba o abajo en los trazos horizontales *(salto horizontal)*. El trazo **'stop stroke'** (que significa literalmente 'detener el trazo') hace exactamente lo que dice su nombre, lleva la línea a un final definitivo antes de levantar el bolígrafo sin dejar ningún tipo de rastro, como en el caso anterior, ni desvanecer la línea, como en el caso del trazo que vamos a ver ahora. Un trazo **'fade stroke'** *(cuyo significado literal es 'trazo desvanecido')* se hace levantando suavemente el lápiz del papel mientras se mueve la mano. Se puede observar cómo la línea se vuelve más fina y se desvanece al final como si se estuviera levantando del papel poco a poco la punta gruesa de la brocha con tinta.

ESTILOS DE ESCRITURA

Este libro te enseñará a escribir Hiragana con los movimientos tradicionales basados en el aspecto resultante de escribir los caracteres con brocha y tinta, pero te encontrarás con otros estilos de caracteres, como puedes observar a continuación:

Todos estos caracteres tienen el mismo significado, pero se ven un poco diferente simplemente porque están hechos a mano, con bolígrafos o lápices, o con una fuente digital moderna en una pantalla *(o impresa)*. Aunque su apariencia cambie un poco, el significado sigue siendo el mismo.

Parte 2

TABLAS DE HIRAGANA Y REGLAS BÁSICAS

Esta tabla muestra los 46 caracteres básicos del alfabeto Hiragana con su correspondiente escritura en Romaji para representar el sonido fonético más similar. Los sonidos vocálicos aparecen en la parte superior de la tabla y sus versiones correspondientes con los sonidos de consonantes se muestran debajo. **Ten en cuenta que 'n' es una excepción - *wo también es un kana poco común.*

Sonidos Vocálicos

	a	i	u	e	o
	あ a	い i	う u	え e	お o
k	か ka	き ki	く ku	け ke	こ ko
s	さ sa	し shi	す su	せ se	そ so
t	た ta	ち chi	つ tsu	て te	と to
n	な na	に ni	ぬ nu	ね ne	の no
h	は ha	ひ hi	ふ fu	へ he	ほ ho
m	ま ma	み mi	む mu	め me	も mo
y	や ya		ゆ yu		よ yo
r	ら ra	り ri	る ru	れ re	ろ ro
w	わ wa		ん **n		を *wo

Consonantes

DIACRÍTICOS

Además de los símbolos *básicos del Hiragana*, hay **25 diacríticos**. Se usan en sílabas con sonidos parecidos que se pronuncian diferente. Son básicamente los mismos símbolos básicos, pero con marcas adicionales que indican que deberían ser pronunciados con un sonido ligeramente alterado:

Básico   con Dakuten   con Handakuten

Los símbolos básicos del Hiragana que aparecen con estos trazos pequeños *(Dakuten)* o con un círculo *(Handakuten)* sobre ellos indican que la consonante que forma parte de la sílaba tiene que pronunciarse diferente:

- La **K** se pronuncia como una **G**
- La **S** cambia a **Z** *(excepto* し*)*
- La **T** se convierte en **D**
- La **H** se pronuncia como una **B** cuando aparece junto a *Dakuten*, y como una **P** cuando aparece junto a *Handakuten*

	a	i	u	e	o
k ▶ g	が ga	ぎ gi	ぐ gu	げ ge	ご go
s ▶ z	ざ za	じ ji	ず zu	ぜ ze	ぞ zo
t ▶ d	だ da	ぢ dzi (ji)	づ dzu	で de	ど do
h ▶ b	ば ba	び bi	ぶ bu	べ be	ぼ bo
h ▶ p	ぱ pa	ぴ pi	ぷ pu	ぺ pe	ぽ po

DÍGRAFOS

Este conjunto de sonidos recibe el nombre de **dígrafos** – se usan dos caracteres básicos que ya hemos visto. Los dígrafos aparecen donde dos sonidos silábicos se han combinado para crear uno nuevo:

き + や = きゃ
(ki)   (ya)   (kya)

Cuando escribimos estas letras, es de vital importancia que el segundo símbolo se vea más pequeño que el primero. Así es como podemos darnos cuenta de que los dos sonidos se combinan.

La pronunciación de estos sonidos, también conocidos como sonidos compuestos del alfabeto Hiragana, es muy sencilla – por ejemplo, き (ki) + や (ya) se convierte en きゃ (kya) y se pronuncia 'kiya' sin el sonido 'i'.

¡No dejes que las tablas que se muestran a continuación te asusten – todos los dígrafos se forman *exclusivamente* con caracteres de la columna い/i *(excepto esta misma)* y solo se modifican con caracteres de la fila de Y!

きゃ kya	きゅ kyu	きょ kyo	ぎゃ gya	ぎゅ gyu	ぎょ gyo
しゃ sha	しゅ shu	しょ sho	じゃ ja	じゅ ju	じょ jo
ちゃ cha	ちゅ chu	ちょ cho	にゃ nya	にゅ nyu	にょ nyo
ひゃ hya	ひゅ hyu	ひょ hyo	びゃ bya	びゅ byu	びょ byo
ぴゃ pya	ぴゅ pyu	ぴょ pyo	りゃ rya	りゅ ryu	りょ ryo
みゃ mya	みゅ myu	みょ myo			

CONSONANTES DOBLES

También tenemos que tener en cuenta que algunas palabras japonesas contienen un *sonido de doble consonante*. Cuando escribimos estas palabras, añadimos un símbolo adicional en forma de un pequeño つ/tsu *(llamado sokuon)* para indicar que se tiene que pronunciar diferente. Veamos un ejemplo:

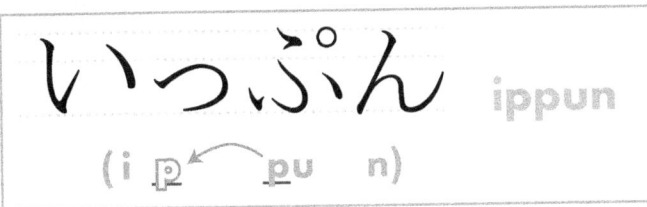

Sin el pequeño つ *(tsu)*, la palabra いぷん *(ipun)* no tiene ningún significado, pero いっぷん *(ippun)*, con el *sokuon*, significa '(un) minuto'.

Ten en cuenta que el pequeño つ se coloca **delante** del carácter del que toma el sonido de consonante doble. Cuando veas palabras con este modificador, la consonante que forma parte del símbolo que le sigue *(en este ejemplo, la 'p' de 'pu')* se añade al final del sonido que le precede.

Ambas consonantes tienen que escucharse por separado cuando se pronuncia la palabra, como si dijéramos **'ip-pun'**, pero sin dejar un espacio audible.

SONIDOS DE VOCALES LARGAS

Al igual que hay sonidos de consonantes dobles, tenemos que tener en cuenta que también hay sonidos vocálicos largos *(por ejemplo: aa, ii, oo, ee, y uu)*. Cuando hablamos, simplemente alargamos la duración del sonido (normalmente el doble), pero al escribir estas palabras, el sonido de la vocal larga se indica con un carácter adicional *(llamado chouon)*. Este carácter normalmente varía dependiendo de la vocal:

Vocal	Extensor
a	あ
i / e	い
u / o	う

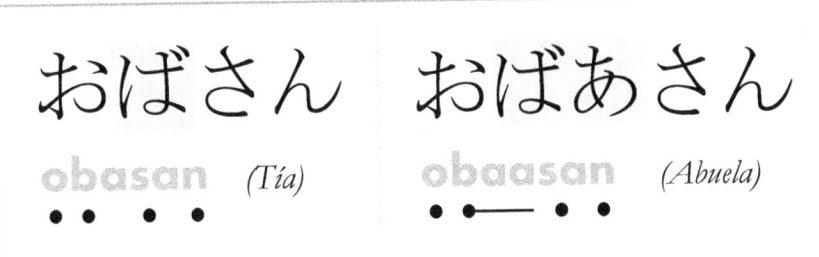

¡Aquí tienes un ejemplo en el que puedes observar cómo cambia el significado de la palabra al añadir (o eliminar) el sonido vocálico largo!

La lengua japonesa está llena de excepciones, pero tienden a aprender con la experiencia. Simplemente es útil tener en cuenta las dobles consonantes y vocales largas por ahora, para que lo puedas entender cuando veas una.

Parte 3

APRENDE A ESCRIBIR HIRAGANA

あ　あ　**a**

Se pronuncia como la 'a' de 'abuelo'.

APRENDE Este kana se dibuja con tres trazos: stop stroke, stop stroke, fade stroke.

El primer trazo es una línea horizontal con una ligera inclinación. El segundo corta al primero en dos verticalmente, creando una curva hacia fuera a medida que deslizas el lápiz hacia abajo. El tercer trazo empieza en el centro y forma una curva hacia abajo y a la izquierda, antes de volver a subir y doblar a la derecha. Atraviesa su punto de inicio y vuelve a bajar. Intenta girar suavemente tu lápiz al final de este tercer trazo.

ESCRIBE
En primer lugar, traza el carácter en las casillas que aparecen a continuación.

PRACTICA
Ahora practica dibujando este carácter en estas casillas más pequeñas.

15

い　い　i

Se pronuncia como la 'i' de 'invierno'.

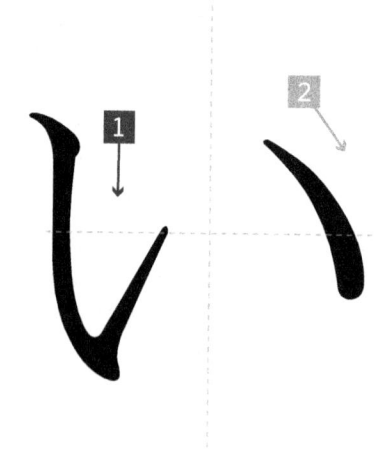

APRENDE　Este kana se dibuja con dos trazos: jump fade, stop stroke.

El primer trazo es una línea curva ligeramente diagonal que gira bruscamente hacia arriba al final, terminando con un movimiento gentil del lápiz. Este tipo de final de trazo que se realiza girando el lápiz de golpe se llama hane. Cuando escribimos un hane es como si conectáramos este trazo con el siguiente. El segundo trazo empieza casi donde termina el anterior – dibuja una línea curva en el sentido contrario al del primer trazo, más corta, sin el hane.

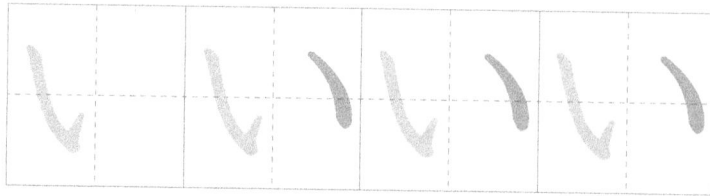

ESCRIBE　　　　En primer lugar, traza el carácter en las casillas que aparecen a continuación.

PRACTICA　　　　Ahora practica dibujando este carácter en estas casillas más pequeñas.

う う **u**

Se pronuncia como la 'u' de 'uno'.

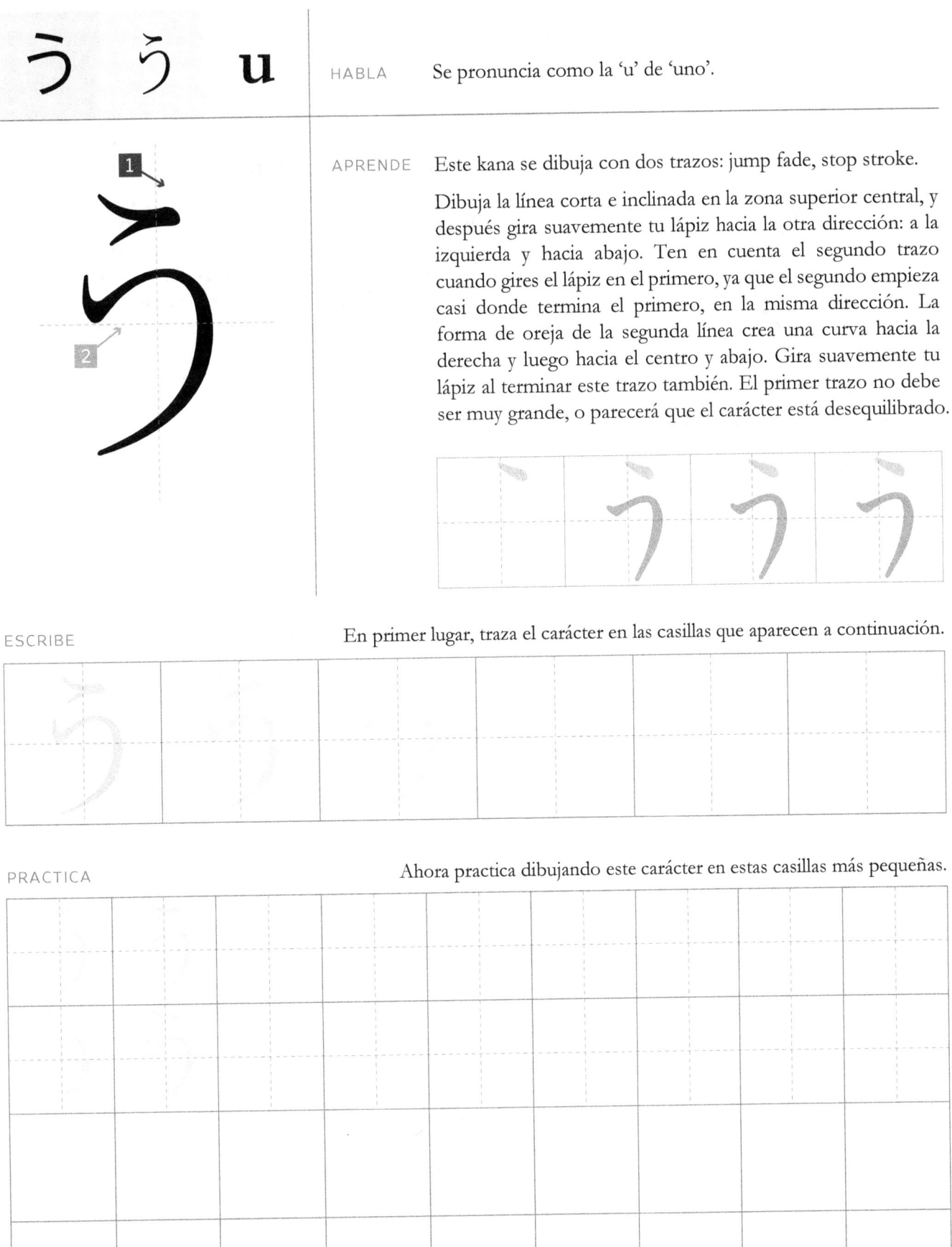

APRENDE Este kana se dibuja con dos trazos: jump fade, stop stroke.

Dibuja la línea corta e inclinada en la zona superior central, y después gira suavemente tu lápiz hacia la otra dirección: a la izquierda y hacia abajo. Ten en cuenta el segundo trazo cuando gires el lápiz en el primero, ya que el segundo empieza casi donde termina el primero, en la misma dirección. La forma de oreja de la segunda línea crea una curva hacia la derecha y luego hacia el centro y abajo. Gira suavemente tu lápiz al terminar este trazo también. El primer trazo no debe ser muy grande, o parecerá que el carácter está desequilibrado.

ESCRIBE En primer lugar, traza el carácter en las casillas que aparecen a continuación.

PRACTICA Ahora practica dibujando este carácter en estas casillas más pequeñas.

え　え　**e**

　Se pronuncia como la 'e' de 'elefante'.

　Este kana se dibuja con dos trazos: jump fade, stop stroke.

Empezamos igual que con el hiragana anterior, う, con una línea corta e inclinada en la zona superior central. Para realizar el segundo trazo, imagina que estás escribiendo el número 7 y luego desliza el lápiz un poco hacia arriba antes de dibujar una pequeña ola. Extiende este trazo, pero no gires rápido el lápiz como en trazos anteriores.

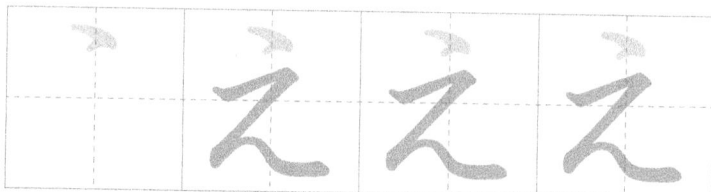

ESCRIBE　En primer lugar, traza el carácter en las casillas que aparecen a continuación.

PRACTICA　Ahora practica dibujando este carácter en estas casillas más pequeñas.

お　お　o

Se pronuncia como la 'o' de 'oreja'.

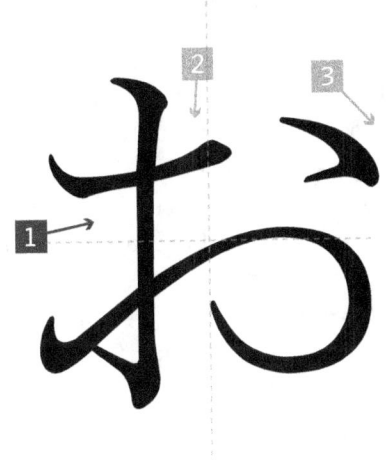

APRENDE

Este kana se dibuja con tres trazos: stop stroke, fade stroke, stop stroke.

Empieza con una línea horizontal corta, igual que con el hiragana あ, pero un poco más baja e inclinada hacia la izquierda. El segundo trazo atraviesa al primero con una línea vertical que gira de golpe hacia la izquierda. Luego cambia la dirección de nuevo para crear una curva larga antes de girar suavemente tu lápiz al final. El tercer trazo es pequeño y está situado arriba a la derecha del primer trazo.

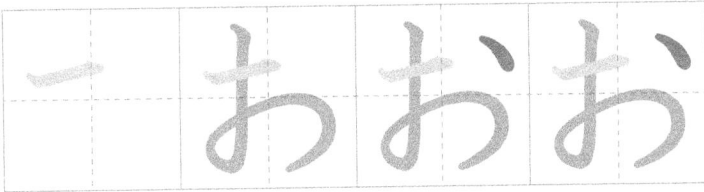

ESCRIBE

En primer lugar, traza el carácter en las casillas que aparecen a continuación.

PRACTICA

Ahora practica dibujando este carácter en estas casillas más pequeñas.

か　か **ka**

Se pronuncia como la sílaba 'ca' de 'casa'.

APRENDE

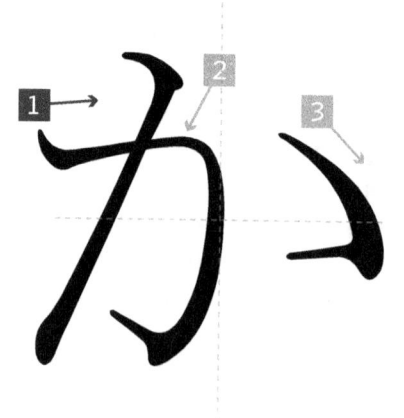

Este kana se dibuja con tres trazos: jump fade, stop stroke, stop stroke.

Empieza con una línea horizontal antes de girar verticalmente hacia abajo y doblarse hacia la izquierda en el final del trazo – termina con un hane. El segundo trazo se desliza diagonalmente desde la parte superior central hasta la parte inferior izquierda, atravesando al primero aproximadamente en la mitad de la línea horizontal. El último trazo es una curva inclinada hacia la derecha. Es importante que esta línea sea más grande que los trazos pequeños de los kana anteriores para asegurarnos de que no se lea como un modificador.

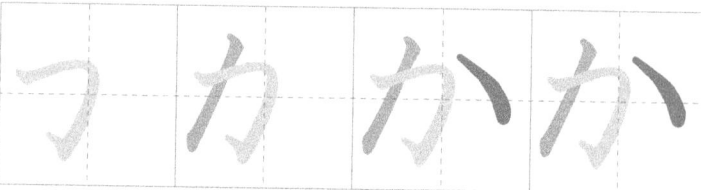

ESCRIBE

En primer lugar, traza el carácter en las casillas que aparecen a continuación.

PRACTICA

Ahora practica dibujando este carácter en estas casillas más pequeñas.

き き **ki**

Se pronuncia como la 'ki' de 'kilo'.

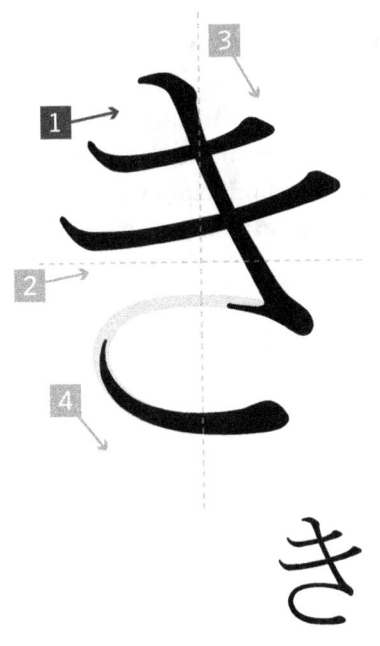

APRENDE

Se dibuja con cuatro trazos: stop stroke, stop stroke, jump fade, stop stroke.

Los dos primeros trazos son líneas paralelas que se dibujan de izquierda a derecha y tienen una ligera inclinación. El tercer trazo atraviesa a los dos primeros y termina con un hane. Dibuja el hane moviendo rápido el lápiz hacia arriba, creando la cuarta marca. Dibuja el último trazo curvado hacia la derecha. A veces puedes encontrarte estas marcas conectadas en algunas fuentes, como se puede observar en la imagen de la izquierda, pero esta es la manera correcta de dibujar este carácter.

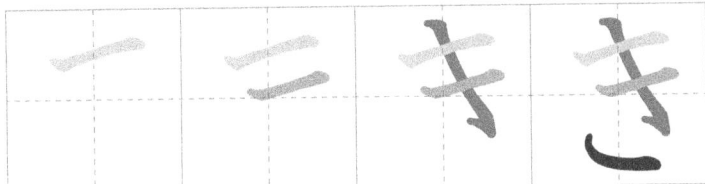

ESCRIBE

En primer lugar, traza el carácter en las casillas que aparecen a continuación.

PRACTICA

Ahora practica dibujando este carácter en estas casillas más pequeñas.

く く ku

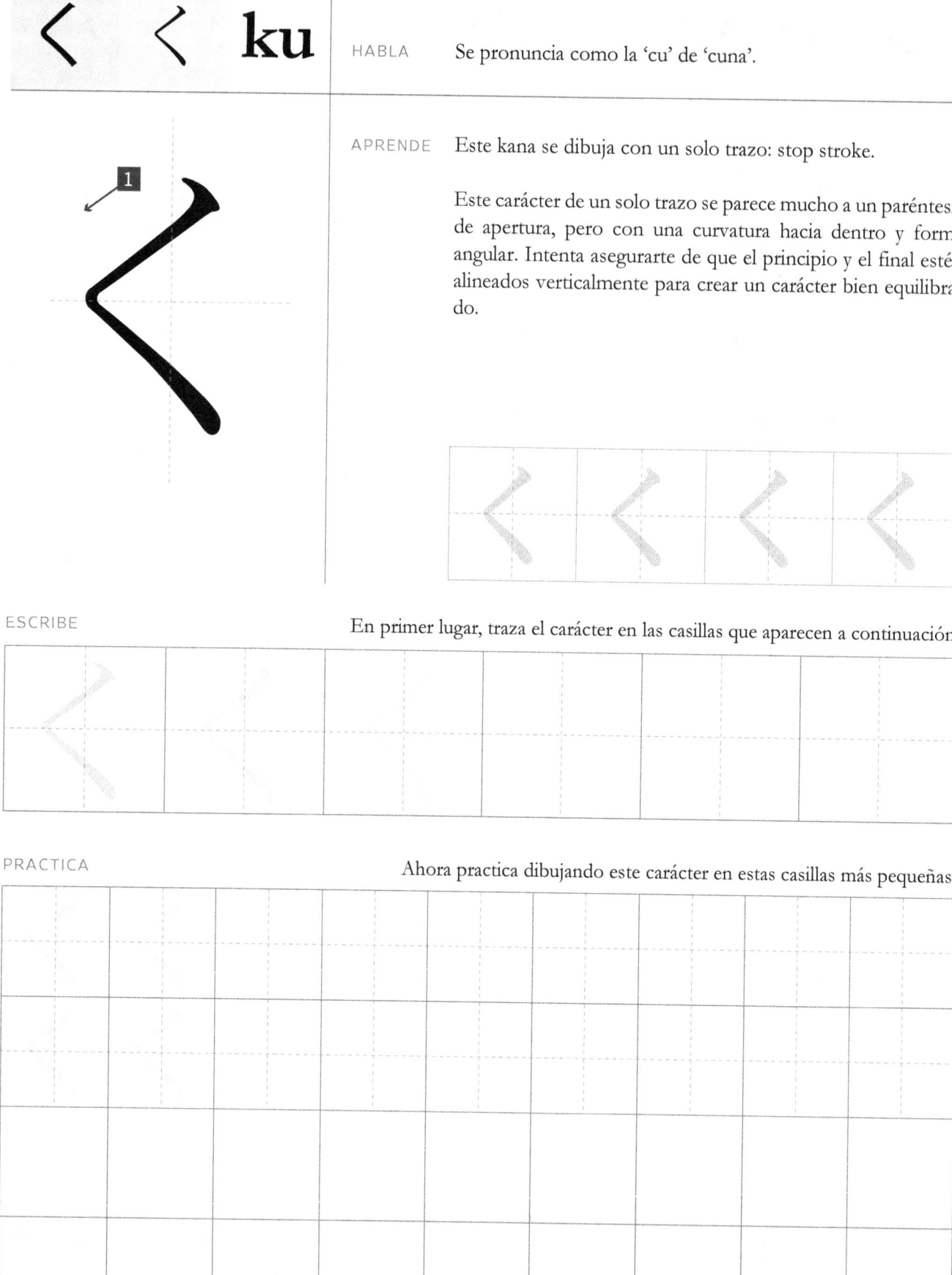

Se pronuncia como la 'cu' de 'cuna'.

APRENDE Este kana se dibuja con un solo trazo: stop stroke.

Este carácter de un solo trazo se parece mucho a un paréntesis de apertura, pero con una curvatura hacia dentro y forma angular. Intenta asegurarte de que el principio y el final estén alineados verticalmente para crear un carácter bien equilibrado.

ESCRIBE En primer lugar, traza el carácter en las casillas que aparecen a continuación.

PRACTICA Ahora practica dibujando este carácter en estas casillas más pequeñas.

け け **ke**

Se pronuncia como la 'que' de 'queso'.

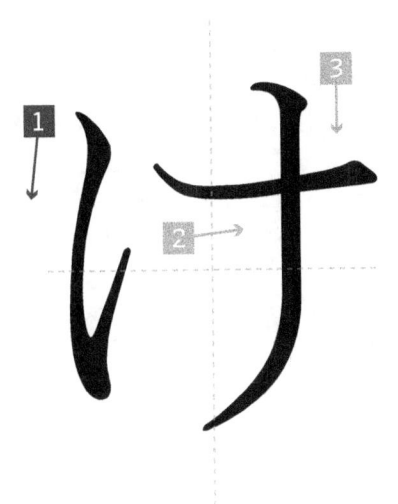

APRENDE Este kana tiene tres trazos: jump fade, stop stroke, fade stroke.

Dibuja el primer trazo hacia abajo con una ligera curvatura hacia fuera y termina con un hane. El segundo trazo se realiza como una continuación del hane, con una línea corta de izquierda a derecha. El último trazo es otra línea vertical hacia abajo, con una pequeña curva hacia la izquierda esta vez. Empieza un poco más arriba que la anterior y también termina más abajo. Termina este trazo con un giro gentil del lápiz.

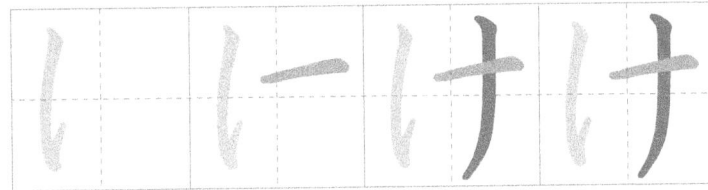

ESCRIBE En primer lugar, traza el carácter en las casillas que aparecen a continuación.

PRACTICA Ahora practica dibujando este carácter en estas casillas más pequeñas.

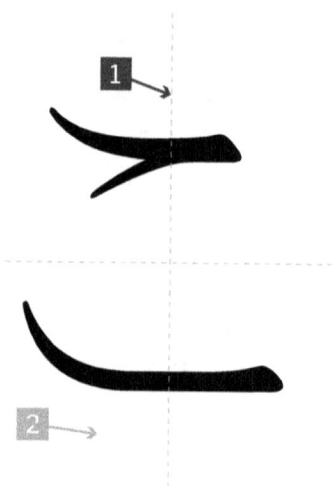

こ こ ko

Se pronuncia como la 'co' de 'comida'.

APRENDE   Este kana se dibuja con dos trazos: jump fade, stop stroke.

El dibujo de este kana se realiza con dos trazos que se curvan hacia dentro, por lo tanto, parece que casi se conectan y forman un gran círculo. La primera marca es una línea horizontal curvada que termina con un hane. El segundo trazo se hace más bajo y hacia la izquierda. Los trazos deberían verse como si estuvieran a punto de conectarse para crear una forma circular cerrada.

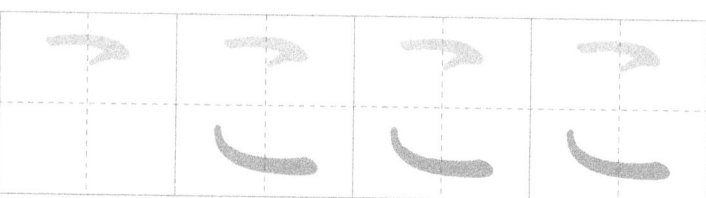

ESCRIBE   En primer lugar, traza el carácter en las casillas que aparecen a continuación.

PRACTICA   Ahora practica dibujando este carácter en estas casillas más pequeñas.

さ さ **sa**

Se pronuncia como la 'sa' de 'salida'.

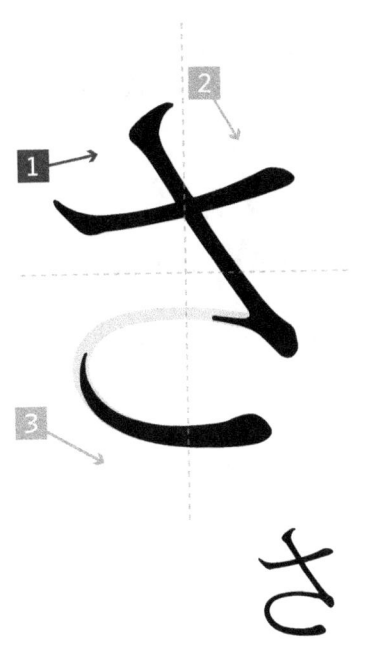

APRENDE Este kana se dibuja con tres trazos: stop stroke, jump fade, stop stroke.

Se escribe de manera similar al hiragana き, pero sin el primer trazo corto. Empieza con una línea horizontal de izquierda a derecha inclinada. El segundo trazo atraviesa la línea anterior y termina formando un hane. La tercera línea se hace poniendo el lápiz un poco más abajo del hane y realizando una curva. Los trazos de este kana a veces se pueden encontrar unidos, pero la manera correcta de escribirlo es levantando el lápiz.

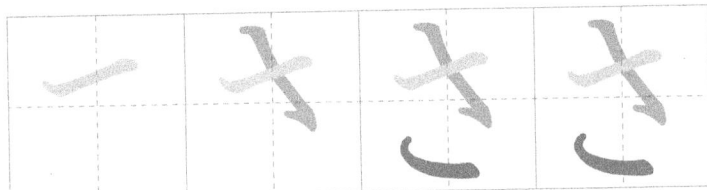

ESCRIBE En primer lugar, traza el carácter en las casillas que aparecen a continuación.

PRACTICA Ahora practica dibujando este carácter en estas casillas más pequeñas.

し し **shi**

Se pronuncia como la 'shi', de 'sushi'.

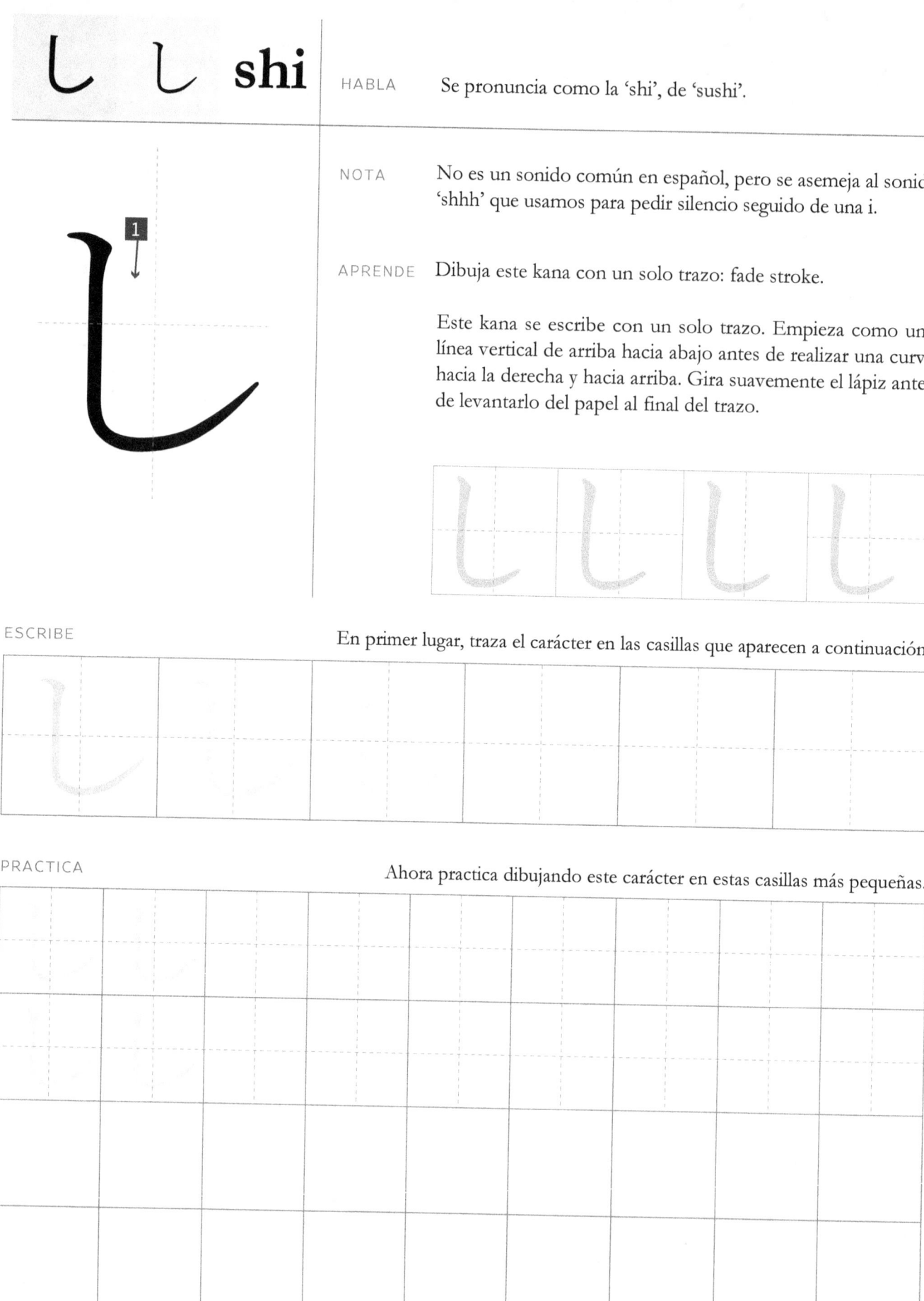

NOTA   No es un sonido común en español, pero se asemeja al sonido 'shhh' que usamos para pedir silencio seguido de una i.

APRENDE   Dibuja este kana con un solo trazo: fade stroke.

Este kana se escribe con un solo trazo. Empieza como una línea vertical de arriba hacia abajo antes de realizar una curva hacia la derecha y hacia arriba. Gira suavemente el lápiz antes de levantarlo del papel al final del trazo.

ESCRIBE   En primer lugar, traza el carácter en las casillas que aparecen a continuación.

PRACTICA   Ahora practica dibujando este carácter en estas casillas más pequeñas.

す す **su**

Se pronuncia como la 'su' de 'subir'.

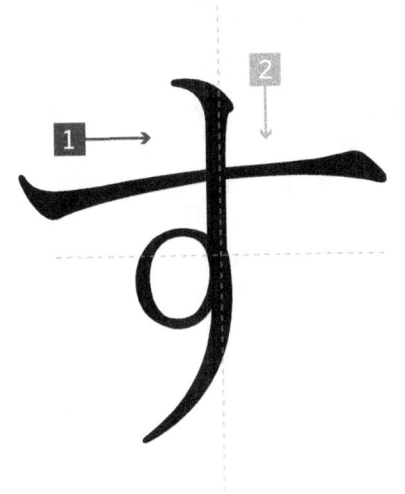

APRENDE Este kana tiene dos trazos: stop stroke, fade stroke con círculo.

Empieza dibujando una línea horizontal larga de izquierda a derecha. Tu segunda línea empieza en la parte superior de la casilla y se desliza hacia abajo atravesando a la primera. Luego gira formando un círculo justo después de cruzar la línea anterior. Completa el trazo haciendo una curva hacia la izquierda y levanta tu lápiz del papel con un movimiento gentil al final para desvanecer el trazo. Intenta atravesar al primer trazo un poco hacia la derecha en vez de en el centro. Esto hará que tengas más espacio para crear el círculo debajo.

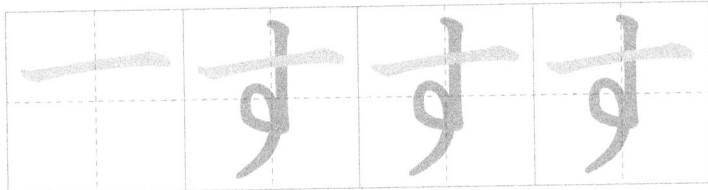

ESCRIBE En primer lugar, traza el carácter en las casillas que aparecen a continuación.

PRACTICA Ahora practica dibujando este carácter en estas casillas más pequeñas.

27

せ せ se

Se pronuncia como la 'se' de 'semana'.

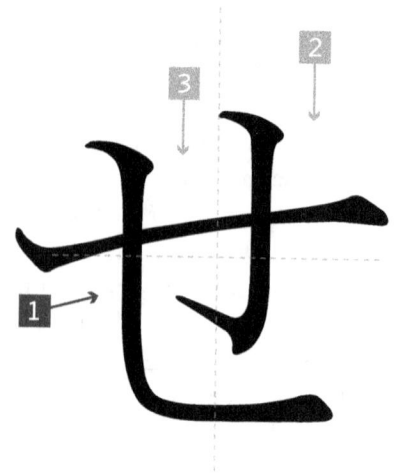

APRENDE

Este kana se dibuja con tres trazos: stop stroke, jump fade, stop stroke.

Empieza a escribir este carácter con una línea horizontal larga de izquierda a derecha. El segundo trazo es una línea vertical más corta que se dibuja en el lado derecho y termina con un hane hacia arriba y a la izquierda. Levanta tu lápiz, pero mantén el impulso en la misma dirección a medida que te preparas para realizar el tercer trazo. Haz una línea vertical hacia abajo y dóblala hacia la derecha. No levantes tu lápiz con un movimiento suave esta vez. Las dos segundas marcas deberían atravesar a la primera dejando espacios equilibrados.

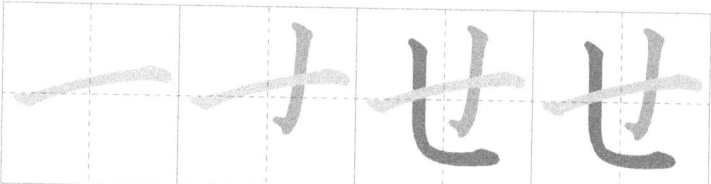

ESCRIBE

En primer lugar, traza el carácter en las casillas que aparecen a continuación.

PRACTICA

Ahora practica dibujando este carácter en estas casillas más pequeñas.

そ そ **SO**

Se pronuncia como la 'so' de 'sonido'.

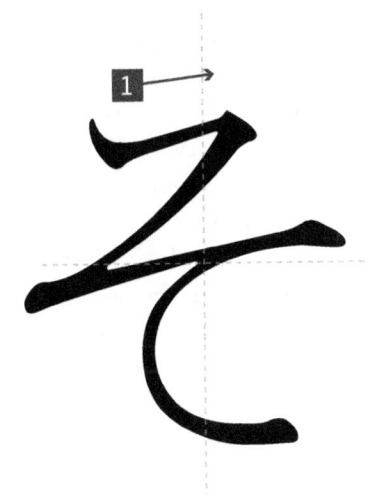

APRENDE Este kana se crea con un solo trazo en forma de zig-zag: stop stroke.

Empieza haciendo la forma de la letra 'Z' en la parte superior antes de añadir la forma de la letra 'C' abajo – no levantes tu lápiz del papel. La forma de la letra 'C' debería terminar sin ningún movimiento hacia arriba. Asegúrate de que la línea horizontal del centro sea más larga que la de arriba. Aunque no es muy común, puede que veas este carácter escrito como si fueran dos trazos diferentes en algunas fuentes.

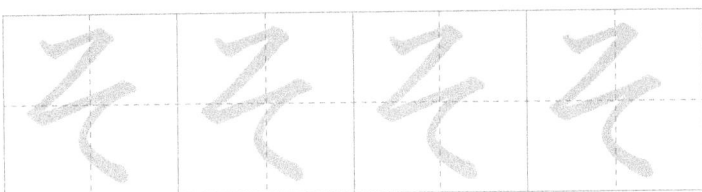

ESCRIBE En primer lugar, traza el carácter en las casillas que aparecen a continuación.

PRACTICA Ahora practica dibujando este carácter en estas casillas más pequeñas.

た た **ta**

Se pronuncia como la 'ta' de 'taza'.

Este kana se dibuja con cuatro trazos: todos son stop strokes.

Dibuja la forma de una 't' minúscula, con la línea vertical inclinada hacia abajo y a la izquierda. Traza esta línea en la parte izquierda de la casilla, de manera que haya espacio para dibujar la siguiente parte. El tercer trazo forma una marca pequeña y curvada a la derecha de la 't', y el cuarto trazo se hace debajo del tercero, con una curva en dirección opuesta a la del trazo anterior. Los dos últimos trazos deberían dibujarse de tal manera que parezca que se unen formando un círculo.

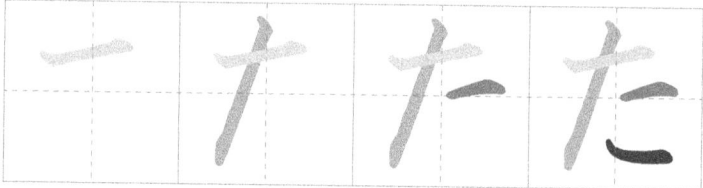

En primer lugar, traza el carácter en las casillas que aparecen a continuación.

Ahora practica dibujando este carácter en estas casillas más pequeñas.

ち ち chi

Se pronuncia como la 'chi' de 'chiste'.

APRENDE   Este kana se dibuja con dos trazos: stop stroke, fade stroke.

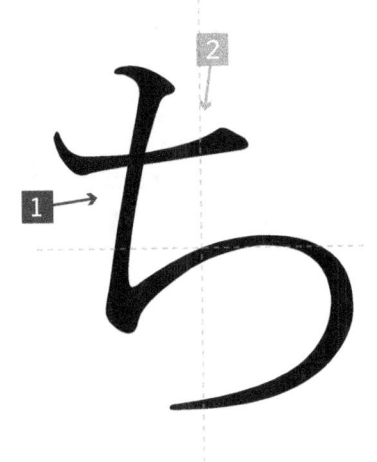

Este carácter lo escribimos como una imagen espejo de さ, pero no es necesario levantar el lápiz en este caso. Dibuja tu primera línea de izquierda a derecha, un poco inclinada. Tu segundo trazo es una línea ligeramente diagonal, dibujada hacia abajo y hacia la izquierda, que atraviesa a la primera. A medida que te acercas a la parte inferior de la casilla, la línea se curva hacia arriba y hacia la derecha, creando una forma circular, pero termina girando suavemente y levantando el lápiz del papel sin llegar a formar un círculo cerrado.

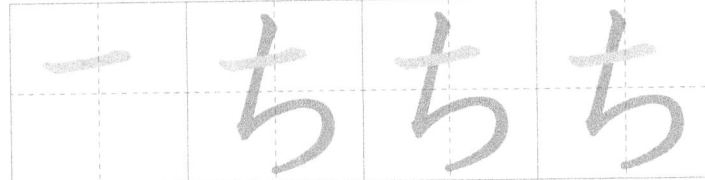

ESCRIBE   En primer lugar, traza el carácter en las casillas que aparecen a continuación.

PRACTICA   Ahora practica dibujando este carácter en estas casillas más pequeñas.

つ　つ **tsu**

Se pronuncia como la 'tsu' de 'tsunami'.

Este kana se dibuja con un solo trazo: fade stroke.

Es uno de los caracteres más sencillos. Para dibujar este kana, se traza una curva larga y amplia que se desvanece al final. Crea el desvanecimiento girando y levantando gentilmente el lápiz del papel a medida que te acerques al final del arco.

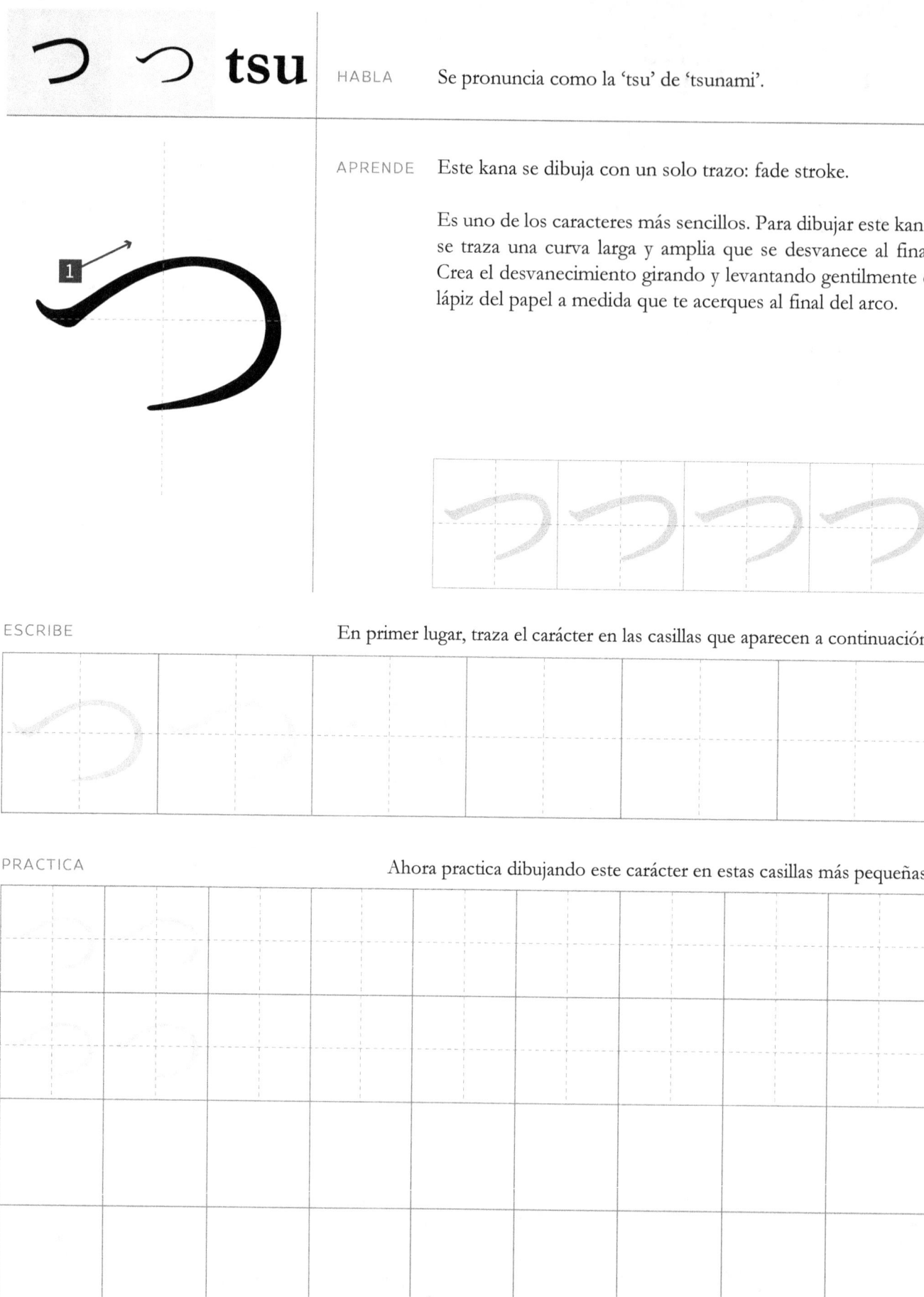

En primer lugar, traza el carácter en las casillas que aparecen a continuación.

Ahora practica dibujando este carácter en estas casillas más pequeñas.

て　て　**te**

Se pronuncia como la 'te' de 'tenedor'.

APRENDE Este kana se dibuja con un solo trazo: stop stroke.

En un solo trazo, mueve tu lápiz de izquierda a derecha creando una línea horizontal ligeramente inclinada antes de retroceder a la izquierda y hacia abajo. Mantén el lápiz en el papel mientras formas una curva larga y amplia en forma de 'C'. Debido a que este kana se dibuja con un trazo sin desvanecimiento, no gires el lápiz a la vez que lo alejas del papel cuando te vayas acercando al final de la línea.

ESCRIBE En primer lugar, traza el carácter en las casillas que aparecen a continuación.

PRACTICA Ahora practica dibujando este carácter en estas casillas más pequeñas.

と と **to**

Se pronuncia con la 'to' de 'todo'.

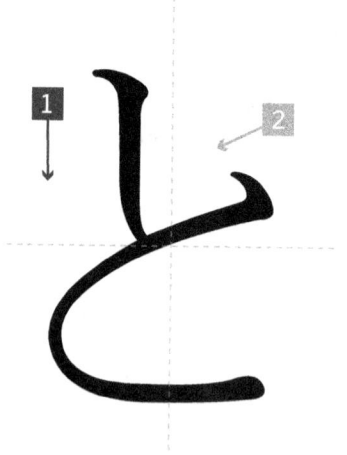

APRENDE

Este kana se crea con dos trazos: stop stroke, stop stroke.

El primer trazo es una línea pequeña y ligeramente inclinada, dibujada casi en el centro de la casilla. El segundo trazo es una línea larga y curvada que en la línea central horizontal de la casilla se encuentra con el primer trazo. Luego se dobla de izquierda a derecha y hacia abajo de la casilla. El principio y el final del segundo trazo deberían estar alineados verticalmente. Tu segundo trazo no debería atravesar al primero, sino que debería pasar justo por donde termina.

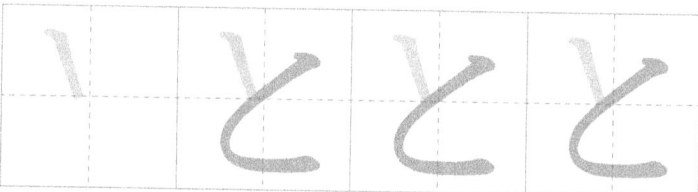

ESCRIBE

En primer lugar, traza el carácter en las casillas que aparecen a continuación.

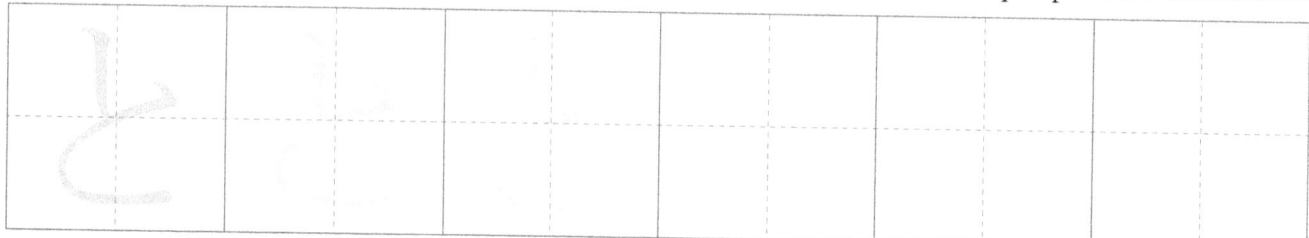

PRACTICA

Ahora practica dibujando este carácter en estas casillas más pequeñas.

な な **na**

HABLA   Se pronuncia como la 'na' de 'nada'.

APRENDE   Este kana tiene cuatro trazos: stop stroke, stop stroke, jump fade, stop stroke.

Empieza con una línea horizontal corta e inclinada en la parte izquierda de la casilla. Tu segundo trazo es una línea más larga y diagonal que atraviesa a la primera, hacia abajo y a la izquierda – no la hagas demasiado larga. El tercer trazo se hace con una línea curva en el lado derecho, terminando con un hane. En cuanto levante el lápiz del papel, empieza inmediatamente el cuarto trazo hacia abajo antes de girarlo formando un círculo. Termina este giro parando debajo del tercer trazo.

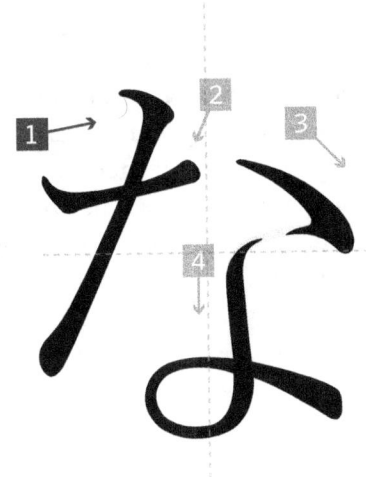

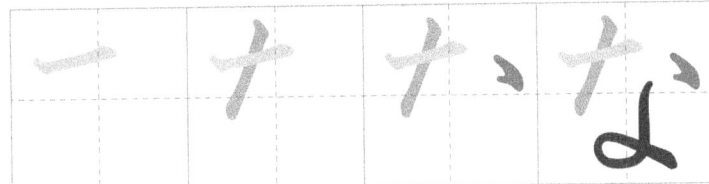

ESCRIBE   En primer lugar, traza el carácter en las casillas que aparecen a continuación.

PRACTICA   Ahora practica dibujando este carácter en estas casillas más pequeñas.

に に **ni**

Se pronuncia como la 'ni' de 'nido'.

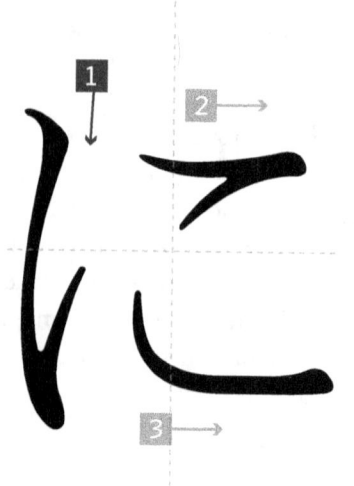

APRENDE

Este kana tiene tres trazos: jump fade, y dos stop strokes.

Se parece mucho a algunos caracteres anteriores. Empieza con una línea vertical hacia abajo en el lado izquierdo, y termina con un hane hacia arriba y a la derecha. El segundo trazo es casi una continuación del hane, y es una línea horizontal curvada. El último trazo se dibuja como una curva en la dirección opuesta a la del segundo trazo, casi formando un círculo. En este caso no debes girar y levantar gentilmente tu lápiz, ya que se trata de una línea que no termina desvaneciéndose.

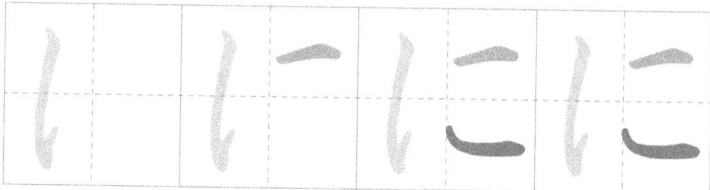

ESCRIBE

En primer lugar, traza el carácter en las casillas que aparecen a continuación.

PRACTICA

Ahora practica dibujando este carácter en estas casillas más pequeñas.

ぬ ぬ **nu**

Se pronuncia como la 'nu' de 'nube'.

Se dibuja con dos trazos: stop stroke, stop stroke.

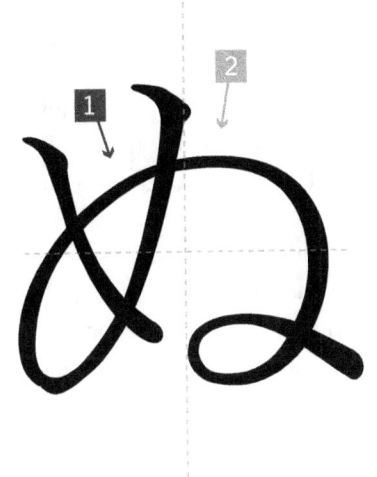

Empieza dibujando una línea inclinada y ligeramente curvada. El segundo trazo empieza a una altura similar, pero se curva hacia el lado opuesto atravesando al primer trazo en su parte final. Después gira hacia arriba y a la derecha. A medida que el lápiz se acerca a la parte inferior derecha de la casilla, vuelve a girar formando un círculo y continuando el trazo hacia la derecha. Presta atención para ajustar los espacios que hay entre las líneas, como en el ejemplo, para que tu carácter esté bien equilibrado.

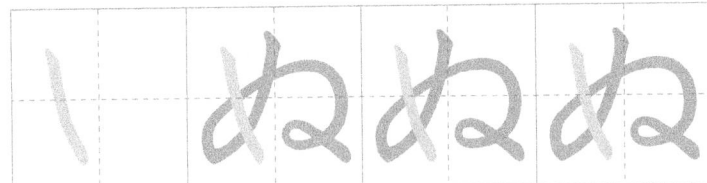

En primer lugar, traza el carácter en las casillas que aparecen a continuación.

Ahora practica dibujando este carácter en estas casillas más pequeñas.

ね ね **ne**

Se pronuncia como la 'ne' de 'negocio'.

Este kana se dibuja con dos trazos: stop stroke, stop stroke.

Dibuja la línea vertical de arriba hacia abajo. Empieza el segundo trazo con una línea horizontal corta que atraviesa a la primera línea, luego desliza el lápiz hacia la parte inferior izquierda de la casilla. Sin levantar el lápiz de la hoja, vuelve a llevar el segundo trazo arriba hacia y sigue para crear un arco amplio. A medida que te acerques a la zona inferior derecha de la casilla, haz un pequeño giro para formar un círculo y continúa el trazo hacia la derecha para terminar el carácter.

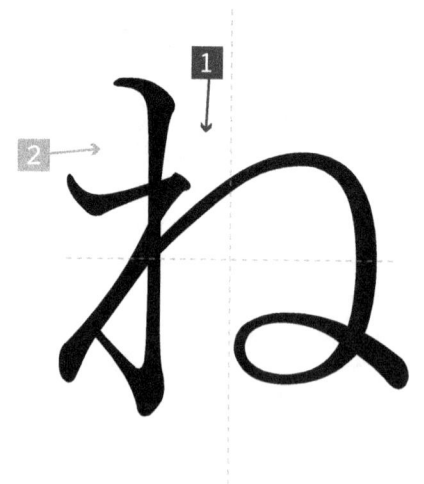

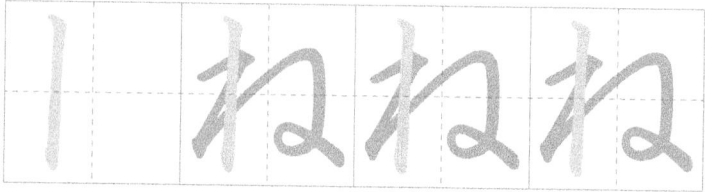

En primer lugar, traza el carácter en las casillas que aparecen a continuación.

Ahora practica dibujando este carácter en estas casillas más pequeñas.

の の **no**

Se pronuncia como la 'no' de 'noche'.

Este kana se escribe con un solo trazo: fade stroke.

Empezando desde la parte superior y central de la casilla, lleva el lápiz hacia abajo diagonalmente a la izquierda. Desde la parte baja de esta línea, gira el lápiz hacia arriba y a la derecha en un movimiento circular amplio, pasando por el punto en el que empezaste. Cuando pases por el punto de inicio, asegúrate de no dibujar tu curva demasiado baja para que la línea vertical no sobresalga por arriba. Sigue girando el arco y levanta suavemente el lápiz.

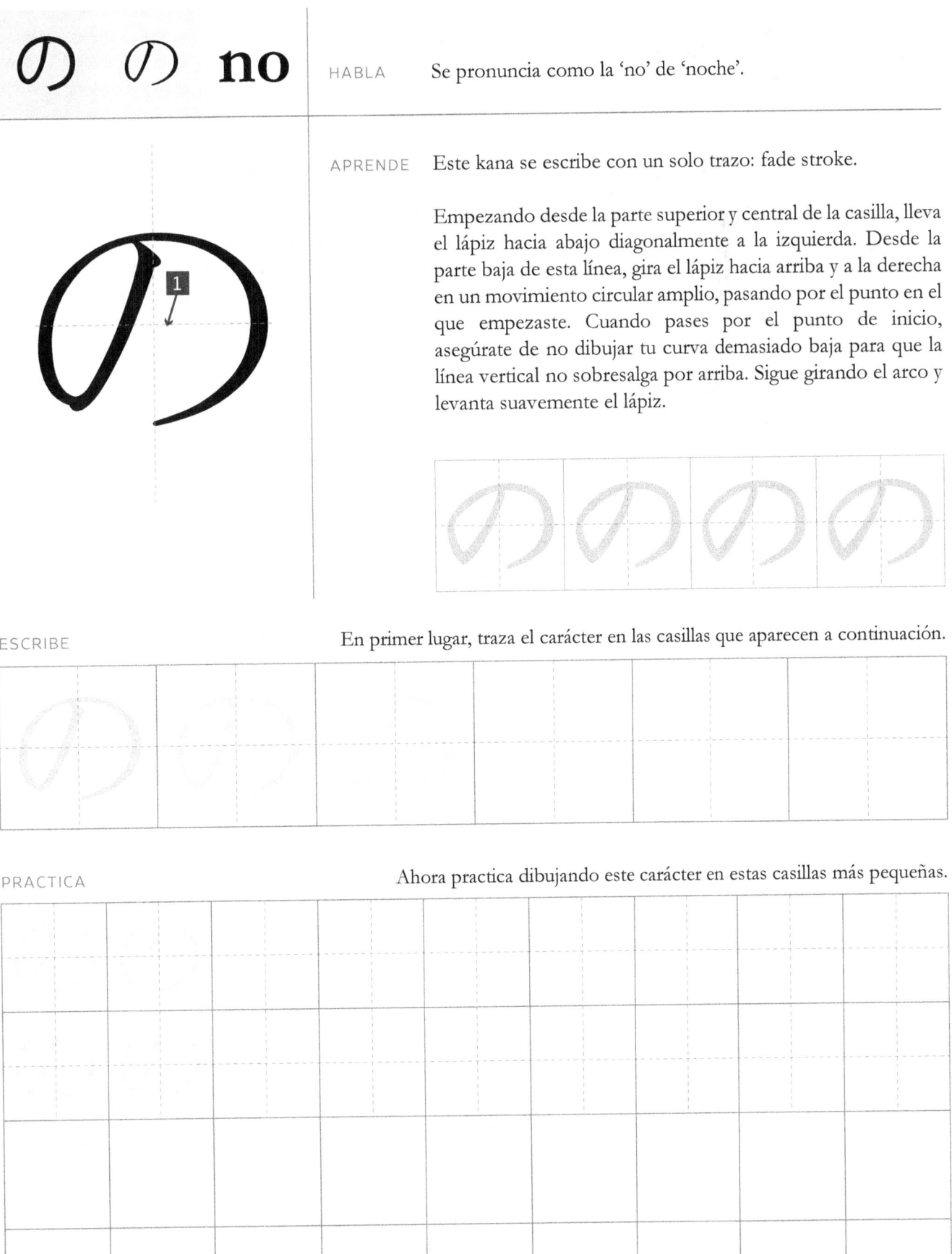

En primer lugar, traza el carácter en las casillas que aparecen a continuación.

Ahora practica dibujando este carácter en estas casillas más pequeñas.

は は **ha**

Se pronuncia como la 'ja' de 'jamón'.

Se dibuja con tres trazos: jump fade, stop stroke, stop stroke.

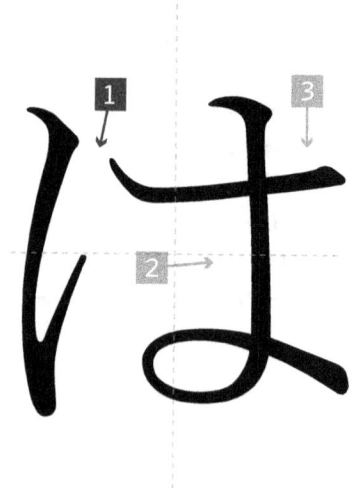

Los dos primeros trazos de este kana se parecen al hiragana け, con un primer trazo vertical curvado que termina con un hane y un segundo trazo que es una línea horizontal más corta hacia la derecha. El tercer trazo atraviesa al segundo, está dibujado verticalmente hacia abajo y termina girando sobre sí mismo formando un pequeño círculo. Después sigue un poco la línea hacia la derecha para terminar.

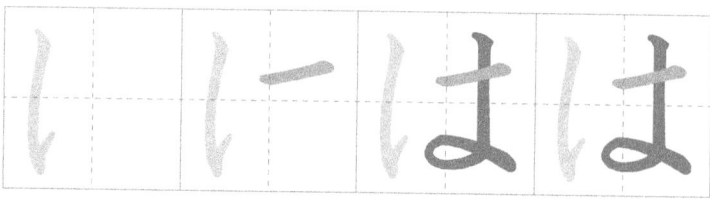

En primer lugar, traza el carácter en las casillas que aparecen a continuación.

Ahora practica dibujando este carácter en estas casillas más pequeñas.

ひ ひ **hi**

Se pronuncia como la 'ji' de 'jirafa'.

Este kana se dibuja con un solo trazo: stop stroke.

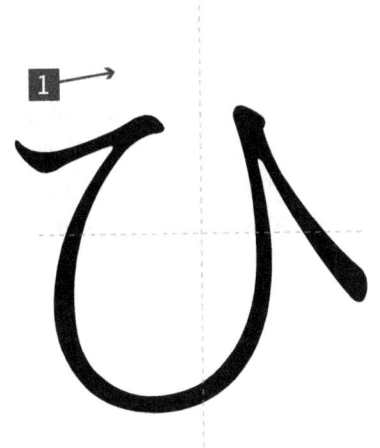

Empieza dibujando una línea corta ligeramente inclinada hacia arriba antes de retroceder un poco hacia la izquierda. Mantén el lápiz en la hoja mientras formas una curva larga y amplia en forma de 'U' alrededor de la mitad inferior de la casilla. Cuando vuelvas a estar cerca de la parte superior, y sin levantar el lápiz, gira un poco hacia atrás y luego aléjate hacia la derecha con una línea curvada diagonal y para. No levantes ni gires levemente el lápiz al terminar este trazo.

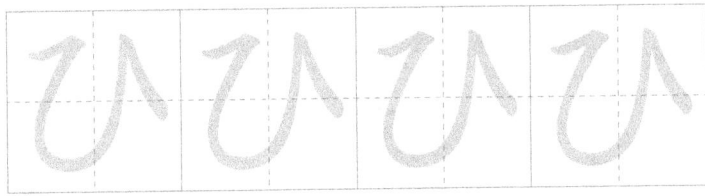

En primer lugar, traza el carácter en las casillas que aparecen a continuación.

Ahora practica dibujando este carácter en estas casillas más pequeñas.

 **fu**

Se pronuncia como la 'fu' de 'fuego', pero la 'f' es suave, es un sonido que se asemeja más al de una 'h' aspirada.

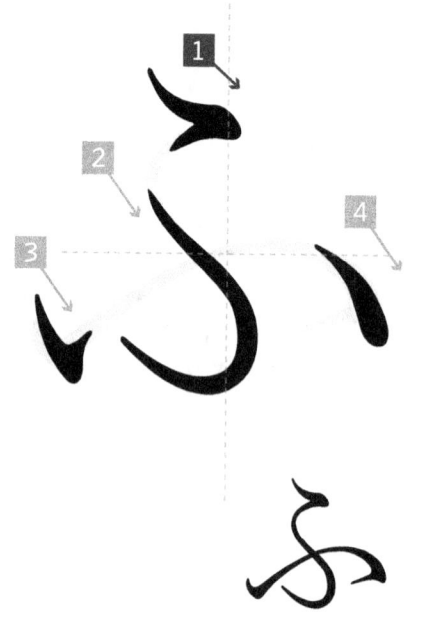

APRENDE

Se dibuja con cuatro trazos: jump fade, jump fade, stop stroke, stop stroke.

Empieza en la parte superior central de la casilla con un trazo corto e inclinado que termina con un hane. El segundo trazo tiene forma como de nariz y debería terminar con un giro hacia donde empezará el tercer trazo, que es otra línea corta e inclinada que termina con un hane hacia arriba y a la derecha. Para el cuarto trazo, levanta el lápiz y muévelo hacia la derecha, hacia donde dibujaste la última línea corta y curvada.

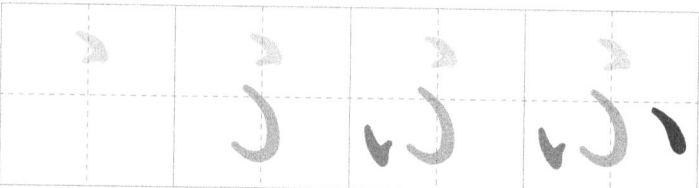

ESCRIBE

En primer lugar, traza el carácter en las casillas que aparecen a continuación.

PRACTICA

Ahora practica dibujando este carácter en estas casillas más pequeñas.

へ ∧ **he**

Se pronuncia como la 'je' de 'jefe'.

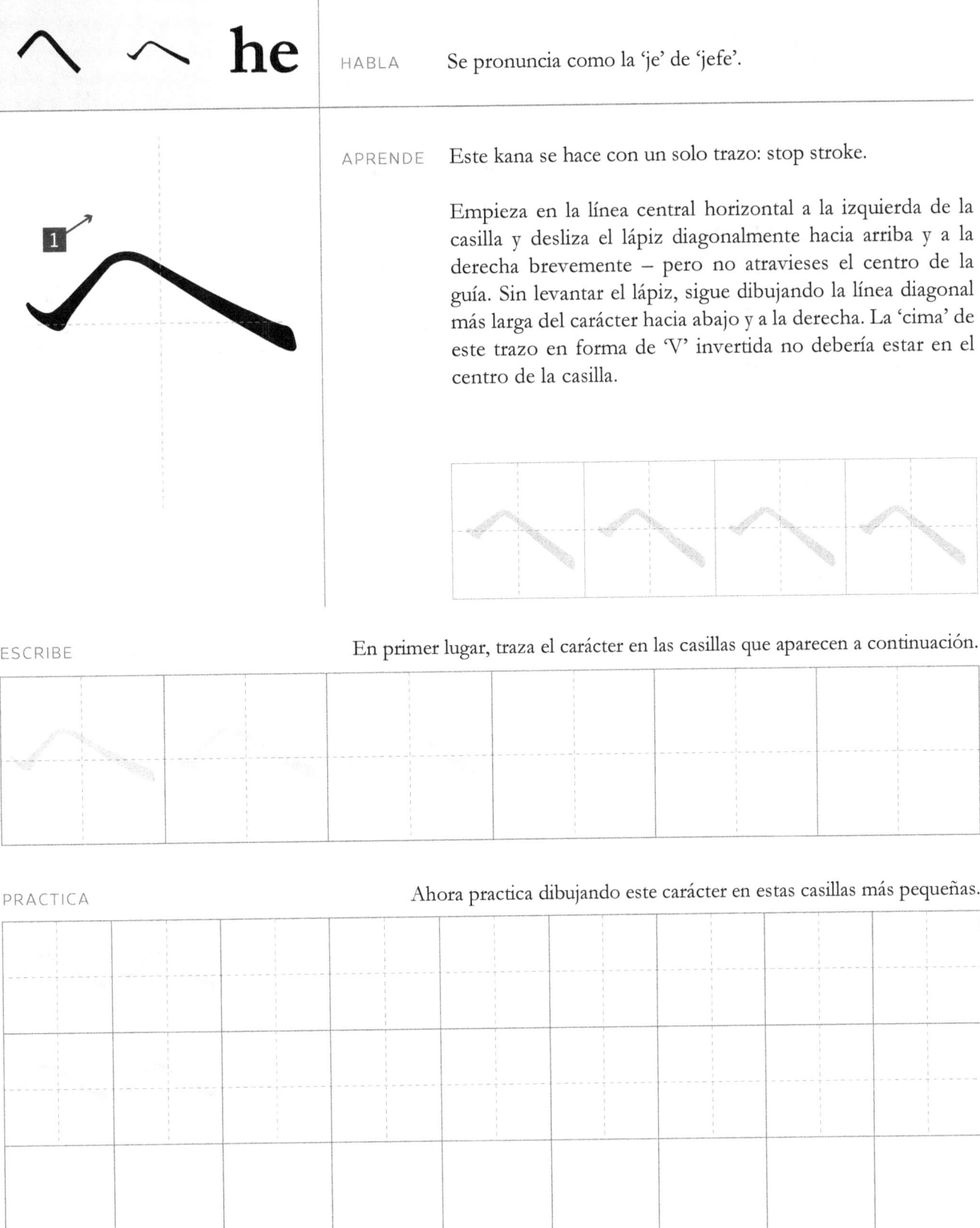

APRENDE   Este kana se hace con un solo trazo: stop stroke.

Empieza en la línea central horizontal a la izquierda de la casilla y desliza el lápiz diagonalmente hacia arriba y a la derecha brevemente – pero no atravieses el centro de la guía. Sin levantar el lápiz, sigue dibujando la línea diagonal más larga del carácter hacia abajo y a la derecha. La 'cima' de este trazo en forma de 'V' invertida no debería estar en el centro de la casilla.

ESCRIBE   En primer lugar, traza el carácter en las casillas que aparecen a continuación.

PRACTICA   Ahora practica dibujando este carácter en estas casillas más pequeñas.

ほ ほ ho

Se pronuncia como la 'jo' de 'joya'.

APRENDE

Este kana tiene cuatro trazos: jump fade, stop stroke, stop stroke, stop stroke.

Al igual que con los primeros trazos de は, に, y け, empieza con una línea vertical curvada que termina con un hane. Tanto el segundo como el tercer trazo son líneas paralelas cortas en la parte superior derecha de la casilla. El último trazo debería empezar en la segunda línea – presta atención para no empezar por encima. Mueve el lápiz hacia abajo, atraviesa el tercer trazo, y sigue con un giro en forma de círculo. Alarga un poco más la línea hacia la derecha para terminar el carácter.

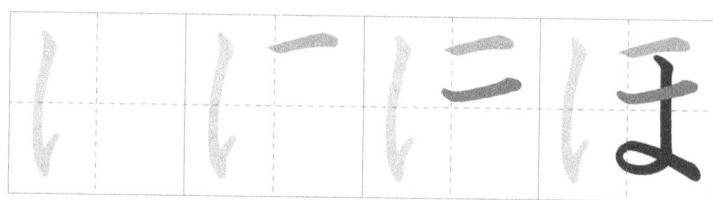

ESCRIBE

En primer lugar, traza el carácter en las casillas que aparecen a continuación.

PRACTICA

Ahora practica dibujando este carácter en estas casillas más pequeñas.

ま　ま　**ma**

Se pronuncia como la 'ma' de 'mamá'.

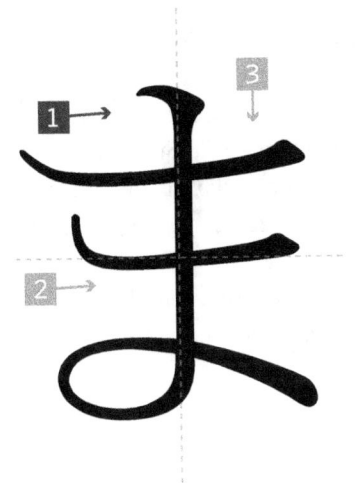

APRENDE　Se dibuja con tres trazos: stop stroke, stop stroke, stop stroke.

Para escribir este kana, empieza dibujando líneas horizontales paralelas, ambas trazadas de izquierda a derecha. La primera debería ser un poco más larga que la segunda. La tercera línea discurre verticalmente de arriba hacia abajo, atraviesa a las otras líneas, y termina con un giro en forma de círculo al final. La clave para dibujar con exactitud este kana se encuentra en no hacer los dos primeros trazos demasiado largos, pero, aun así, deben ser un poco más largos que el giro del final.

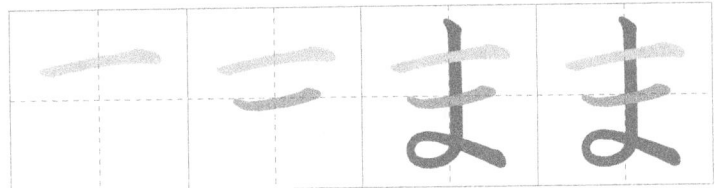

ESCRIBE　En primer lugar, traza el carácter en las casillas que aparecen a continuación.

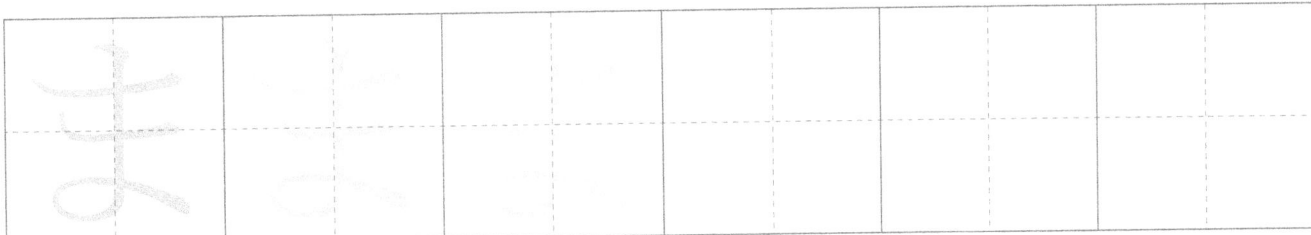

PRACTICA　Ahora practica dibujando este carácter en estas casillas más pequeñas.

み み **mi**

Se pronuncia como la 'mi' de 'minuto'.

Se dibuja con dos trazos: stop stroke, fade stroke.

Empieza el primer trazo con una línea horizontal corta, luego mueve el lápiz hacia abajo y a la izquierda. Sin levantar el lápiz del papel, haz un giro con forma circular al final y termina tu trazo alargando la línea hacia la derecha. El segundo trazo es una curva hacia abajo y a la izquierda que atraviesa la línea final del primer trazo. Levanta suavemente el lápiz de la hoja para desvanecer este trazo en la parte final.

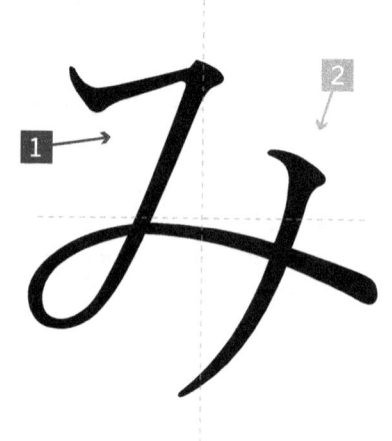

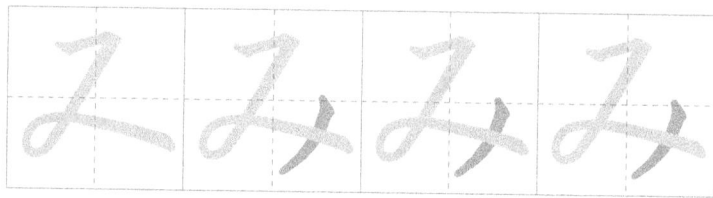

En primer lugar, traza el carácter en las casillas que aparecen a continuación.

Ahora practica dibujando este carácter en estas casillas más pequeñas.

む む mu

Se pronuncia como la 'mu' de 'mucho'.

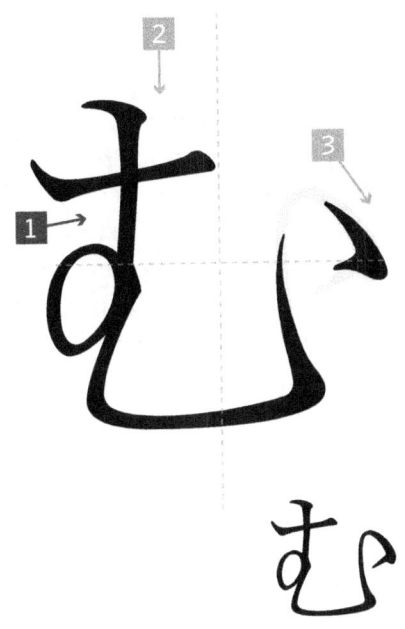

APRENDE Dibuja este kana con tres trazos: stop stroke, fade stroke, stop.

Empezamos dibujando este kana de una forma parecida al hiragana す, con una línea horizontal en la parte izquierda de la casilla. La segunda línea empieza arriba y se dibuja hacia abajo, atravesando el primer trazo, y luego forma un círculo debajo de la línea central horizontal de la casilla. Sin levantar el lápiz de la hoja después del giro, muévelo hacia abajo, gira a la derecha, y después suavemente hacia arriba. Para antes de llegar tan arriba como el primer trazo. Termina con una línea corta e inclinada.

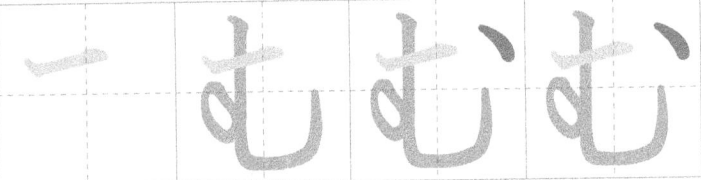

ESCRIBE En primer lugar, traza el carácter en las casillas que aparecen a continuación.

PRACTICA Ahora practica dibujando este carácter en estas casillas más pequeñas.

め め **me**

Se pronuncia como la 'me' de 'mesa'.

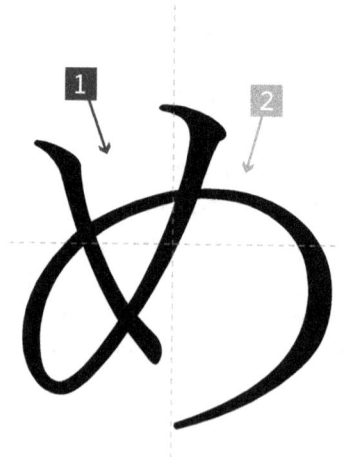

APRENDE   Este kana se dibuja con dos trazos: stop stroke, fade stroke.

Este kana se escribe de una forma similar a ぬ, con la excepción de que no realiza un giro al final. Primero, dibuja la línea diagonal curvada hacia abajo y hacia la derecha. El segundo trazo empieza a una altura similar a la del primero, pero se curva en la dirección contraria. Sigue girando este trazo con un movimiento circular, pero levanta gentilmente el lápiz del papel al final. Intenta igualar los espacios que hay entre las líneas para crear un carácter equilibrado.

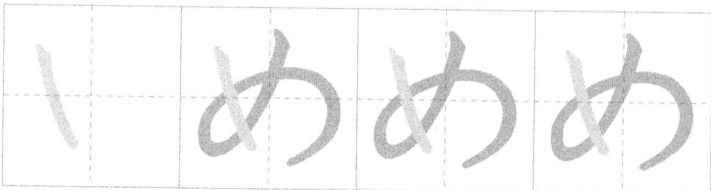

ESCRIBE   En primer lugar, traza el carácter en las casillas que aparecen a continuación.

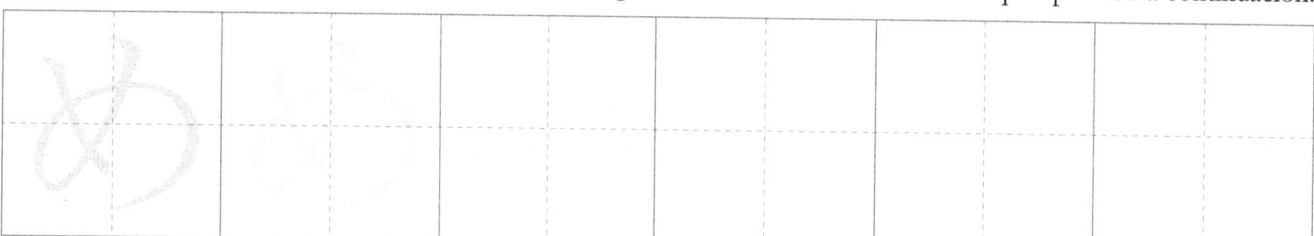

PRACTICA   Ahora practica dibujando este carácter en estas casillas más pequeñas.

も も **mo**

Se pronuncia como la 'mo' de 'moneda'.

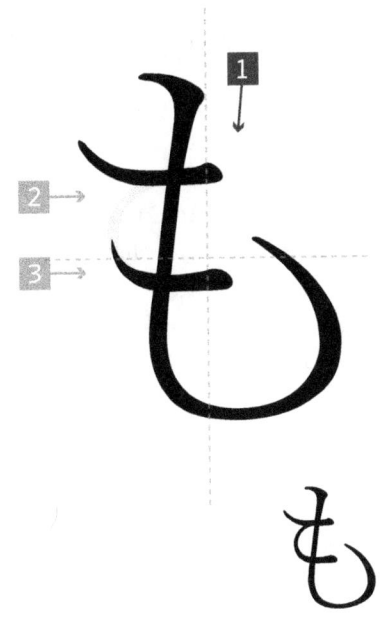

APRENDE Este kana tiene tres trazos: fade , stop , stop stroke.

Al igual que con el hiragana し, empezamos dibujando la forma de un anzuelo y terminamos levantando el lápiz suavemente a medida que lo giramos. Los dos siguientes trazos son dos líneas horizontales paralelas que atraviesan al primer trazo. En algunas fuentes, este carácter también se puede encontrar con los dos últimos trazos conectados, como se puede observar en la imagen más pequeña de la izquierda.

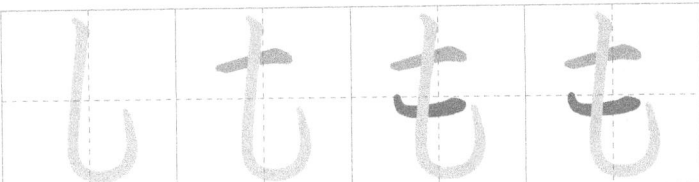

ESCRIBE En primer lugar, traza el carácter en las casillas que aparecen a continuación.

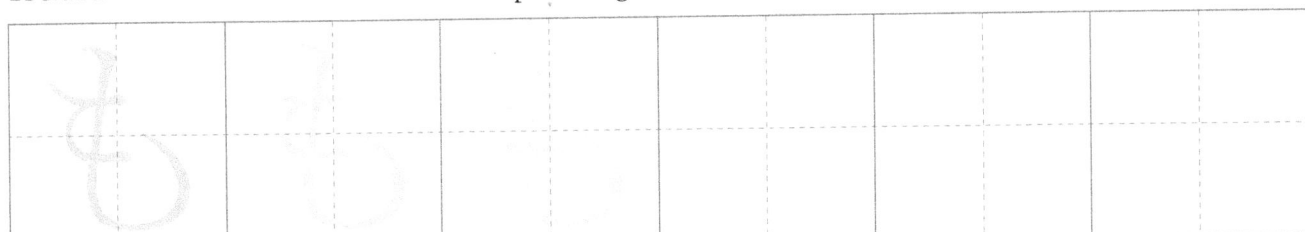

PRACTICA Ahora practica dibujando este carácter en estas casillas más pequeñas.

や や **ya**

Se pronuncia como la 'lla' de 'llave'

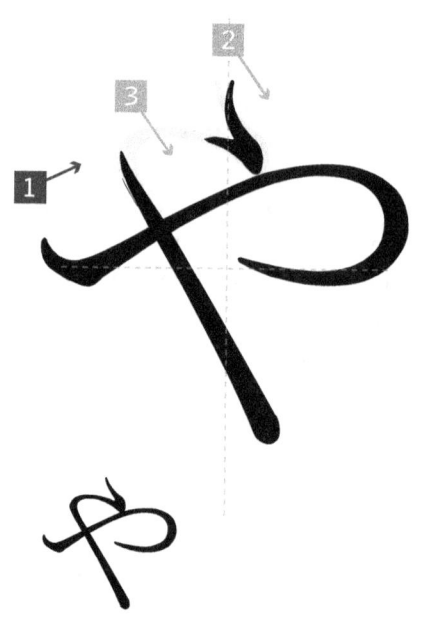

APRENDE Dibuja este kana con tres trazos: fade stroke, jump fade, stop.

El primer trazo empieza como una línea diagonal hacia arriba y hacia la derecha antes de curvarse hacia dentro. El segundo trazo es una línea corta que se sitúa en la parte superior cerca del centro de la casilla. El tercer y último trazo es una línea diagonal más larga que la segunda que se desliza desde la parte superior izquierda hacia la parte inferior derecha – debería atravesar la primera línea a un tercio de la izquierda aproximadamente. También se puede ver este carácter con los dos últimos trazos conectados.

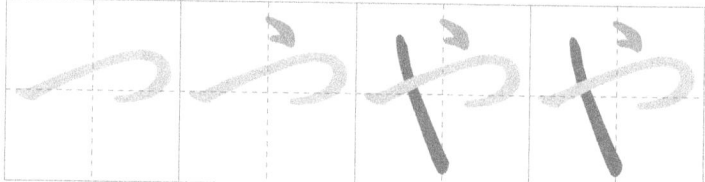

ESCRIBE
En primer lugar, traza el carácter en las casillas que aparecen a continuación.

PRACTICA
Ahora practica dibujando este carácter en estas casillas más pequeñas.

ゆ ゆ yu

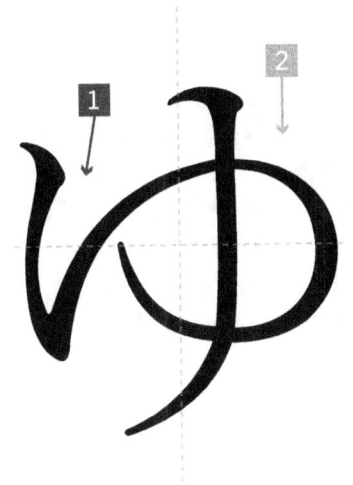

APRENDE   Este kana se dibuja con dos trazos: fade stroke, fade stroke.

Empieza con una línea vertical ligeramente curvada que va hacia abajo antes de volver a subir un poco. Sin levantar el lápiz del papel, sigue dibujando una curva larga que casi se cierra sobre sí misma como un círculo. El segundo trazo es una línea vertical que se curva hacia abajo y hacia la izquierda, atravesando la gran curva de la primera línea. Termina el trazo levantando suavemente el lápiz de la hoja para desvanecer la línea.

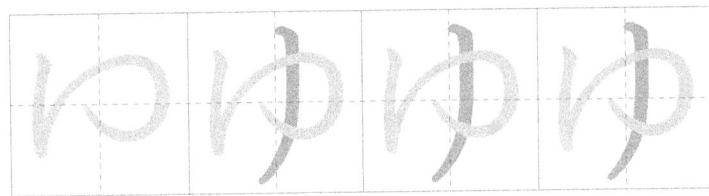

ESCRIBE   En primer lugar, traza el carácter en las casillas que aparecen a continuación.

PRACTICA   Ahora practica dibujando este carácter en estas casillas más pequeñas.

よ よ yo

Se pronuncia como la 'llo' de 'llorar'.

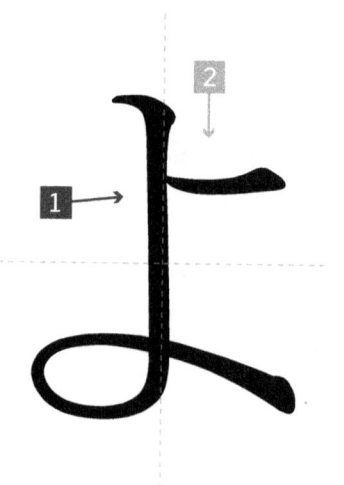

APRENDE   Este kana se dibuja con dos trazos: jump fade, stop stroke.

El primer trazo es una línea horizontal corta, que empieza en la línea central vertical de la casilla y se desliza hacia la derecha. El segundo trazo empieza como una línea vertical que va desde la parte superior central de la casilla hacia abajo, gira sobre sí misma formando un círculo, y termina en la parte inferior derecha de la casilla. En este trazo no levantes suavemente el lápiz, ya que se trata de una línea que no se desvanece en la parte final.

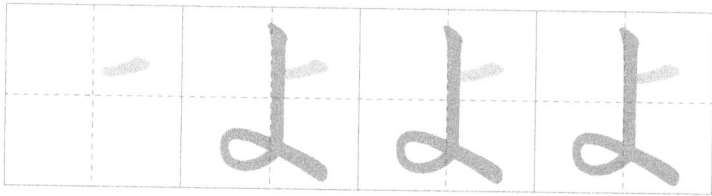

ESCRIBE   En primer lugar, traza el carácter en las casillas que aparecen a continuación.

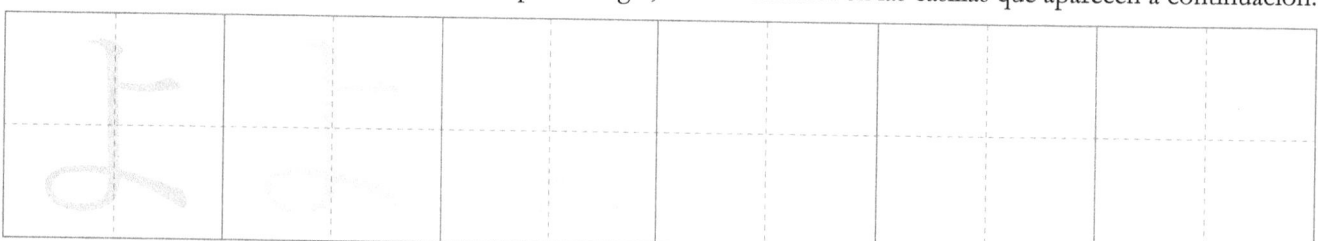

PRACTICA   Ahora practica dibujando este carácter en estas casillas más pequeñas.

ら ら **ra**

Se pronuncia como la 'ra' de 'pera'.

APRENDE Este kana se dibuja con dos trazos: jump fade, fade stroke.

El primer trazo es una línea relativamente corta, dibujada cerca de la parte superior central de la casilla. Luego, como si dibujaras el número 5, mueve el lápiz verticalmente hacia abajo y después hacia la derecha formando una curva larga. La curva debería dibujarse un poco hacia arriba antes de girar sobre sí misma hacia abajo. Termina levantando gentilmente el lápiz. Este carácter también se puede encontrar como una única forma unida, con un solo trazo.

ESCRIBE En primer lugar, traza el carácter en las casillas que aparecen a continuación.

PRACTICA Ahora practica dibujando este carácter en estas casillas más pequeñas.

53

り り **ri**

Se pronuncia como la 'ri' en 'herida'.

Este kana se dibuja con dos trazos: jump fade, fade stroke.

Normalmente se muestra como un único trazo, pero la manera correcta de escribir este carácter es trazando dos líneas separadas. El primer trazo es una línea que se desliza verticalmente hacia abajo y termina con un hane hacia arriba y a la derecha. Al terminar de dibujar el hane, vuelve a colocar el lápiz en el papel para crear el segundo trazo. Dibuja una línea larga y curva hacia abajo y hacia la izquierda, levantando suavemente el lápiz del papel al final para desvanecer la línea.

En primer lugar, traza el carácter en las casillas que aparecen a continuación.

Ahora practica dibujando este carácter en estas casillas más pequeñas.

る　る **ru**

　Se pronuncia como la 'ru' en 'oruga'.

APRENDE　Este kana se dibuja con un solo trazo: stop stroke.

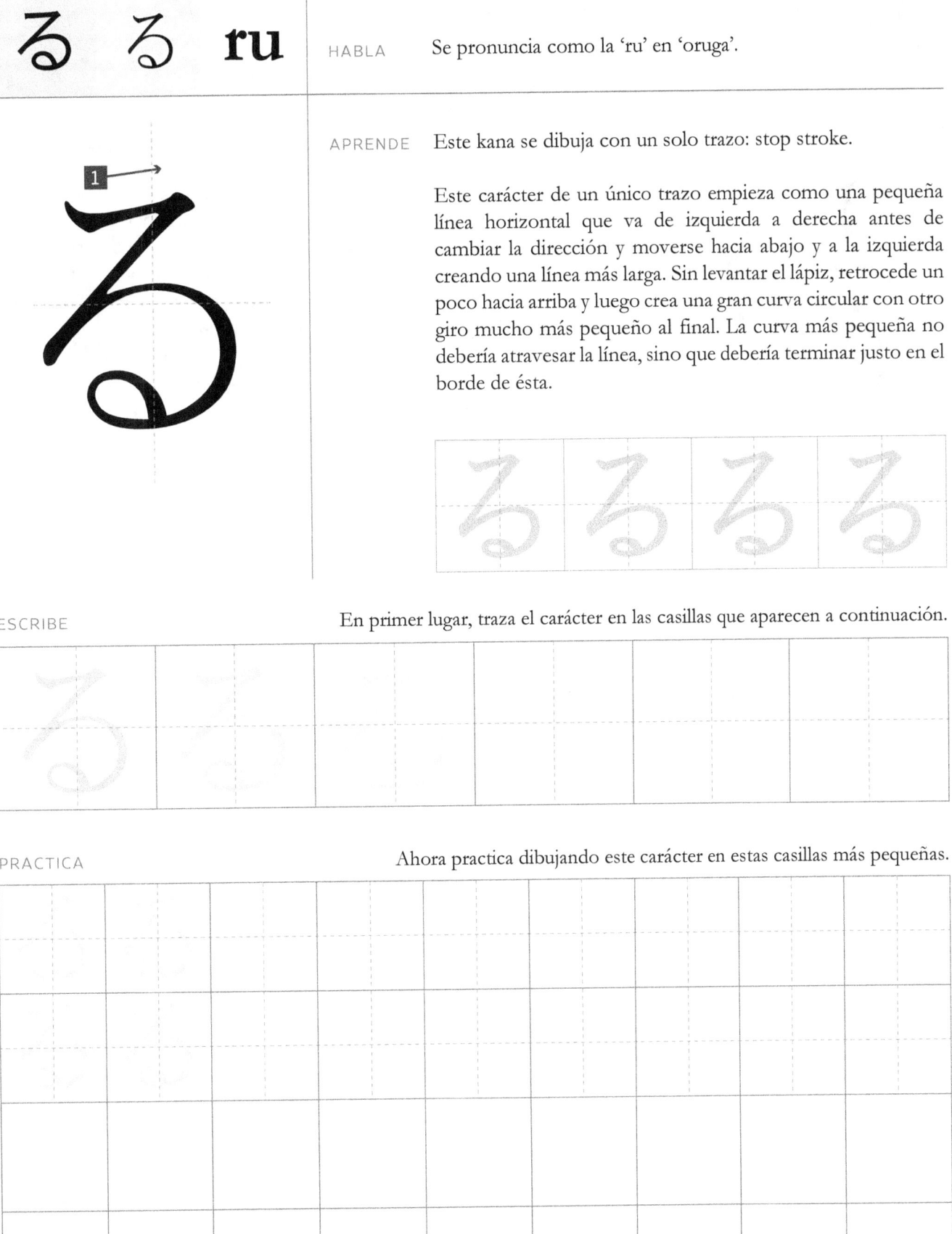

Este carácter de un único trazo empieza como una pequeña línea horizontal que va de izquierda a derecha antes de cambiar la dirección y moverse hacia abajo y a la izquierda creando una línea más larga. Sin levantar el lápiz, retrocede un poco hacia arriba y luego crea una gran curva circular con otro giro mucho más pequeño al final. La curva más pequeña no debería atravesar la línea, sino que debería terminar justo en el borde de ésta.

ESCRIBE　En primer lugar, traza el carácter en las casillas que aparecen a continuación.

PRACTICA　Ahora practica dibujando este carácter en estas casillas más pequeñas.

れ れ **re**

Se pronuncia como la 're' en 'pared'.

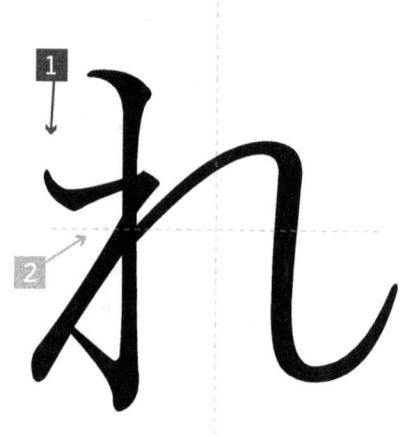

APRENDE   Este kana se dibuja con dos trazos: stop stroke, fade stroke.

Este kana se hace con solo dos trazos, empezando con una línea vertical de arriba hacia abajo. El segundo empieza como una línea horizontal bastante corta que atraviesa al primero antes de moverse diagonalmente hacia abajo y a la izquierda, atravesando la línea vertical una vez más. Sin levantar el lápiz, retrocede hacia arriba y luego dibuja la forma de una ola alta hacia la derecha. Cuando el lápiz esté arriba, muévelo hacia abajo y crea una curva de nuevo hacia arriba y a la derecha terminando con un movimiento gentil del lápiz.

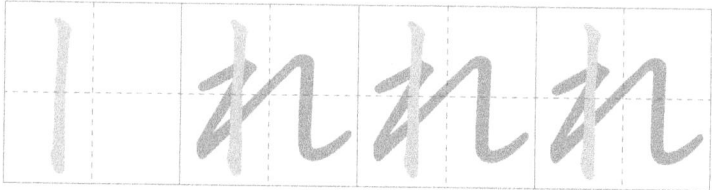

ESCRIBE   En primer lugar, traza el carácter en las casillas que aparecen a continuación.

PRACTICA   Ahora practica dibujando este carácter en estas casillas más pequeñas.

ろ ろ ro

Se pronuncia como la 'ro' en 'oro'.

APRENDE   Este kana se dibuja con un trazo: fade stroke.

Este carácter se dibuja de manera muy similar al hiragana ろ, con la excepción de que no tiene un giro al final. Para dibujar este kana, empieza con una línea horizontal bastante corta que va de izquierda a derecha y sigue con una línea diagonal hacia abajo y de vuelta a la izquierda. Retrocede un poco hacia atrás y arriba y luego termina el trazo haciendo la gran curva hacia la derecha y hacia dentro – todo se realiza en un movimiento suave, terminando con un movimiento gentil del lápiz al levantarlo de la hoja.

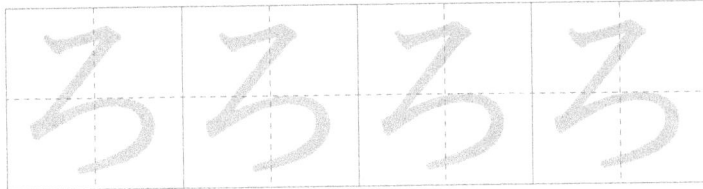

ESCRIBE   En primer lugar, traza el carácter en las casillas que aparecen a continuación.

PRACTICA   Ahora practica dibujando este carácter en estas casillas más pequeñas.

わ わ **wa**

Se pronuncia como la 'gua' de 'guante'.

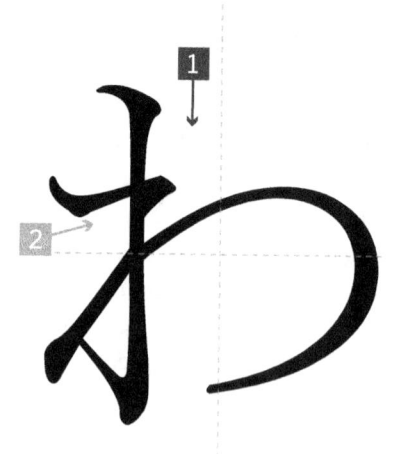

APRENDE   Este kana se dibuja con dos trazos: jump fade, fade stroke.

Empieza con una marca vertical de arriba hacia abajo a la izquierda del centro de la casilla, y termina con un hane hacia arriba y hacia la izquierda. Tu segunda línea atraviesa la primera y luego se mueve en diagonal hacia abajo y a la izquierda volviendo a atravesar la primera línea. Termina este trazo dibujando una curva hacia la derecha y hacia atrás, desvaneciéndola al final moviendo suavemente el lápiz.

ESCRIBE   En primer lugar, traza el carácter en las casillas que aparecen a continuación.

PRACTICA   Ahora practica dibujando este carácter en estas casillas más pequeñas.

を　を　wo*

Se pronuncia como la 'o' en 'oso'. La 'w' es muda, no se pronuncia.

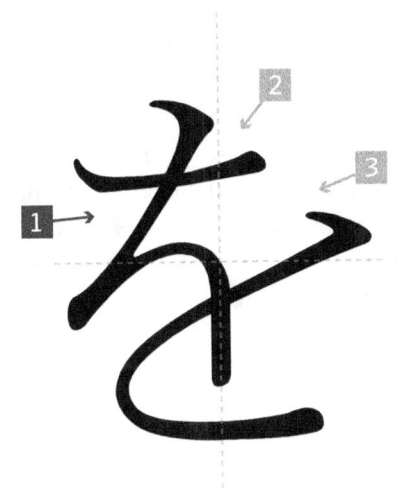

APRENDE　Este kana se dibuja con tres trazos: todos son stop strokes.

El primer trazo es una línea horizontal que va de izquierda a derecha. El segundo trazo empieza como una línea vertical que atraviesa al primero antes de retroceder hacia arriba y luego de nuevo hacia abajo. Debería terminar en un punto más bajo al anterior, donde hiciste el cambio de dirección con el lápiz. La tercera línea es una curva que empieza en el lado derecho, sobre la línea central de la casilla, y atraviesa el final del segundo trazo. Después vuelve a la parte inferior derecha de la casilla terminando sin desvanecer la línea, sin movimiento suave del lápiz.

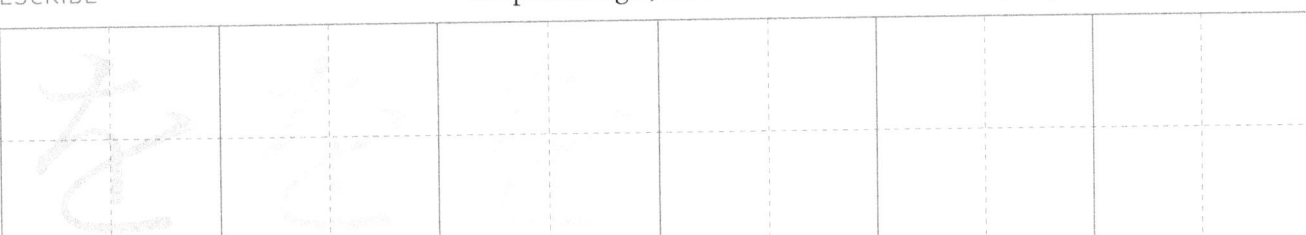

Kana poco común, se usa como partícula.

ESCRIBE　En primer lugar, traza el carácter en las casillas que aparecen a continuación.

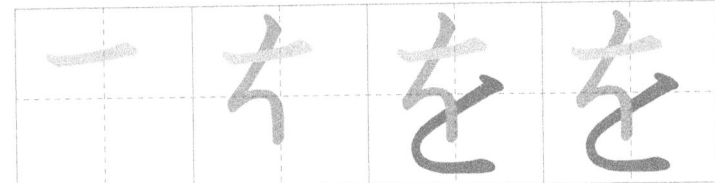

PRACTICA　Ahora practica dibujando este carácter en estas casillas más pequeñas.

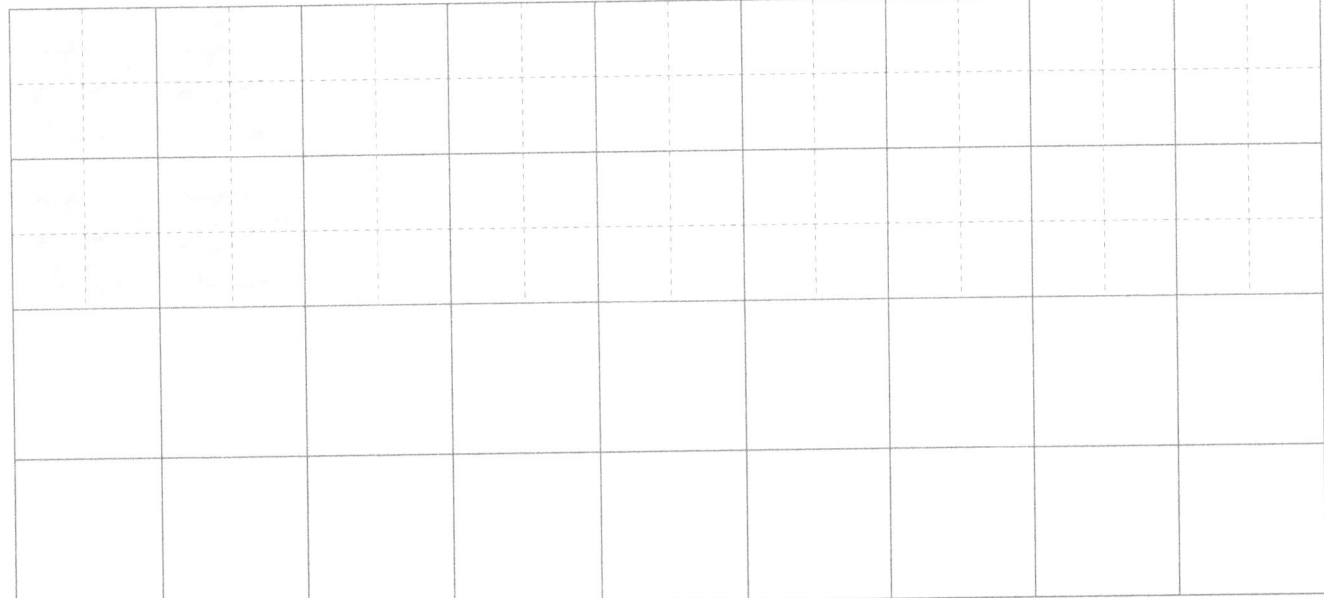

ん ん **n**

Se pronuncia simplemente como una 'n', como en la palabra 'Noruega'.

APRENDE

Este kana se dibuja con un solo trazo: fade stroke.

Este carácter se hace con un solo trazo. Empieza siendo una línea diagonal que va desde la zona superior central hasta la parte inferior de la izquierda de la casilla. Sin levantar el lápiz, retrocede un poco hacia arriba antes de crear la forma de una ola – termina este trazo y carácter levantando suavemente el lápiz del papel para desvanecer el trazo cerca de la línea central horizontal de la casilla.

ESCRIBE

En primer lugar, traza el carácter en las casillas que aparecen a continuación.

PRACTICA

Ahora practica dibujando este carácter en estas casillas más pequeñas.

Parte 4

TABLAS DE KATAKANA Y REGLAS BÁSICAS

Esta tabla muestra los 46 caracteres básicos del Katakana con su correspondiente escritura en Romaji para representar el sonido fonético más parecido que se puede encontrar en este alfabeto. Los sonidos vocálicos aparecen en la parte superior y sus diferentes versiones con los sonidos de consonantes aparecen debajo de ellos. **Apunta la siguiente excepción: 'n' y *wo son caracteres poco comunes.*

Sonidos Vocálicos

	a	i	u	e	o
	ア a	イ i	ウ u	エ e	オ o
k	カ ka	キ ki	ク ku	ケ ke	コ ko
s	サ sa	シ shi	ス su	セ se	ソ so
t	タ ta	チ chi	ツ tsu	テ te	ト to
n	ナ na	ニ ni	ヌ nu	ネ ne	ノ no
h	ハ ha	ヒ hi	フ fu	ヘ he	ホ ho
m	マ ma	ミ mi	ム mu	メ me	モ mo
y	ヤ ya		ユ yu		ヨ yo
r	ラ ra	リ ri	ル ru	レ re	ロ ro
w	ワ wa		ン **n		ヲ *wo

Consonantes

DIACRÍTICOS

Al igual que ocurre con el alfabeto *Hiragana*, hay **25 símbolos diacríticos** en Katakana. Se usan de la misma manera, para indicar cuándo es necesario pronunciar diferente las sílabas que suenan parecidas. Las marcas que indican este cambio en el sonido son idénticas, lo cual es aún más conveniente.

ホ ho — ボ bo — ポ po

Basic — *con Dakuten* — *con Handakuten*

Las reglas de los símbolos diacríticos en Katakana funcionan exactamente igual que en Hiragana. El *Dakuten* nos indican que la consonante que forma parte del sonido en el que aparecen debe ser pronunciada diferente:

- La **K** se pronuncia como una **G**
- La **S** cambia a **Z** *(excepto* し*)*
- La **T** se convierte en **D**
- La **H** se pronuncia como una **B** cuando aparece junto a *Dakuten*, y como una **P** cuando aparece junto a *Handakuten*

	a	i	u	e	o
k ▶ g	ガ ga	ギ gi	グ gu	ゲ ge	ゴ go
s ▶ z	ザ za	ジ ji	ズ zu	ゼ ze	ゾ zo
t ▶ d	ダ da	ヂ dzi (ji)	ヅ dzu	デ de	ド do
h ▶ b	バ ba	ビ bi	ブ bu	ベ be	ボ bo
h ▶ p	パ pa	ピ pi	プ pu	ペ pe	ポ po

DÍGRAFOS

Aquí se muestran los Dígrafos que también se usan para el alfabeto Katakana – una vez más, usamos dos caracteres básicos para indicar que dos sonidos silábicos se combinan para crear otro. *Fácil, ¿verdad?*

キ + ヤ = キャ
(ki)   (ya)   (kya)

Los caracteres que se usan tienen los mismos sonidos que sus dos correspondientes en Hiragana. La importancia de escribir el segundo símbolo más pequeño que elprimero se mantiene.

La pronunciación de estos sonidos, también conocidos como sonidos compuestos del alfabeto Katakana, es muy sencilla – por ejemplo, き (ki) + や (ya) se convierte en きゃ (kya) y se pronuncia 'kiya' *sin el sonido 'i'.*

¡Esta tabla parece complicada, pero simplemente recuerda que los Dígrafos se hacen exclusivamente con caracteres de la columna de イ /i *(excepto esta misma)* y se modifican con caracteres de la fila de Y!

キャ kya	キュ kyu	キョ kyo	ギャ gya	ギュ gyu	ギョ gyo
シャ sha	シュ shu	ショ sho	ジャ ja	ジュ ju	ジョ jo
チャ cha	チュ chu	チョ cho	ニャ nya	ニュ nyu	ニョ nyo
ニャ hya	ヒュ hyu	ヒョ hyo	ビャ bya	ビュ byu	ビョ byo
ピャ pya	ピュ pyu	ピョ pyo	リャ rya	リュ ryu	リョ ryo
ミャ mya	ミュ myu	ミョ myo			

CONSONANTES DOBLES

Las palabras japonesas que usan el alfabeto Katakana también pueden contener sonidos de consonantes dobles. Estas palabras también presentan el pequeño ッ / tsu *(llamado sokuon)* para indicar que deberían pronunciarse diferente. Vamos a ver otro ejemplo para Katakana:

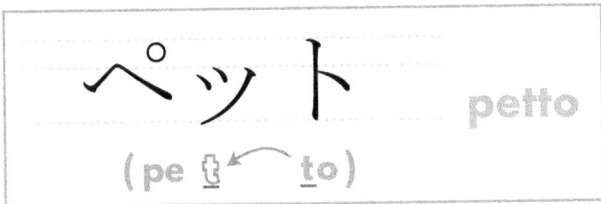

Sin el pequeño ッ *(tsu)*, la palabra ペト *(peto)* no tiene ningún significado, pero ペット *(petto)*, con el *sokuon*, significa **mascota** - *¡como un hámster o un gato!*

Ten en cuenta que el pequeño ッ se coloca **delante** del carácter del que toma el sonido de consonante adicional. Cuando veas palabras con este modificador, la consonante que forma parte del símbolo que le sigue *(en este ejemplo, la 't' de 'to')* se añade al final del sonido que le precede.

Ambas consonantes deben ser escuchadas por separado cuando se pronuncien, como si se dijera **'pet-to'** pero sin dejar un espacio audible.

SONIDOS DE VOCALES LARGAS

Aún es necesario tener cuidado con los sonidos de vocales largas *(por ejemplo: aa, ii, oo, ee, y uu)*. Cuando se pronuncien estas vocales, la duración del sonido debe alargarse (normalmente se dobla la duración en este caso también), pero cuando se escriba en Katakana, usaremos una línea 一 *(llamada* 伸ばし棒, *que literalmente significa 'barra de alargamiento').*

Esta es una de las maneras en las que el Katakana difiere del Hiragana, además de en los caracteres, ya que usa un símbolo de vocal adicional para indicar el sonido de una vocal larga. Veamos algunos ejemplos:

フ + リ = フリー　　　ケ + キ = ケーキ
(fu) (ri)—　　　*fu-rii*　*(Gratis)*　　(ke)— (ki)　　　*kee-ki*　*(Pastel)*

Cabe observar que la 'barra de alargamiento' se convierte en una línea vertical cuando el texto se escribe verticalmente.

Parte 5

APRENDE A ESCRIBIR KATAKANA

ア　ア　**a**

　Se pronuncia como la 'a' de 'abuelo'.

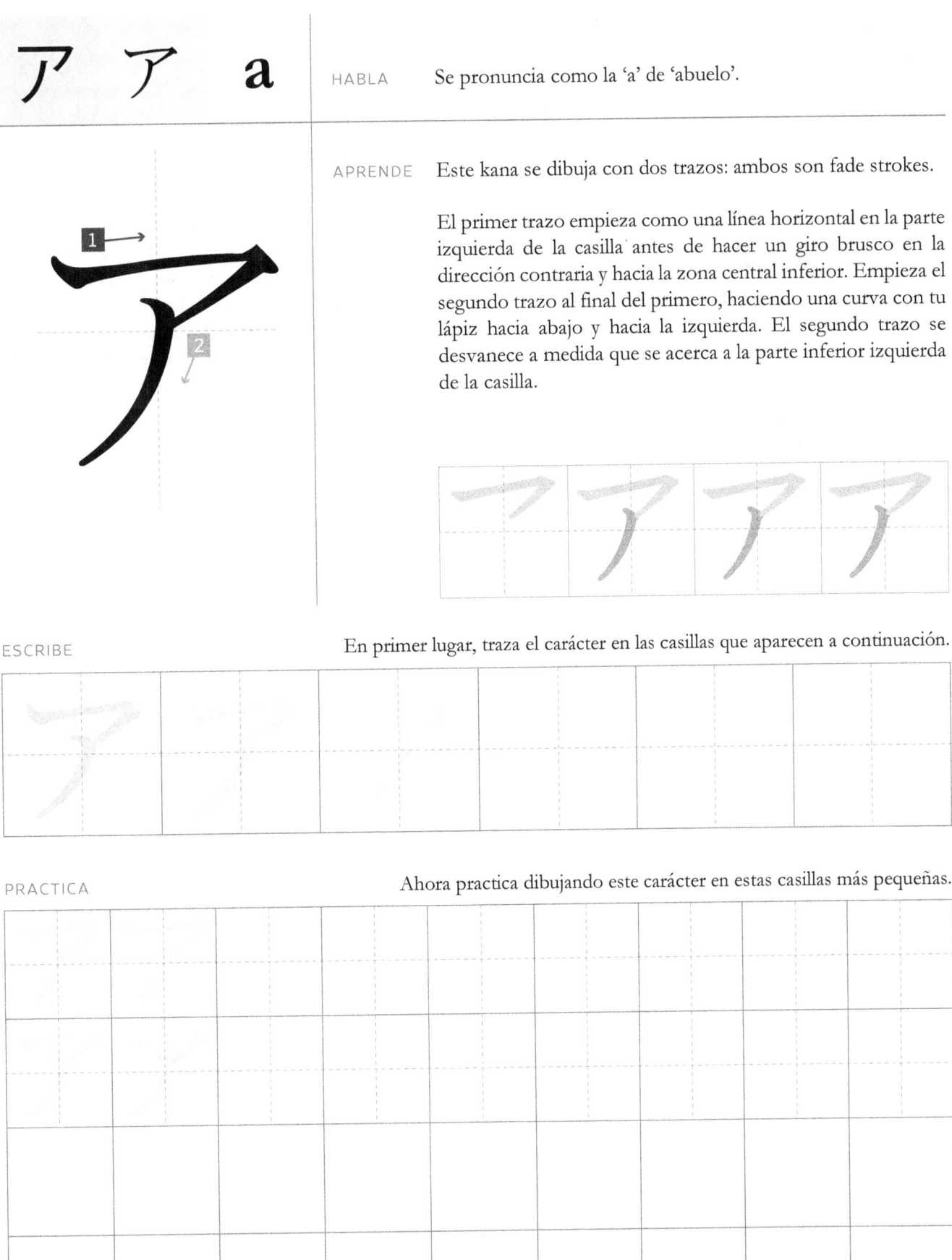

APRENDE　Este kana se dibuja con dos trazos: ambos son fade strokes.

El primer trazo empieza como una línea horizontal en la parte izquierda de la casilla antes de hacer un giro brusco en la dirección contraria y hacia la zona central inferior. Empieza el segundo trazo al final del primero, haciendo una curva con tu lápiz hacia abajo y hacia la izquierda. El segundo trazo se desvanece a medida que se acerca a la parte inferior izquierda de la casilla.

ESCRIBE　En primer lugar, traza el carácter en las casillas que aparecen a continuación.

PRACTICA　Ahora practica dibujando este carácter en estas casillas más pequeñas.

イ イ　**i**

Se pronuncia como la 'i' de 'invierno'.

APRENDE Este kana se dibuja con dos trazos: fade stroke, stop stroke.

El primer trazo es una línea diagonal ligeramente curvada que empieza en la parte superior derecha de la casilla y termina en la parte inferior izquierda con un movimiento gentil del lápiz. Para realizar el siguiente trazo empezamos cerca del centro del primero, justo a la derecha de la línea central vertical de la casilla. Mueve el lápiz hacia abajo en línea recta y para cuando te estés acercando al final de la casilla.

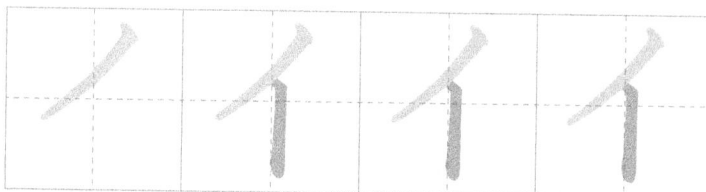

ESCRIBE En primer lugar, traza el carácter en las casillas que aparecen a continuación.

PRACTICA Ahora practica dibujando este carácter en estas casillas más pequeñas.

ウ　ウ　u

　Se pronuncia como la 'u' de 'uno'.

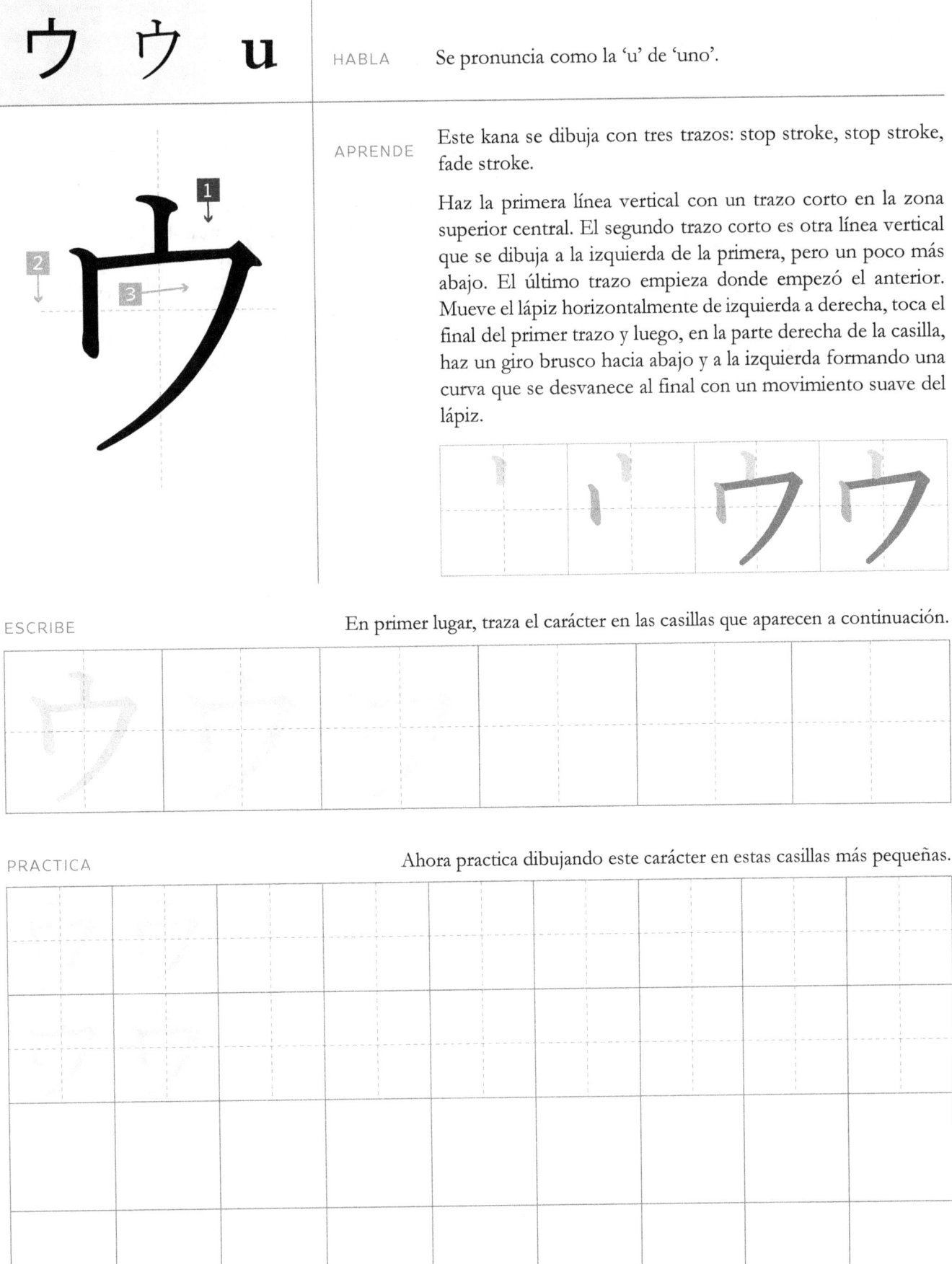

APRENDE　Este kana se dibuja con tres trazos: stop stroke, stop stroke, fade stroke.

Haz la primera línea vertical con un trazo corto en la zona superior central. El segundo trazo corto es otra línea vertical que se dibuja a la izquierda de la primera, pero un poco más abajo. El último trazo empieza donde empezó el anterior. Mueve el lápiz horizontalmente de izquierda a derecha, toca el final del primer trazo y luego, en la parte derecha de la casilla, haz un giro brusco hacia abajo y a la izquierda formando una curva que se desvanece al final con un movimiento suave del lápiz.

ESCRIBE　En primer lugar, traza el carácter en las casillas que aparecen a continuación.

PRACTICA　Ahora practica dibujando este carácter en estas casillas más pequeñas.

エ エ e

Se pronuncia como la 'e' de 'elefante'.

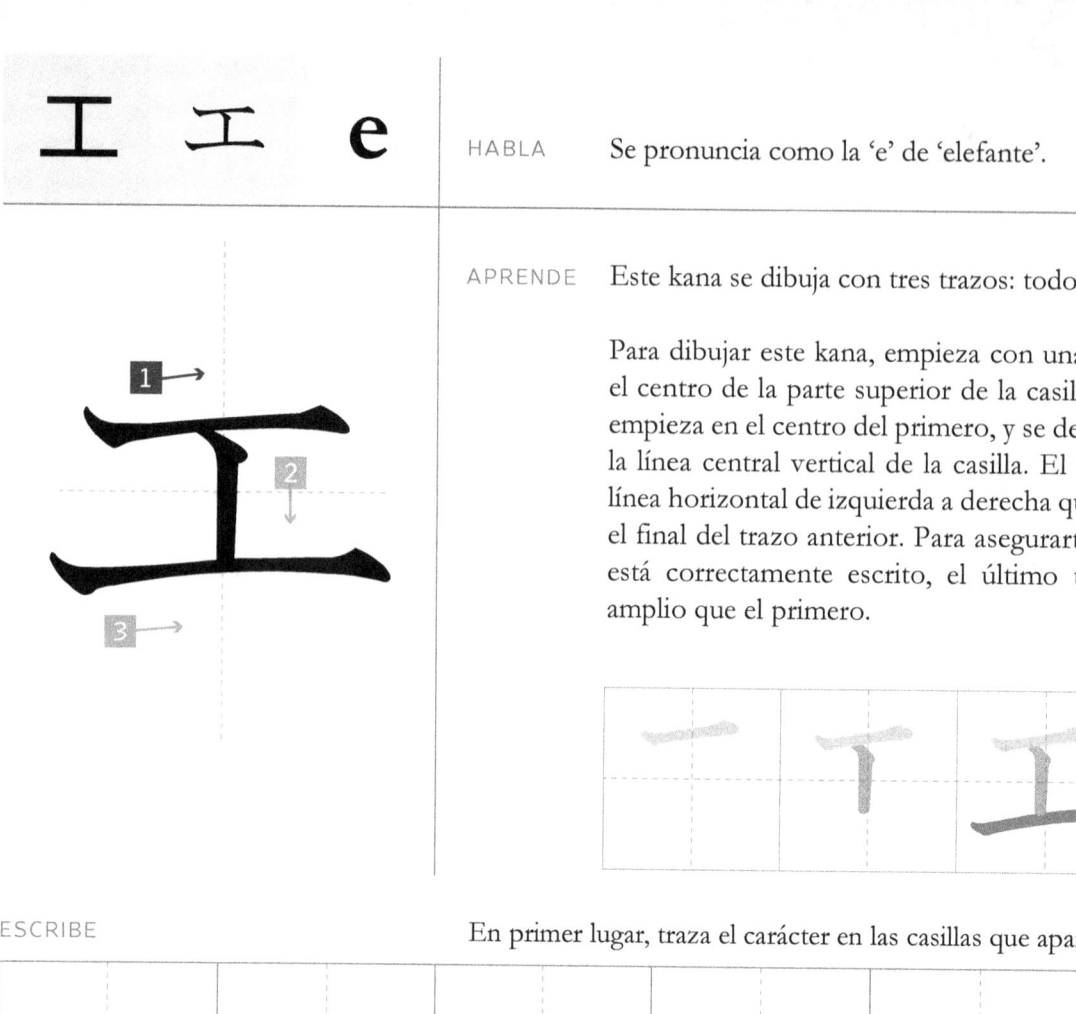

APRENDE

Este kana se dibuja con tres trazos: todos son stop strokes.

Para dibujar este kana, empieza con una línea horizontal en el centro de la parte superior de la casilla. El segundo trazo empieza en el centro del primero, y se desliza hacia abajo por la línea central vertical de la casilla. El último trazo es otra línea horizontal de izquierda a derecha que une su centro con el final del trazo anterior. Para asegurarte de que tu carácter está correctamente escrito, el último trazo debe ser más amplio que el primero.

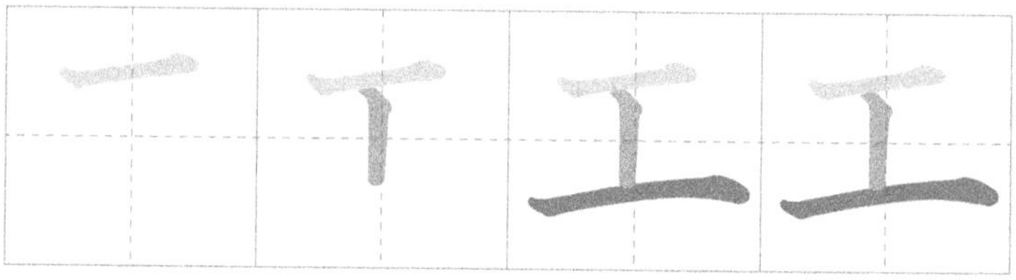

ESCRIBE

En primer lugar, traza el carácter en las casillas que aparecen a continuación.

PRACTICA

Ahora practica dibujando este carácter en estas casillas más pequeñas.

 **o**

Se pronuncia como la 'o' de 'oreja'.

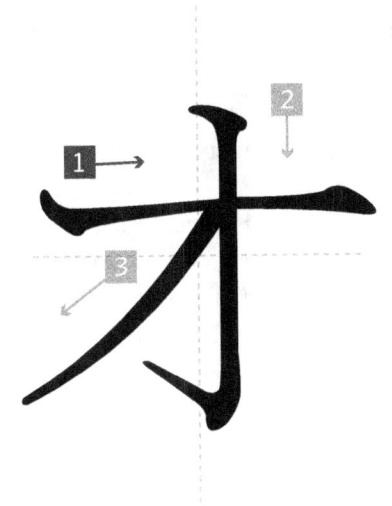

APRENDE Este kana tiene tres trazos: stop stroke, jump fade, fade.

Empieza dibujando una línea horizontal larga de izquierda a derecha. El segundo trazo es una línea vertical que atraviesa a la primera a un tercio del lado derecho. Termina el segundo trazo girando y levantando rápidamente el lápiz del papel (a esto se le llama hane). El último trazo empieza en el cruce de las dos primeras líneas y forma una curva hacia abajo y a la izquierda hasta terminar con un movimiento gentil del lápiz para desvanecer el final de la línea – no debería llegar tan abajo como el segundo trazo.

ESCRIBE En primer lugar, traza el carácter en las casillas que aparecen a continuación.

PRACTICA Ahora practica dibujando este carácter en estas casillas más pequeñas.

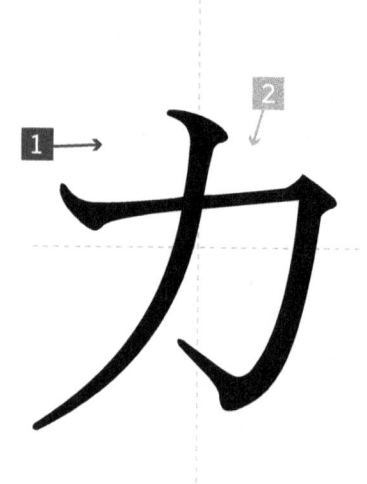 **ka**

Se pronuncia como la sílaba 'ca' de 'casa'.

APRENDE Este kana se dibuja con dos trazos: jump fade, stop stroke.

Este carácter es una versión angular del hiragana か y empieza con una línea horizontal ligeramente inclinada que gira hacia debajo de manera brusca. La parte baja de esta última línea vertical debería tener una pequeña curva hacia atrás y diagonalmente hacia la izquierda. Termina este trazo con un hane levantando rápido el lápiz del papel. El segundo trazo es una línea diagonal hacia abajo con una curva hacia la izquierda.

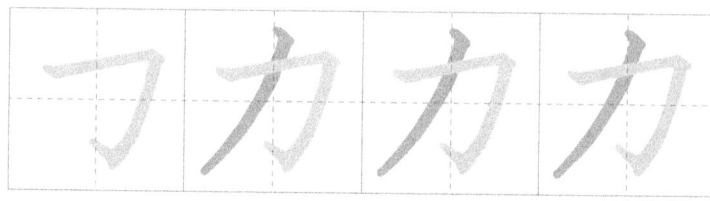

ESCRIBE En primer lugar, traza el carácter en las casillas que aparecen a continuación.

PRACTICA Ahora practica dibujando este carácter en estas casillas más pequeñas.

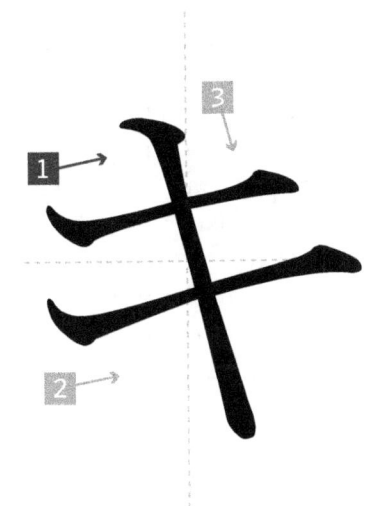 **ki**

Se pronuncia como la 'ki' de 'kilo'.

APRENDE Se dibuja con tres trazos: stop stroke, stop stroke, stop stroke.

Te habrás dado cuenta de que este Katakana también tiene un gran parecido a su Hiragana correspondiente – los dos primeros trazos son líneas paralelas diagonales de izquierda a derecha en una dirección hacia arriba, y la segunda línea es un poco más larga que la primera. El último trazo es simplemente otra línea diagonal recta que va desde la parte superior izquierda hasta la parte inferior derecha de la casilla. Debería atravesar a las otras dos líneas aproximadamente por la mitad de ambas.

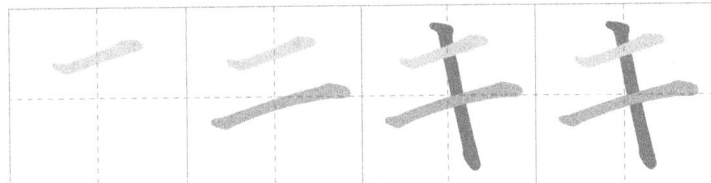

ESCRIBE En primer lugar, traza el carácter en las casillas que aparecen a continuación.

PRACTICA Ahora practica dibujando este carácter en estas casillas más pequeñas.

ク　ク　ku

　Se pronuncia como la 'cu' de 'cuna'.

APRENDE　Este kana se escribe con dos trazos: ambos son fade strokes.

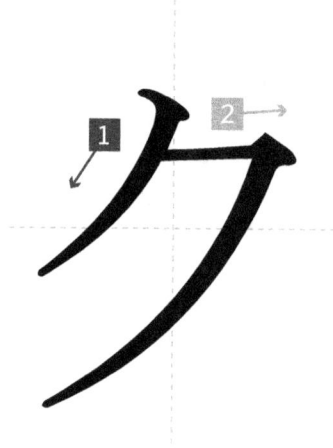

Empieza con la primera línea diagonal curvada desde la parte central superior de la casilla hacia abajo y a la izquierda. Inicia el segundo trazo casi en el mismo sitio que el primero. Este trazo comienza con una línea horizontal bastante más corta que la del kana anterior antes de realizar un giro brusco y seguir como una curva en diagonal mucho más larga hacia abajo y a la izquierda de la casilla. ¡Practica cómo hacer que las dos partes en diagonal sean paralelas para que la escritura se vea mejor!

ESCRIBE　　　　En primer lugar, traza el carácter en las casillas que aparecen a continuación.

PRACTICA　　　Ahora practica dibujando este carácter en estas casillas más pequeñas.

ケ ケ ke

Se pronuncia como la 'que' de 'queso'.

Este kana tiene tres trazos: fade stroke, stop stroke, fade.

Empieza de una manera parecida al katakana ク anterior, dibuja el primer trazo diagonal y termina con un movimiento gentil del lápiz reduciendo la presión mientras lo separas del papel para desvanecer el trazo. La segunda línea empieza aproximadamente en la mitad del primer trazo esta vez y es simplemente una línea horizontal más larga que termina sin movimientos ni giros suaves del lápiz. Empieza la tercera línea en la mitad de la segunda y desliza tu lápiz formando una curva hacia abajo y a la izquierda que se desvanece de la misma manera que la primera, quedando paralela a ésta.

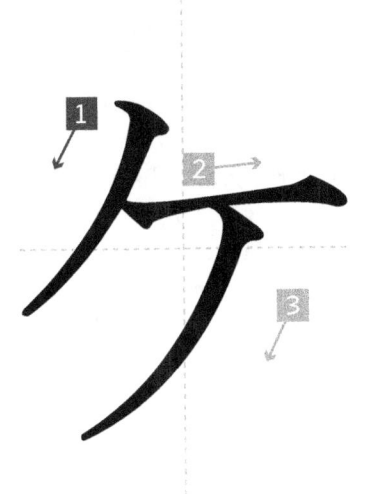

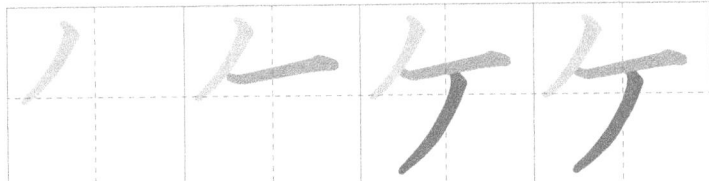

En primer lugar, traza el carácter en las casillas que aparecen a continuación.

Ahora practica dibujando este carácter en estas casillas más pequeñas.

コ コ ko

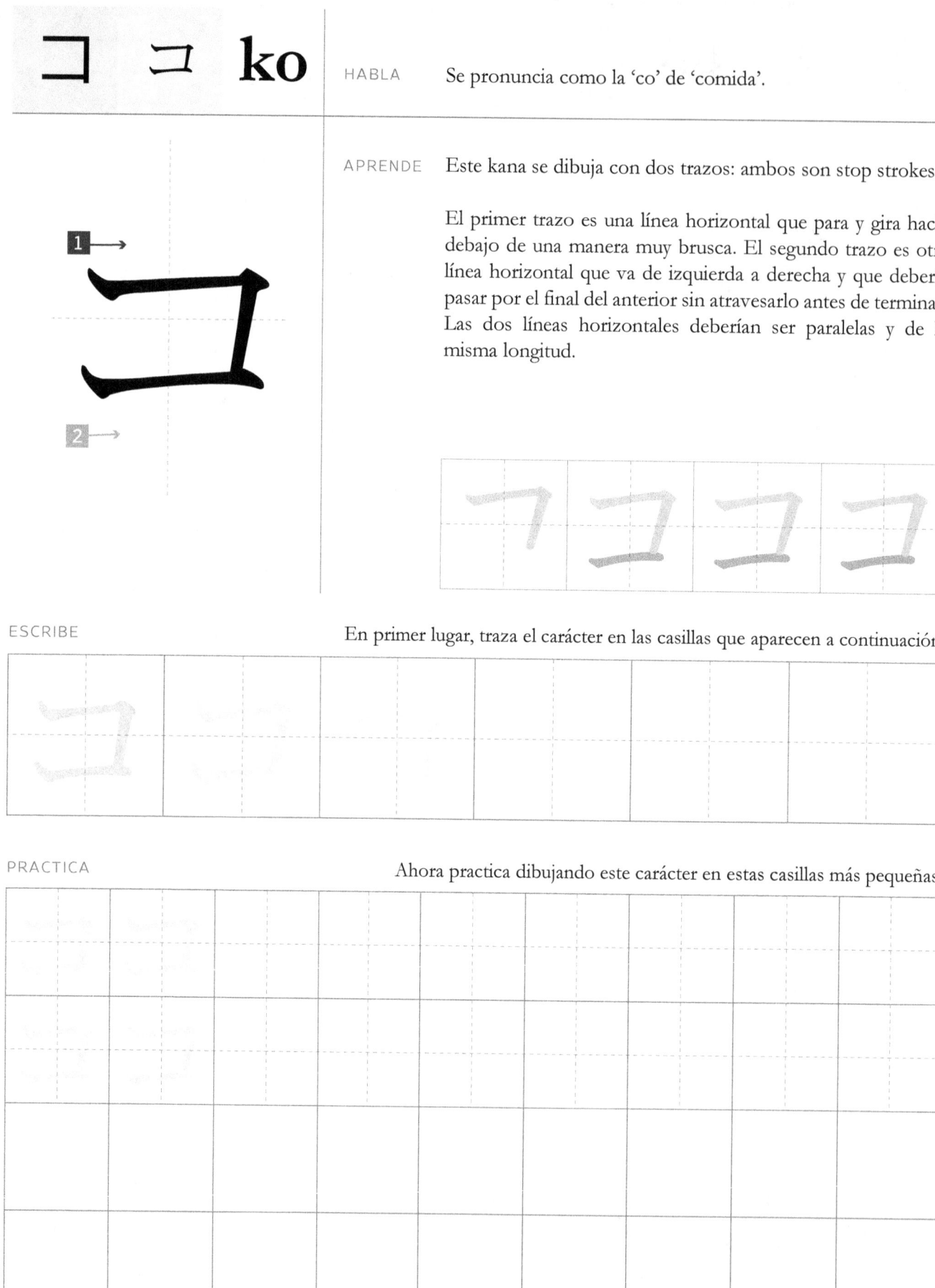

Se pronuncia como la 'co' de 'comida'.

APRENDE Este kana se dibuja con dos trazos: ambos son stop strokes.

El primer trazo es una línea horizontal que para y gira hacia debajo de una manera muy brusca. El segundo trazo es otra línea horizontal que va de izquierda a derecha y que debería pasar por el final del anterior sin atravesarlo antes de terminar. Las dos líneas horizontales deberían ser paralelas y de la misma longitud.

ESCRIBE En primer lugar, traza el carácter en las casillas que aparecen a continuación.

PRACTICA Ahora practica dibujando este carácter en estas casillas más pequeñas.

サ サ **sa**

Se pronuncia como la 'sa' de 'salida'.

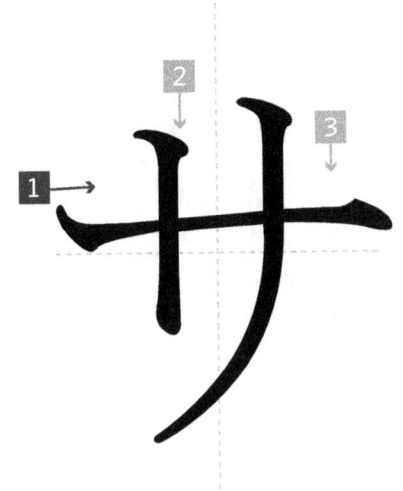

APRENDE Este kana se dibuja con tres trazos: stop stroke, stop stroke, fade stroke.

Empieza este kana con una línea horizontal larga. La segunda línea atraviesa a la primera aproximadamente a un tercio de la izquierda, y se dibuja hacia abajo. El tercer trazo es una línea curvada más larga que atraviesa a la primera, aproximadamente a un tercio de la parte derecha. Empieza como una línea vertical hasta antes del cruce, pero se curva hacia la izquierda después de atravesar a la primera línea.

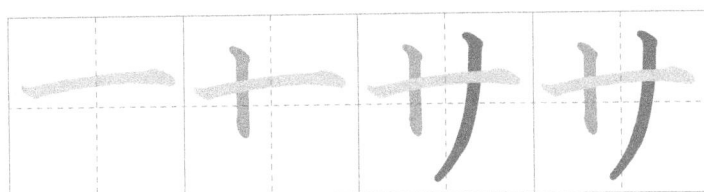

ESCRIBE   En primer lugar, traza el carácter en las casillas que aparecen a continuación.

PRACTICA   Ahora practica dibujando este carácter en estas casillas más pequeñas.

シ シ shi

Se pronuncia como la 'shi', de 'sushi'. *No es un sonido común en español, pero se asemeja al sonido 'shhh' que usamos para pedir silencio seguido de una i.*

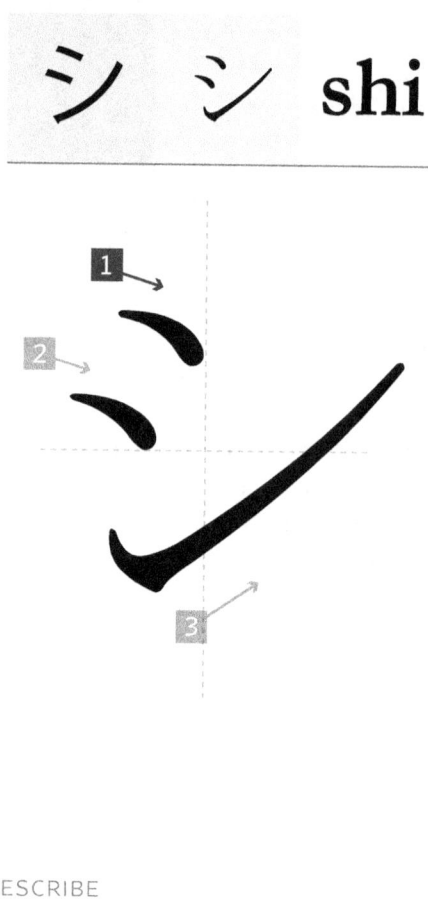

APRENDE

Dibuja este kana con tres trazos: stop strokes, stop stroke, fade stroke.

Tanto el primer como el segundo trazo son líneas cortas que no se desvanecen al final, dibujadas en paralelo y un poco inclinadas hacia abajo. El tercer trazo empieza en la zona inferior izquierda de la casilla, debajo de los primeros trazos, y se curva hacia arriba y a la derecha. Deberías prestar especial atención al espacio que hay entre los tres trazos y al punto desde el que empiezan. Veremos algunos caracteres muy parecidos a este en las próximas páginas.

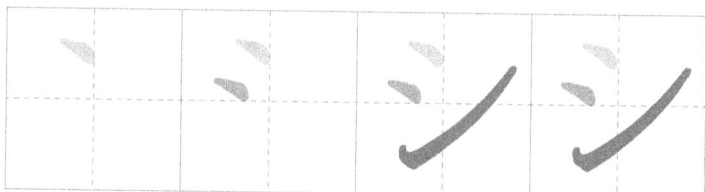

ESCRIBE

En primer lugar, traza el carácter en las casillas que aparecen a continuación.

PRACTICA

Ahora practica dibujando este carácter en estas casillas más pequeñas.

ス ス **su**

Se pronuncia como la 'su' de 'subir'.

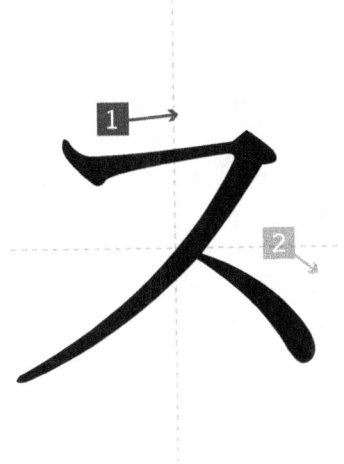

APRENDE   Este kana tiene dos trazos: fade stroke, stop stroke.

Este carácter empieza con un trazo que ya hemos realizado en algún kana anterior. Comienza con una línea horizontal de izquierda a derecha antes de girar abruptamente y convertirse en una curva que se desliza hacia abajo y de vuelta a la izquierda hasta desvanecerse con un movimiento suave del lápiz. La segunda línea es un trazo relativamente corto que no se desvanece como el anterior y empieza aproximadamente en la mitad de la curva del trazo anterior.

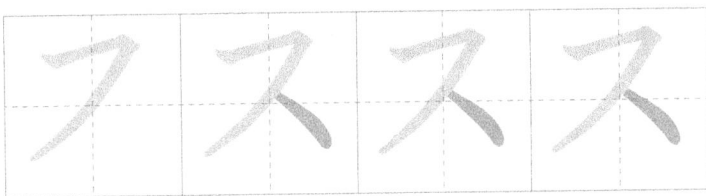

ESCRIBE   En primer lugar, traza el carácter en las casillas que aparecen a continuación.

PRACTICA   Ahora practica dibujando este carácter en estas casillas más pequeñas.

セ　セ　**se**

Se pronuncia como la 'se' de 'semana'.

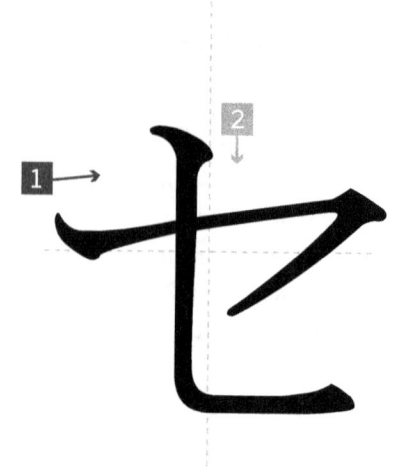

APRENDE

Este kana se dibuja con dos trazos: fade stroke, stop stroke.

Empieza el primer trazo con una línea relativamente larga e inclinada de izquierda a derecha. A medida que te acerques al lado derecho, la línea gira hacia abajo y a la izquierda – pero no de una manera tan brusca como en otros kana. La segunda línea empieza como un trazo vertical recto que se desliza desde la parte superior de la casilla y luego gira hacia la derecha cuando se acerca al final de la casilla.

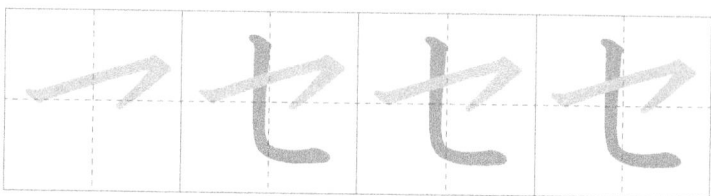

ESCRIBE

En primer lugar, traza el carácter en las casillas que aparecen a continuación.

PRACTICA

Ahora practica dibujando este carácter en estas casillas más pequeñas.

ソ ソ **SO**

Se pronuncia como la 'so' de 'sonido'.

APRENDE Este kana se crea con dos trazos: stop stroke, fade stroke.

Empieza en la parte superior izquierda de la casilla con un trazo corto e inclinado, que no se desvanece al separar el lápiz del papel. Esta marca debería hacerse con un ángulo inclinado, pero se parece mucho a una línea diagonal. Una vez más, el segundo trazo se realiza con una curva larga que se desvanece a medida que se acerca a la parte inferior izquierda de la casilla. El punto de inicio de esta segunda línea debería estar a una altura similar al de la primera línea.

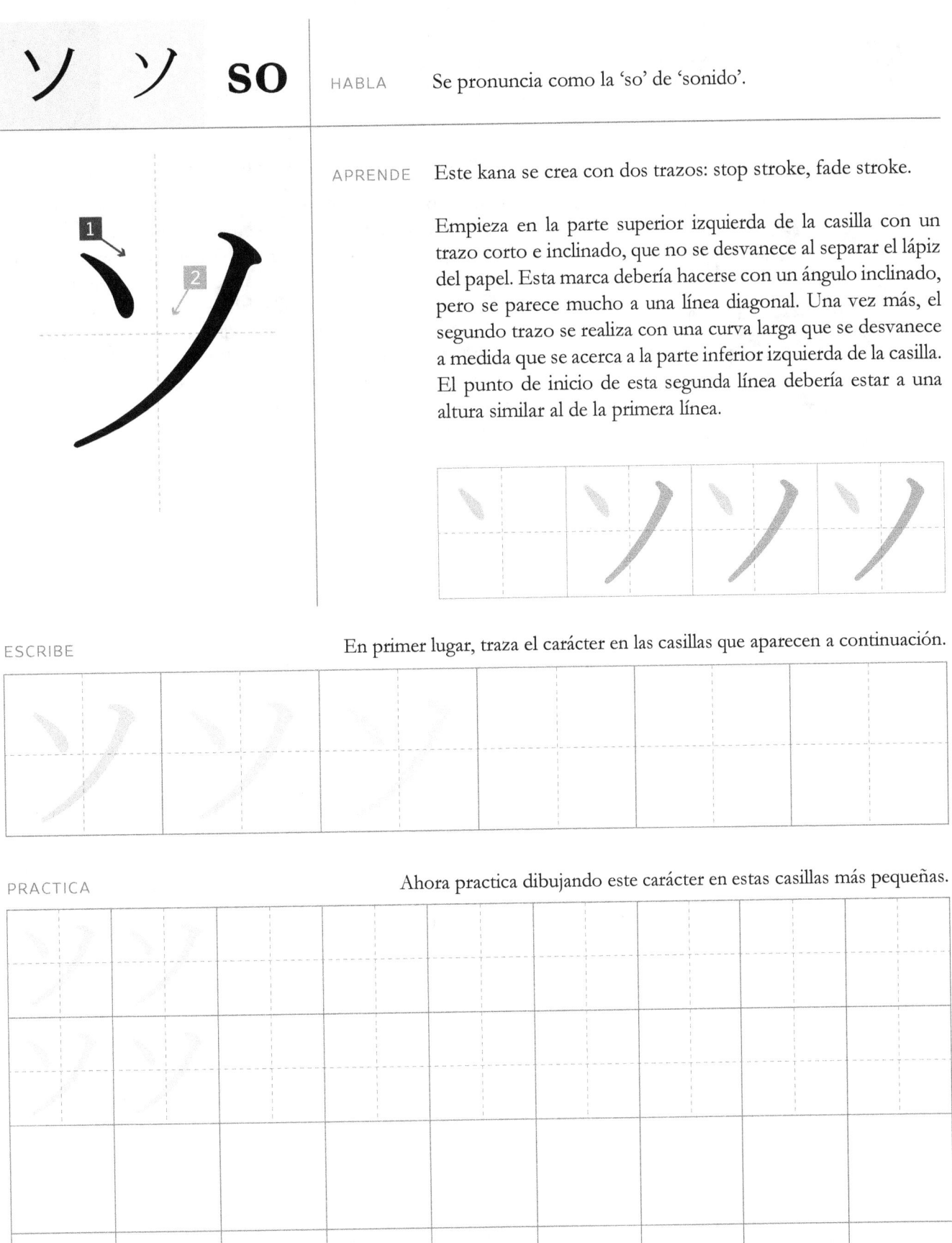

ESCRIBE En primer lugar, traza el carácter en las casillas que aparecen a continuación.

PRACTICA Ahora practica dibujando este carácter en estas casillas más pequeñas.

81

タ　タ　**ta**

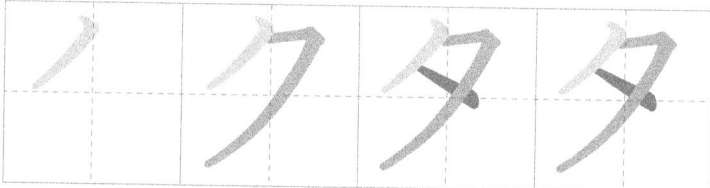

　Se pronuncia como la 'ta' de 'taza'.

APRENDE　Este kana se dibuja con tres trazos: fade, fade, stop stroke.

Este es otro de los kana que presentan algunas formas que ahora nos resultan familiar. De manera parecida a ク y ケ, el primer trazo de este carácter es una curva diagonal que se va desvaneciendo desde la parte superior central hasta la parte inferior izquierda de la casilla. El segundo trazo empieza con una línea horizontal que tiene el mismo punto de inicio que la anterior, y gira hacia abajo y a la izquierda formando una curva. El último trazo es una línea corta y diagonal que comienza en el centro del primer trazo y atraviesa al segundo trazo por la mitad.

ESCRIBE　En primer lugar, traza el carácter en las casillas que aparecen a continuación.

PRACTICA　Ahora practica dibujando este carácter en estas casillas más pequeñas.

チ チ chi

Se pronuncia como la 'chi' de 'chiste'.

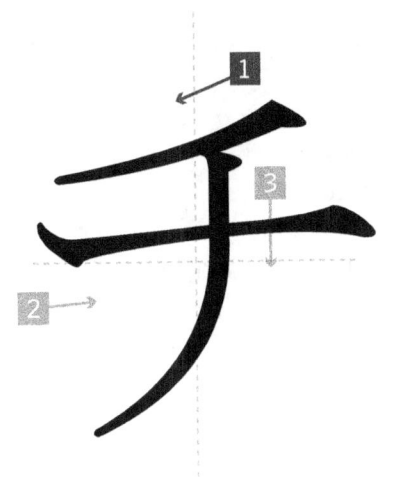

APRENDE Este kana se dibuja con tres trazos: fade stroke, stop stroke, fade stroke.

La primera línea es una curva corta que comienza en la parte superior derecha y se va desvaneciendo mientras se desliza hacia abajo y ligeramente a la izquierda. El segundo trazo es una línea horizontal larga que no se desvanece. El tercer trazo debería empezar en el centro de la primera curva y atraviesa a la segunda línea antes de curvarse hacia abajo y a la izquierda. ¡Asegúrate de que tu segunda línea sea más amplia que la primera y sobresalga por ambos lados!

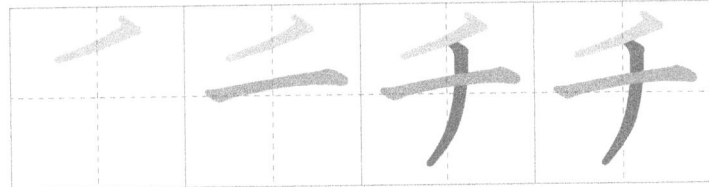

ESCRIBE En primer lugar, traza el carácter en las casillas que aparecen a continuación.

PRACTICA Ahora practica dibujando este carácter en estas casillas más pequeñas.

ツ ツ **tsu**

Se pronuncia como la 'tsu' de 'tsunami'.

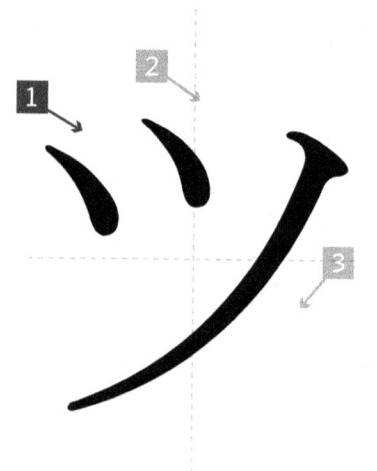

APRENDE

Este kana tiene tres trazos: dos stop strokes y un fade stroke.

Este carácter se parece al Katakana シ y, de manera similar a éste, sus dos primeros trazos se dibujan como dos líneas paralelas e inclinadas. La tercera línea es una curva amplia que comienza en la zona superior derecha y se va desvaneciendo mientras se desliza hacia la parte inferior izquierda de la casilla. Al igual que ocurre con el Katakana シ, presta atención al espacio de los puntos de inicio de cada trazo.

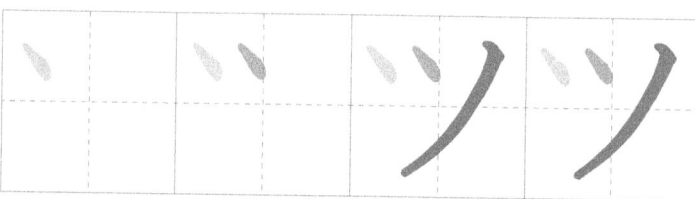

ESCRIBE

En primer lugar, traza el carácter en las casillas que aparecen a continuación.

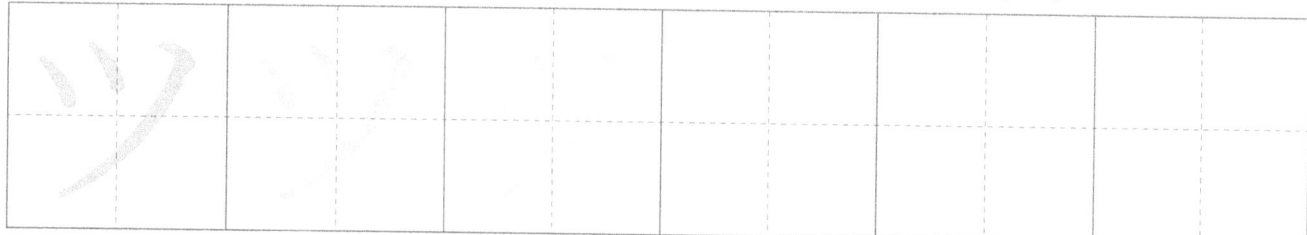

PRACTICA

Ahora practica dibujando este carácter en estas casillas más pequeñas.

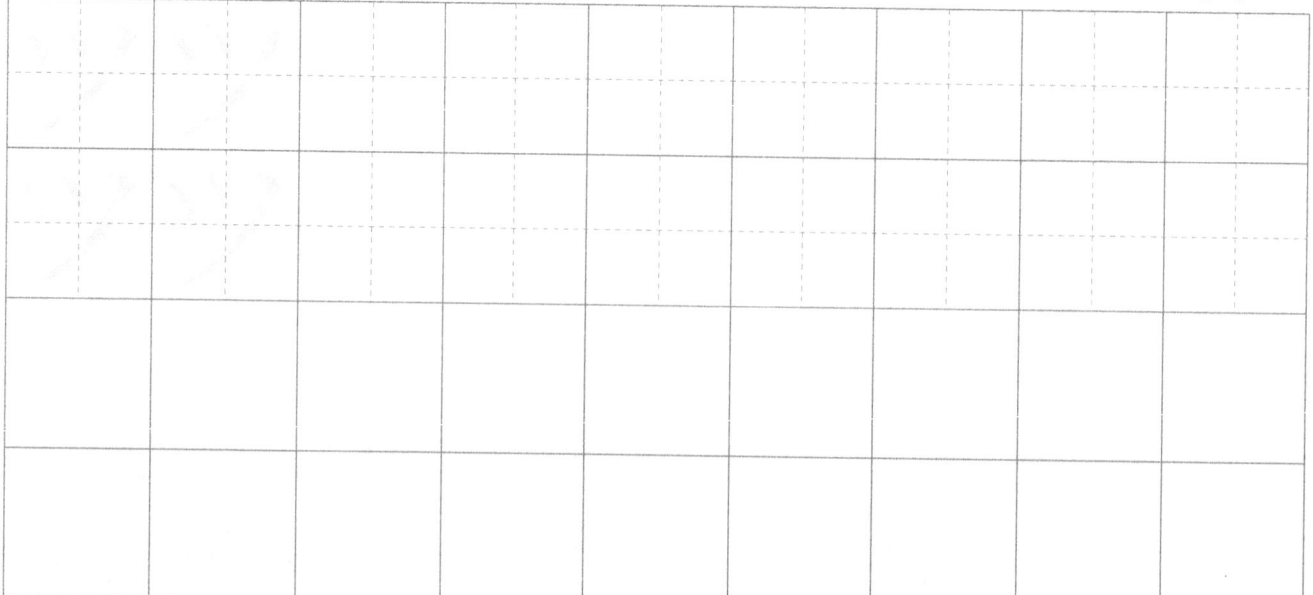

テ テ **te**

Se pronuncia como la 'te' de 'tenedor'.

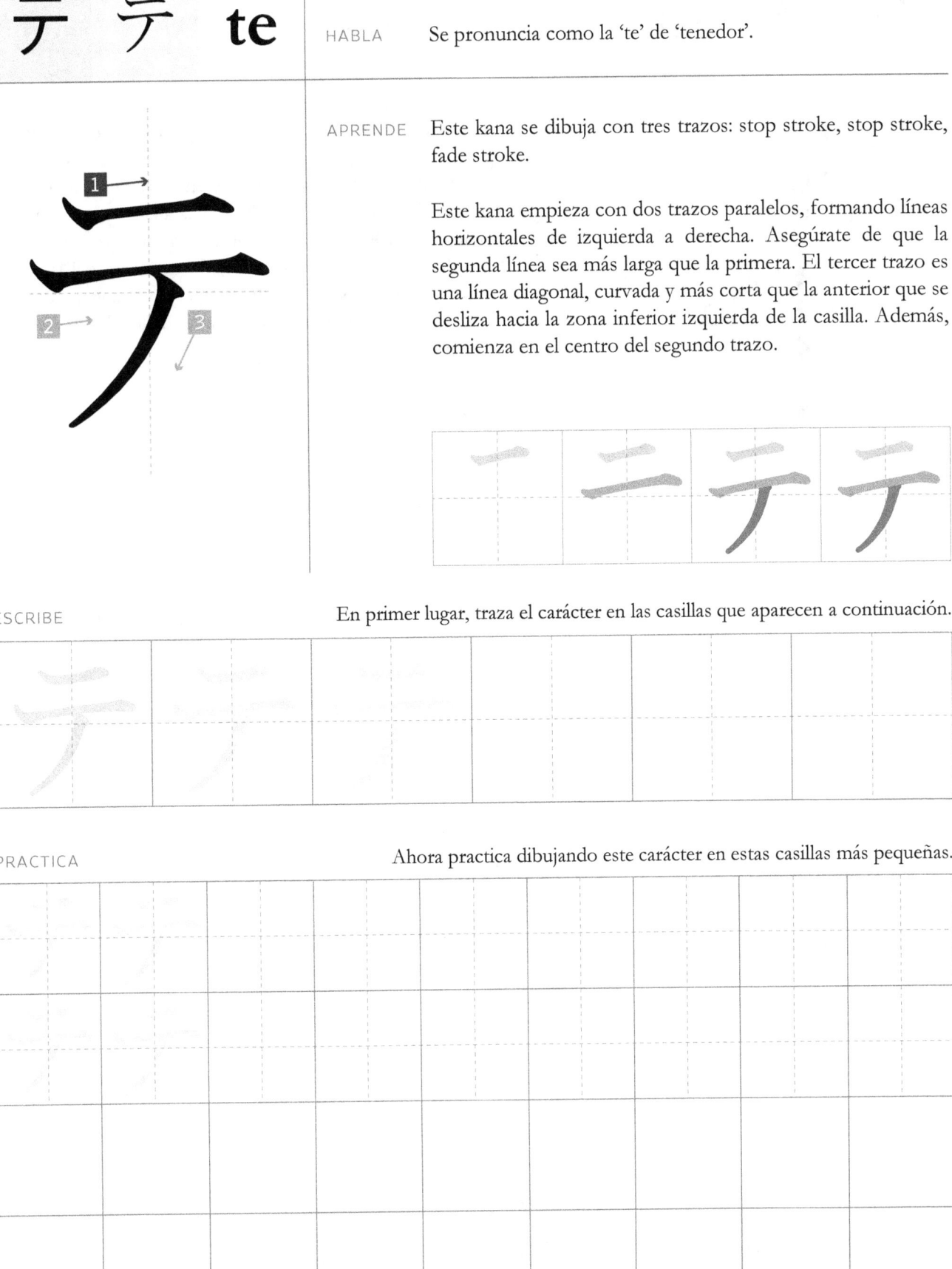

APRENDE   Este kana se dibuja con tres trazos: stop stroke, stop stroke, fade stroke.

Este kana empieza con dos trazos paralelos, formando líneas horizontales de izquierda a derecha. Asegúrate de que la segunda línea sea más larga que la primera. El tercer trazo es una línea diagonal, curvada y más corta que la anterior que se desliza hacia la zona inferior izquierda de la casilla. Además, comienza en el centro del segundo trazo.

ESCRIBE   En primer lugar, traza el carácter en las casillas que aparecen a continuación.

PRACTICA   Ahora practica dibujando este carácter en estas casillas más pequeñas.

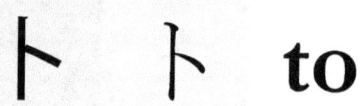 **to**

HABLA   Se pronuncia con la 'to' de 'todo'.

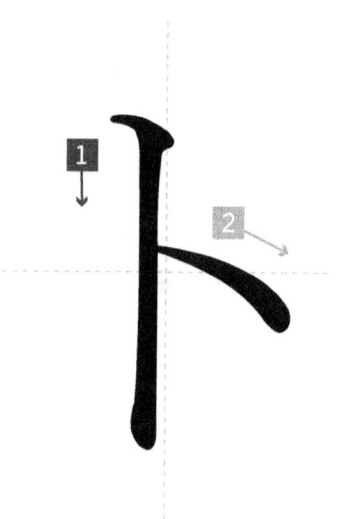

APRENDE   Este kana se crea con dos trazos: stop stroke, stop stroke.

Dibuja una línea vertical larga que empieza cerca de la parte superior de la casilla, y se desliza hacia abajo ligeramente a la izquierda de la línea central vertical. Termina cerca del final de la casilla sin ningún movimiento ni giro gentil del lápiz. La segunda línea es una marca mucho más corta que tampoco se desvanece. Para dibujarla, comenzamos arriba del centro de la casilla y la deslizamos hacia abajo y a la derecha formando una línea diagonal.

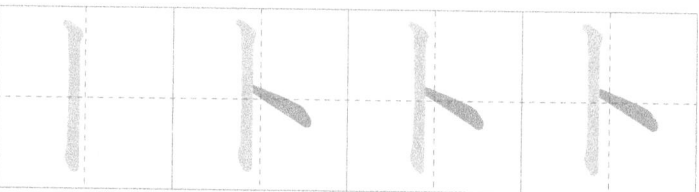

ESCRIBE   En primer lugar, traza el carácter en las casillas que aparecen a continuación.

PRACTICA   Ahora practica dibujando este carácter en estas casillas más pequeñas.

ナ ナ **na**

Se pronuncia como la 'na' de 'nada'.

Este kana tiene dos trazos: stop stroke, fade stroke.

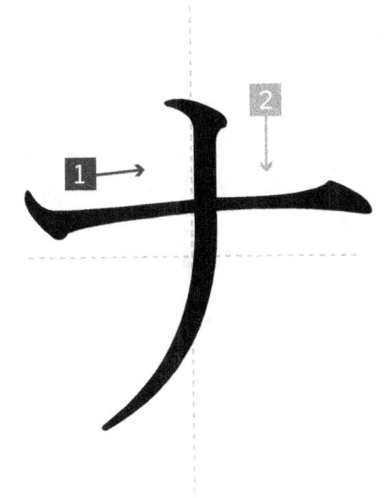

Empieza con un trazo horizontal relativamente largo cerca de la línea central horizontal de la casilla. La segunda línea comienza cerca de la parte superior, en el centro, y se desliza hacia abajo atravesando el primer trazo. Empieza como una línea vertical y se curva hacia la parte inferior izquierda de la casilla después de atravesar al otro trazo.

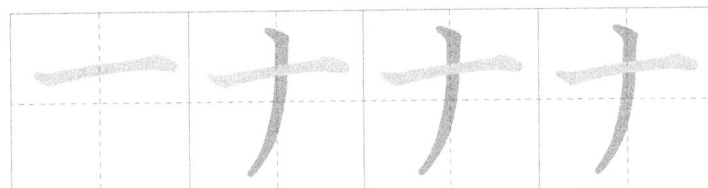

En primer lugar, traza el carácter en las casillas que aparecen a continuación.

Ahora practica dibujando este carácter en estas casillas más pequeñas.

87

ニ　ニ　**ni**

HABLA　Se pronuncia como la 'ni' de 'nido'.

APRENDE　Este kana tiene dos trazos: ambos son stop strokes.

Se trata de uno de los símbolos de Katakana más sencillos, dibujamos el kana ニ con dos líneas paralelas. Cada una de ellas se mueve horizontalmente, y un poco inclinadas, de izquierda a derecha. El segundo trazo debería ser más largo que el primero, sobresaliendo por ambos lados.

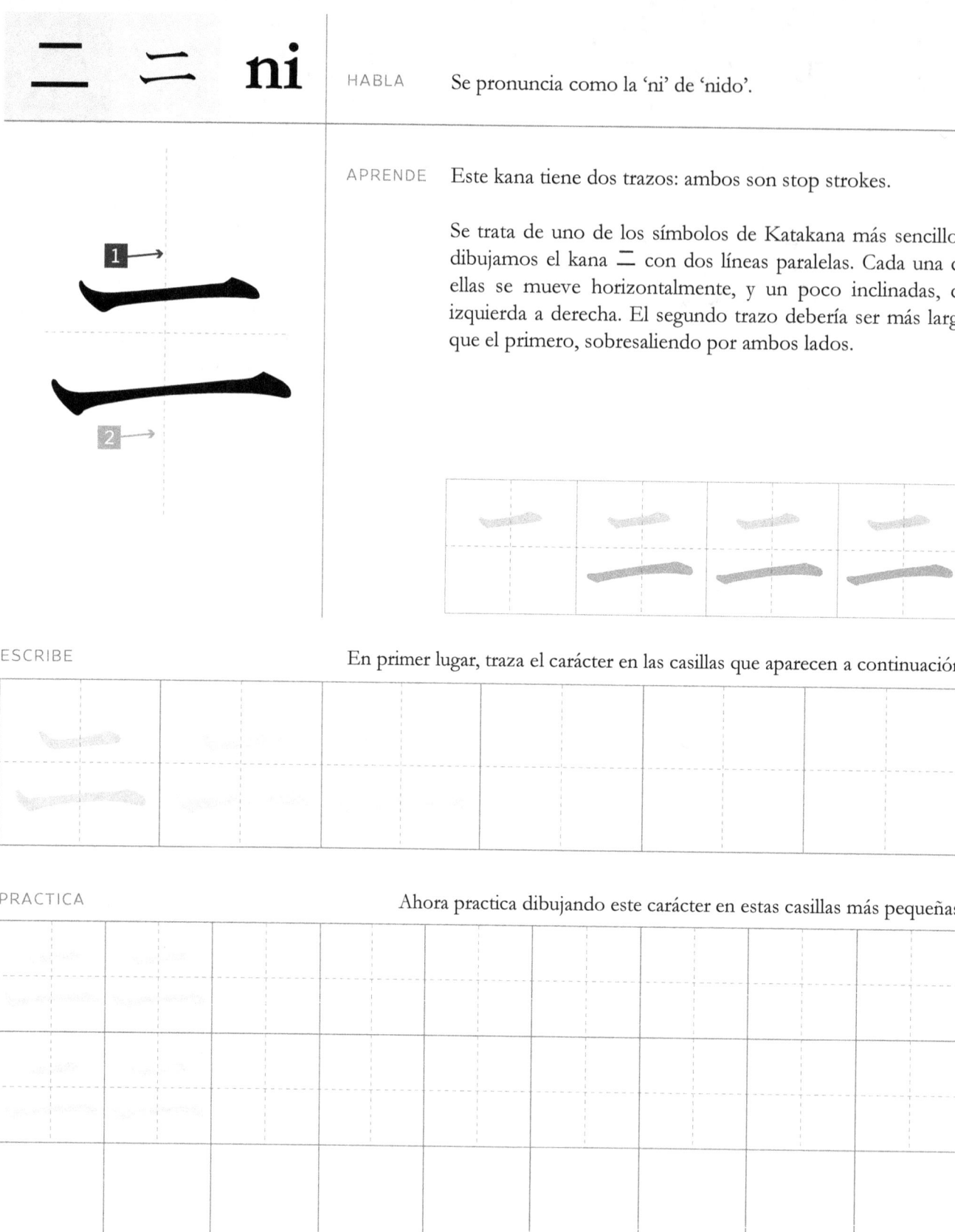

ESCRIBE　En primer lugar, traza el carácter en las casillas que aparecen a continuación.

PRACTICA　Ahora practica dibujando este carácter en estas casillas más pequeñas.

ヌ ヌ nu

Se pronuncia como la 'nu' de 'nube'.

Se dibuja con dos trazos: fade stroke, stop stroke.

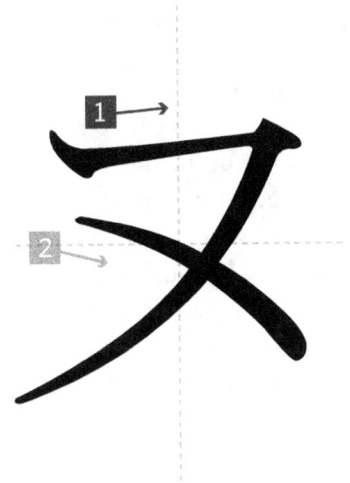

El primer trazo comienza con una línea horizontal un poco inclinada hacia arriba que se desliza de izquierda a derecha. Sin levantar el lápiz, gira de manera brusca hacia abajo creando una curva amplia. El lápiz debe levantarse suavemente del papel a medida que se acerque a la parte inferior izquierda de la casilla. La segunda línea es una curva más corta que, a diferencia de la anterior, no se desvanece. Empieza debajo del punto de inicio de la primera y atraviesa por la mitad a la curva que acabas de hacer.

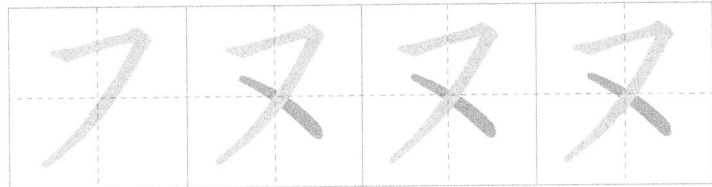

En primer lugar, traza el carácter en las casillas que aparecen a continuación.

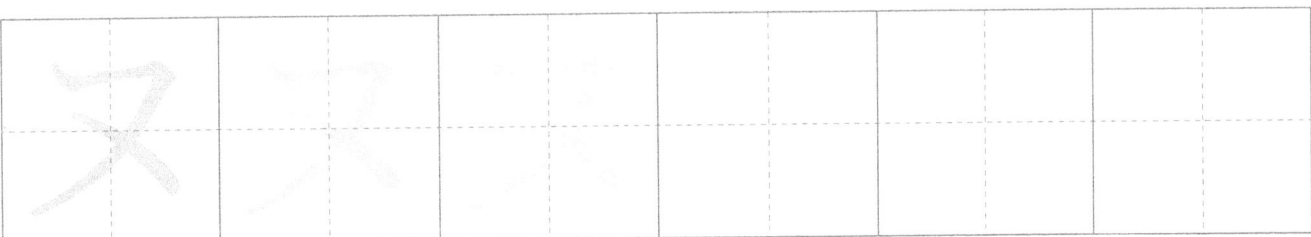

Ahora practica dibujando este carácter en estas casillas más pequeñas.

ネ ネ **ne**

Se pronuncia como la 'ne' de 'negocio'.

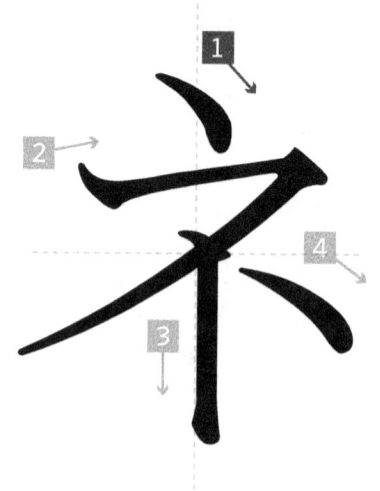

APRENDE Este kana tiene cuatro trazos: stop, fade, stop, stop stroke.

Empieza dibujando una línea pequeña e inclinada en la parte superior central de la casilla. El segundo trazo comienza con una línea horizontal antes de girar abruptamente formando una curva que se desvanece a medida que se aproxima a la parte inferior izquierda. El tercer trazo es una línea vertical cuyo punto de inicio se encuentra en la mitad de la curva que acabas de dibujar con la línea anterior. El último trazo es una línea diagonal corta que debería ser aproximadamente de la misma longitud que la parte final de la curva larga.

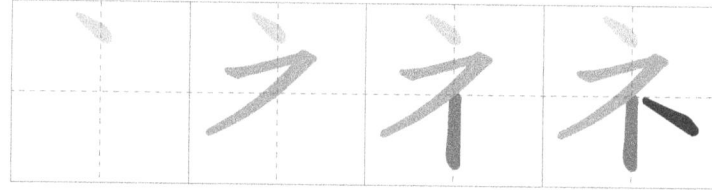

ESCRIBE   En primer lugar, traza el carácter en las casillas que aparecen a continuación.

PRACTICA   Ahora practica dibujando este carácter en estas casillas más pequeñas.

ノ ノ **no**

Se pronuncia como la 'no' de 'noche'.

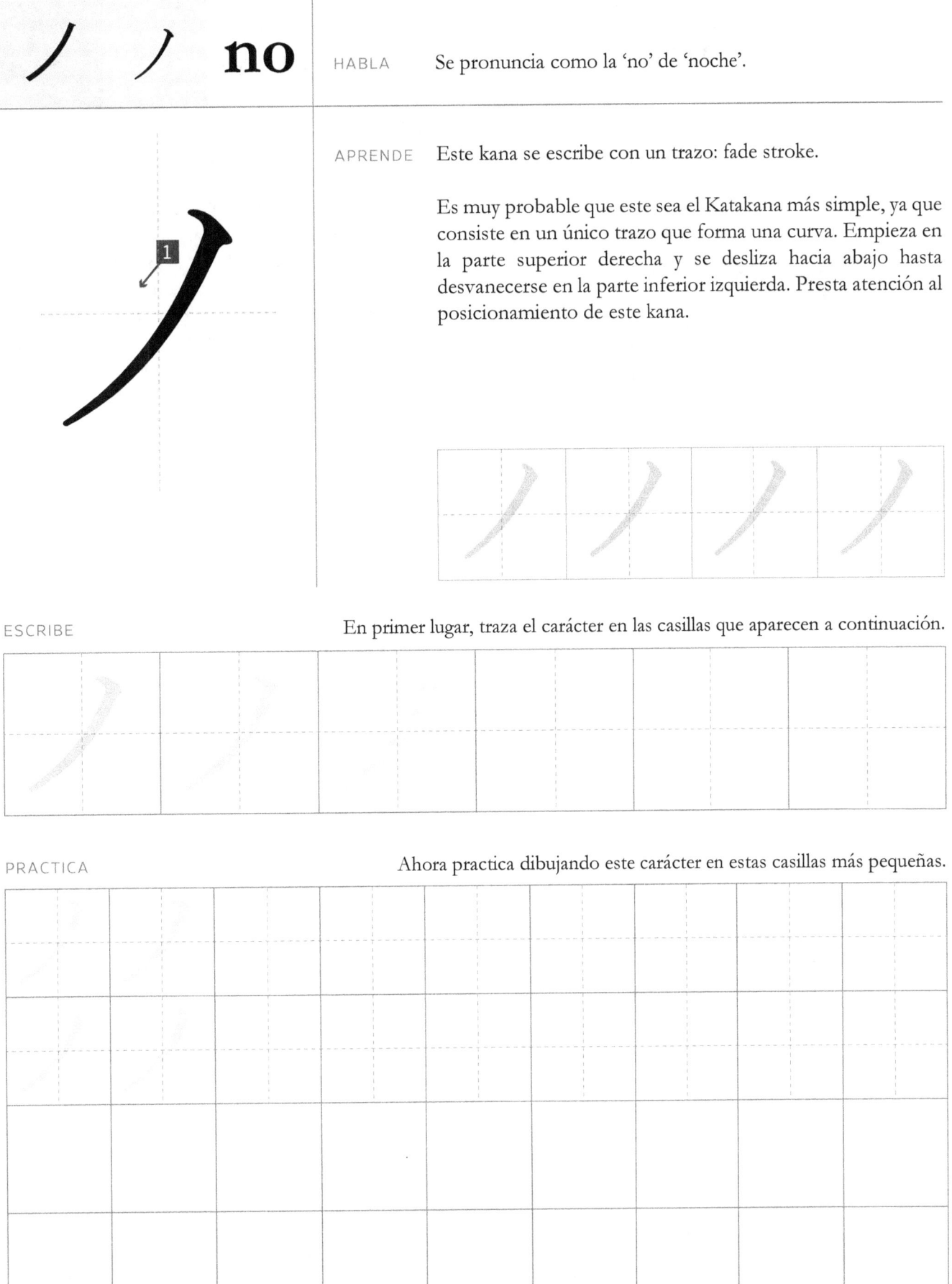

APRENDE Este kana se escribe con un trazo: fade stroke.

Es muy probable que este sea el Katakana más simple, ya que consiste en un único trazo que forma una curva. Empieza en la parte superior derecha y se desliza hacia abajo hasta desvanecerse en la parte inferior izquierda. Presta atención al posicionamiento de este kana.

ESCRIBE En primer lugar, traza el carácter en las casillas que aparecen a continuación.

PRACTICA Ahora practica dibujando este carácter en estas casillas más pequeñas.

ハ ハ **ha**

Se pronuncia como la 'ja' de 'jamón'.

Dibuja este kana con dos trazos: fade stroke, stop stroke.

El primer trazo es una línea diagonal curvada que empieza a la izquierda de la línea central de la casilla y se desplaza hacia abajo y a la izquierda levantando el lápiz suavemente. La segunda línea es casi una imagen espejo de la primera, pero termina sin desvanecerse en la zona inferior derecha. El punto de inicio de ambos trazos debería tener un espacio en medio y se posicionan un poco alejados de la línea central vertical.

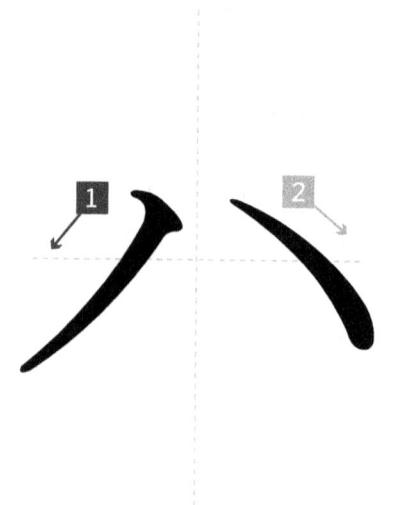

En primer lugar, traza el carácter en las casillas que aparecen a continuación.

Ahora practica dibujando este carácter en estas casillas más pequeñas.

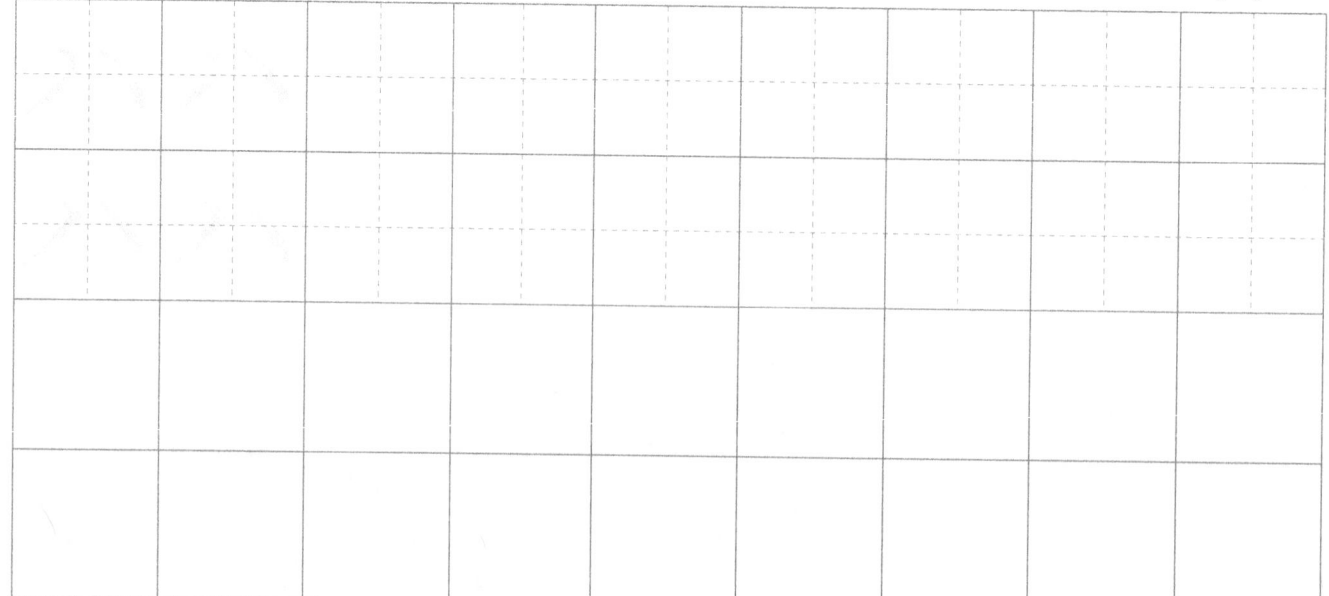

ヒ ヒ **hi**

Se pronuncia como la 'ji' de 'jirafa'.

Este kana se dibuja con dos trazos: ambos son stop strokes.

Haz el primer trazo como una línea ligeramente inclinada de izquierda a derecha. La segunda línea empieza en la parte superior izquierda de la casilla y se mueve verticalmente hacia abajo, pasando por el inicio de la primera línea sin atravesarla. A medida que el lápiz se acerque a la zona inferior de la casilla, gira suavemente hacia la derecha – en este kana, a diferencia de otros, no se forma un ángulo de esquina afilado. El segundo trazo debería terminar debajo de donde acaba el primero.

En primer lugar, traza el carácter en las casillas que aparecen a continuación.

Ahora practica dibujando este carácter en estas casillas más pequeñas.

フ フ **fu**

Se pronuncia como la 'fu' de 'fuego', pero la 'f' es suave, es un sonido que se asemeja más al de una 'h' aspirada.

APRENDE Se dibuja con un solo trazo: fade stroke.

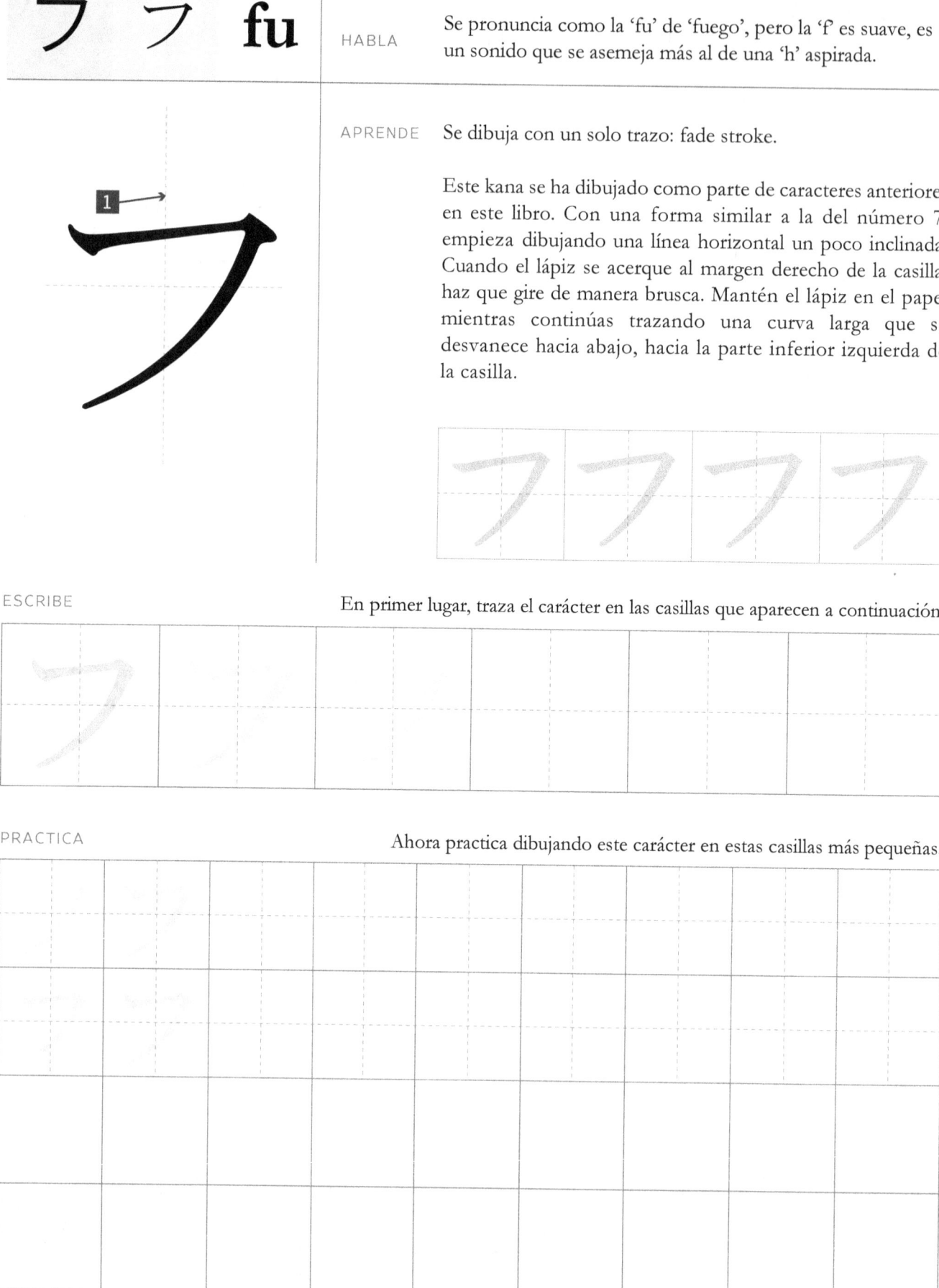

Este kana se ha dibujado como parte de caracteres anteriores en este libro. Con una forma similar a la del número 7, empieza dibujando una línea horizontal un poco inclinada. Cuando el lápiz se acerque al margen derecho de la casilla, haz que gire de manera brusca. Mantén el lápiz en el papel mientras continúas trazando una curva larga que se desvanece hacia abajo, hacia la parte inferior izquierda de la casilla.

ESCRIBE En primer lugar, traza el carácter en las casillas que aparecen a continuación.

PRACTICA Ahora practica dibujando este carácter en estas casillas más pequeñas.

94

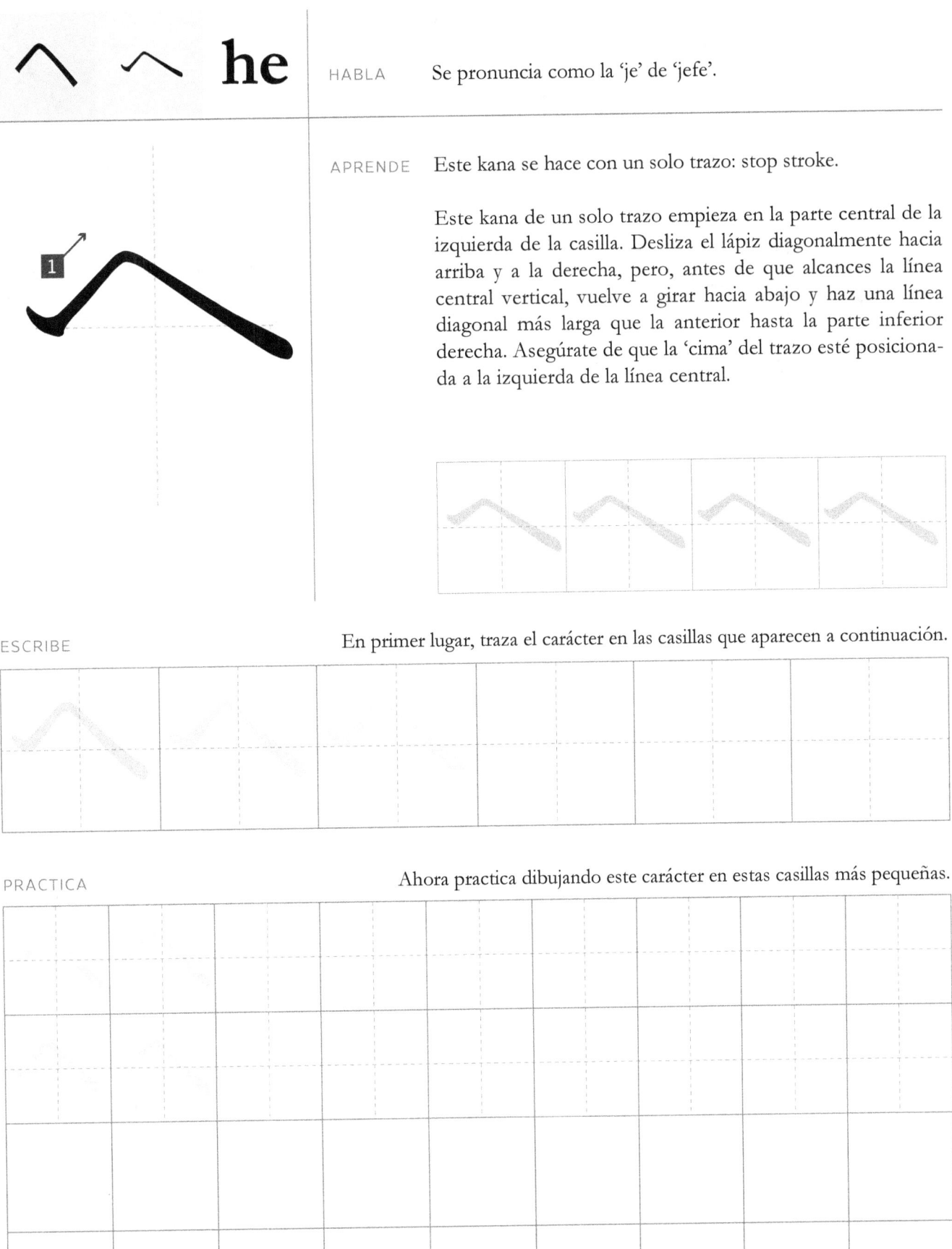

へ　へ　**he**

　Se pronuncia como la 'je' de 'jefe'.

APRENDE　Este kana se hace con un solo trazo: stop stroke.

Este kana de un solo trazo empieza en la parte central de la izquierda de la casilla. Desliza el lápiz diagonalmente hacia arriba y a la derecha, pero, antes de que alcances la línea central vertical, vuelve a girar hacia abajo y haz una línea diagonal más larga que la anterior hasta la parte inferior derecha. Asegúrate de que la 'cima' del trazo esté posicionada a la izquierda de la línea central.

ESCRIBE　En primer lugar, traza el carácter en las casillas que aparecen a continuación.

PRACTICA　Ahora practica dibujando este carácter en estas casillas más pequeñas.

95

ホ ホ ho

Se pronuncia como la 'jo' de 'joya'.

APRENDE

Este kana tiene cuatro trazos: stop stroke, jump fade, stop stroke, stop stroke.

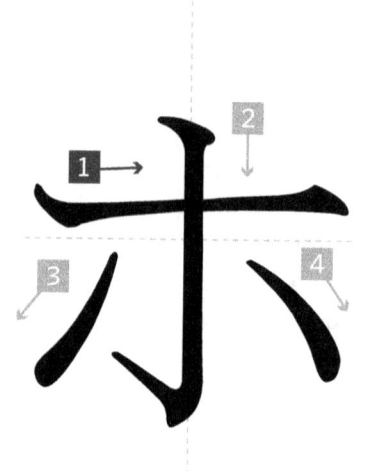

El primer trazo es una línea horizontal que va de izquierda a derecha. El segundo trazo es una línea vertical que atraviesa al primero justo por encima de la línea central horizontal de la casilla. Termina con un hane levantando rápido el lápiz del papel. Los dos últimos trazos se hacen igual que el kana ハ, formando una imagen espejo. No deberían estar pegados a ninguna de las otras líneas.

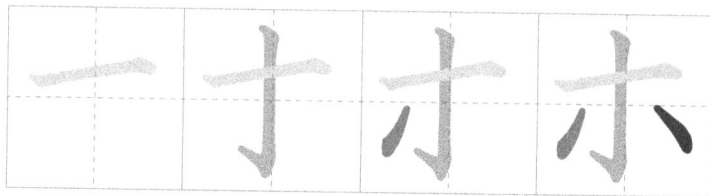

ESCRIBE

En primer lugar, traza el carácter en las casillas que aparecen a continuación.

PRACTICA

Ahora practica dibujando este carácter en estas casillas más pequeñas.

 **ma**

HABLA   Se pronuncia como la 'ma' de 'mamá'.

APRENDE   Se dibuja con dos trazos: fade stroke, stop stroke.

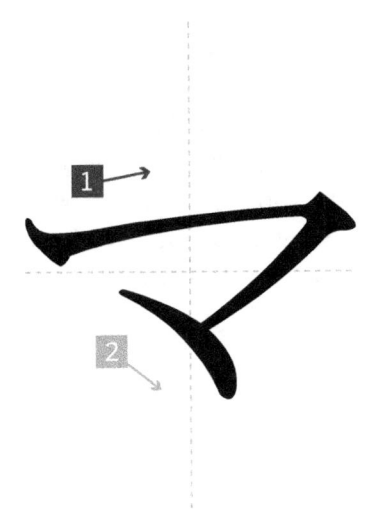

Empezando con un primer trazo que ya nos resulta familiar, desliza el lápiz a través de la casilla formando una línea horizontal. Sin levantar el lápiz, gira bruscamente hacia atrás y hacia abajo, a la izquierda, creando una curva más corta que la línea anterior hasta desvanecerse casi en la línea central vertical de la casilla. El segundo trazo es una línea relativamente corta, realizada inclinada hacia abajo y hacia la derecha. ¡Presta atención para no confundir este carácter con el kana ア que aprendimos al principio!

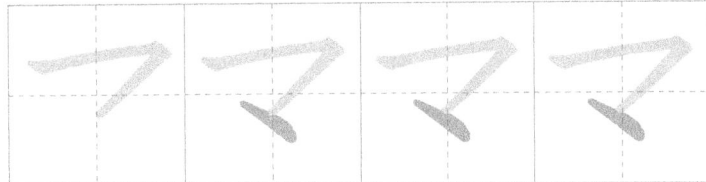

ESCRIBE   En primer lugar, traza el carácter en las casillas que aparecen a continuación.

PRACTICA   Ahora practica dibujando este carácter en estas casillas más pequeñas.

ミ ミ mi

Se pronuncia como la 'mi' de 'minuto'.

Se dibuja con tres trazos: todos son stop stroke.

Este kana es relativamente sencillo, pues consiste en tres líneas cortas y paralelas. Cada una de ellas se dibuja un poco inclinada, quitando el lápiz del papel cuando lo deslices de izquierda a derecha. El tercer trazo es un poco más largo que los otros dos, y su punto de inicio de inicio está un poco más a la derecha.

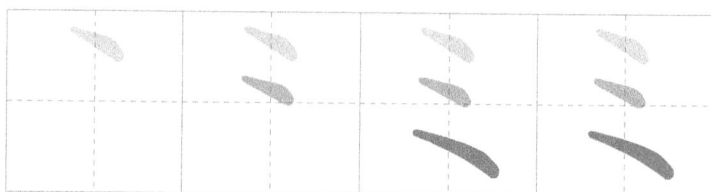

ESCRIBE En primer lugar, traza el carácter en las casillas que aparecen a continuación.

PRACTICA Ahora practica dibujando este carácter en estas casillas más pequeñas.

ム　ム　**mu**

Se pronuncia como la 'mu' de 'mucho'.

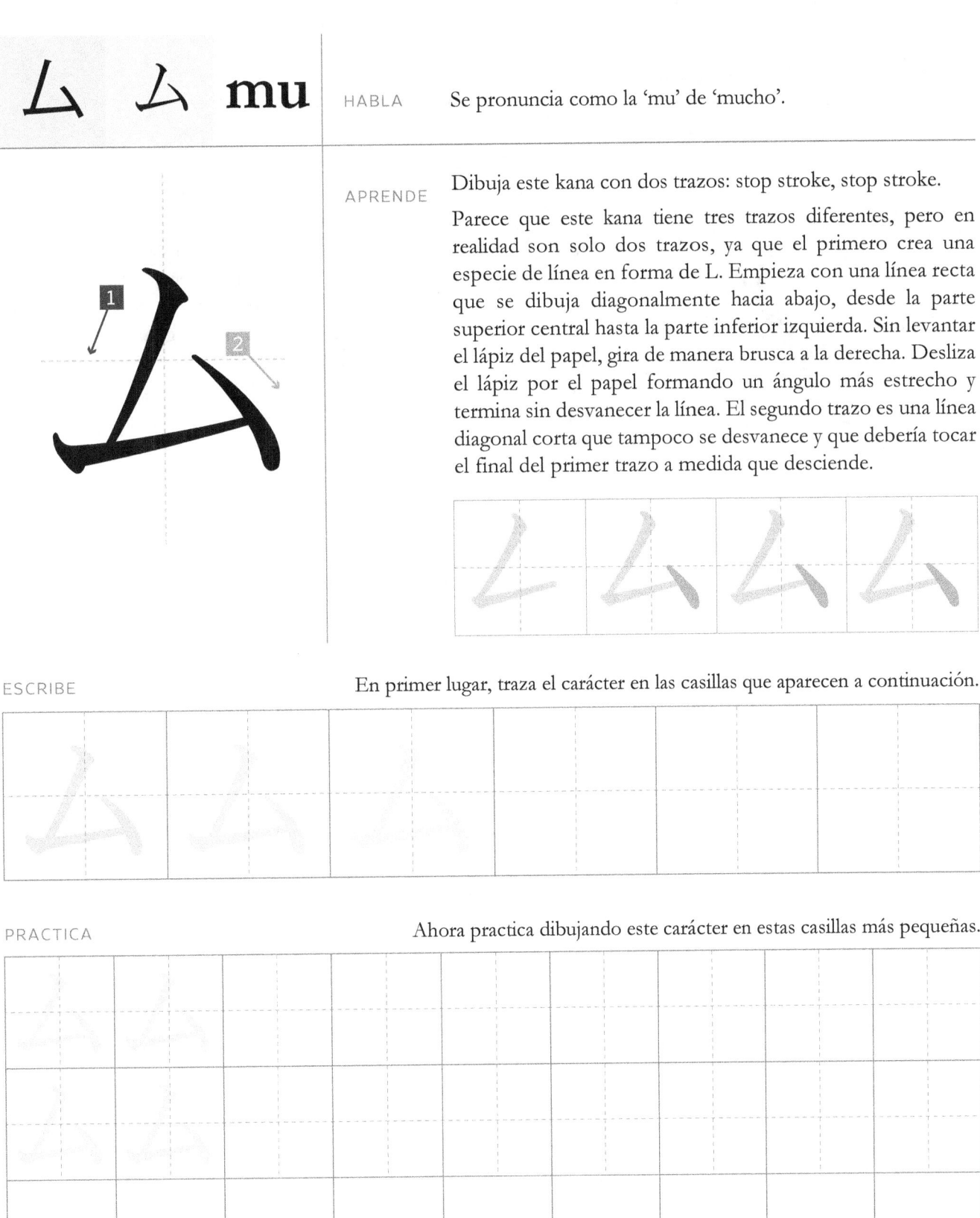

APRENDE Dibuja este kana con dos trazos: stop stroke, stop stroke.

Parece que este kana tiene tres trazos diferentes, pero en realidad son solo dos trazos, ya que el primero crea una especie de línea en forma de L. Empieza con una línea recta que se dibuja diagonalmente hacia abajo, desde la parte superior central hasta la parte inferior izquierda. Sin levantar el lápiz del papel, gira de manera brusca a la derecha. Desliza el lápiz por el papel formando un ángulo más estrecho y termina sin desvanecer la línea. El segundo trazo es una línea diagonal corta que tampoco se desvanece y que debería tocar el final del primer trazo a medida que desciende.

ESCRIBE　　En primer lugar, traza el carácter en las casillas que aparecen a continuación.

PRACTICA　　Ahora practica dibujando este carácter en estas casillas más pequeñas.

✕ ✕ **me**

Se pronuncia como la 'me' de 'mesa'.

Este kana se dibuja con dos trazos: fade stroke, stop stroke.

El primer trazo es una línea curva relativamente larga, que se desliza desde la parte superior derecha de la casilla hasta la parte inferior izquierda. Esta línea debería terminar desvaneciéndose con un movimiento gentil del lápiz. La segunda línea diagonal es una curva más corta que atraviesa el centro de la primera y, a diferencia de ésta, termina sin desvanecerse.

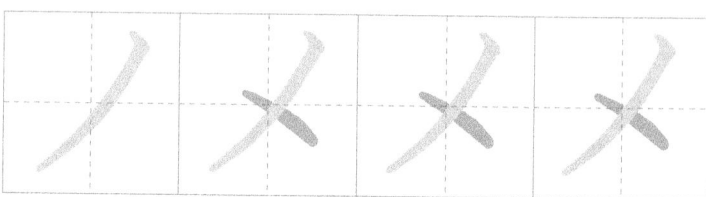

En primer lugar, traza el carácter en las casillas que aparecen a continuación.

Ahora practica dibujando este carácter en estas casillas más pequeñas.

モ モ mo

Se pronuncia como la 'mo' de 'moneda'.

Este kana tiene tres trazos: todos son stop strokes.

Para escribir este kana, comienza dibujando los dos primeros trazos como líneas horizontales. El segundo debería ser un poco más largo que el primero. El tercer trazo empieza aproximadamente en el centro de la primera línea y se dibuja como una línea vertical hacia abajo. Atraviesa la segunda línea y, a medida que el lápiz se acerque a la parte inferior de la casilla, gira suavemente el trazo hacia la derecha, avanza un poco, y para.

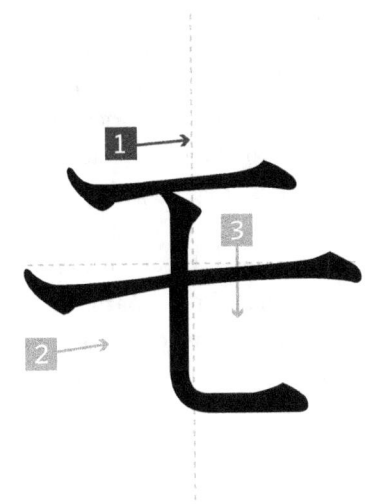

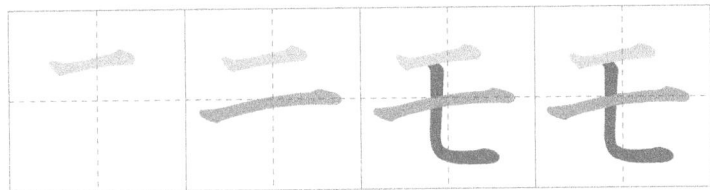

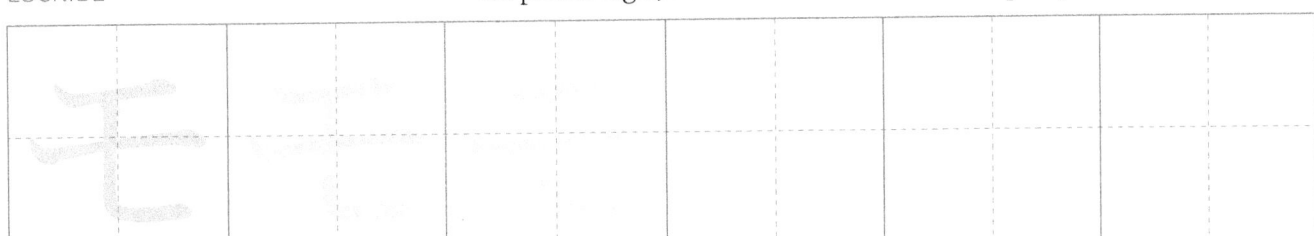

ESCRIBE · En primer lugar, traza el carácter en las casillas que aparecen a continuación.

PRACTICA · Ahora practica dibujando este carácter en estas casillas más pequeñas.

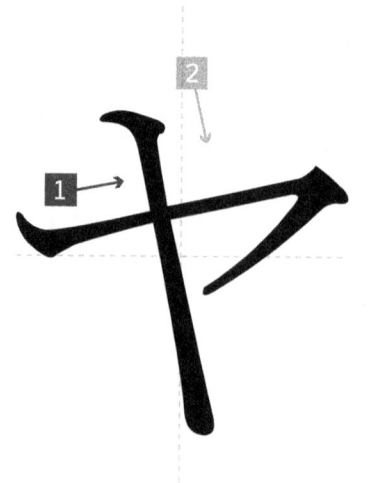 **ya**

Se pronuncia como la 'lla' de 'llave'

APRENDE Dibuja este kana con dos trazos: fade stroke, stop stroke.

Para dibujar este kana, empezamos con una línea recta de izquierda a derecha con una leve inclinación hacia arriba. Cuando nos acerquemos al margen derecho de la casilla, giramos bruscamente hacia abajo y de nuevo hacia el centro levantando suavemente el lápiz del papel. El segundo trazo es una línea diagonal larga que empieza en la parte superior izquierda de la casilla, más cerca del centro que del lateral, y atraviesa al primer trazo a un tercio del principio más o menos.

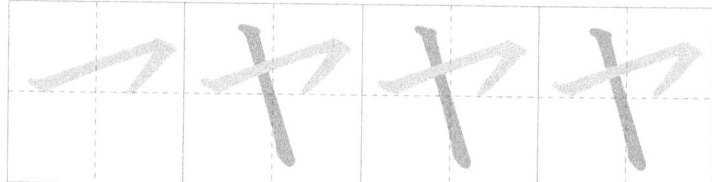

ESCRIBE   En primer lugar, traza el carácter en las casillas que aparecen a continuación.

PRACTICA   Ahora practica dibujando este carácter en estas casillas más pequeñas.

ユ ユ yu

Se pronuncia como la 'llu' de 'lluvia'.

APRENDE Este kana se dibuja con dos trazos: ambos son stop strokes.

El primer trazo empieza como una línea horizontal corta que luego gira hacia abajo y se para. La segunda línea empieza más a la izquierda que la primera y por debajo de la línea central horizontal de la casilla. Es una línea horizontal más larga que la primera que debe pasar por el final del primer trazo sin atravesarlo. Para no confundir este símbolo con el katakana コ, asegúrate de extender el segundo trazo más para que sobresalga por ambos lados.

ESCRIBE En primer lugar, traza el carácter en las casillas que aparecen a continuación.

PRACTICA Ahora practica dibujando este carácter en estas casillas más pequeñas.

103

ヨ ヨ yo

Se pronuncia como la 'llo' de 'llorar'.

Este kana se dibuja con tres trazos: todos son stop strokes.

Este kana parece una letra E invertida y, de manera similar al carácter anterior, empieza con una línea horizontal que gira y pasa a ser una línea vertical en la parte derecha de la casilla. El segundo trazo es una línea un poco más corta que se dibuja a través de la línea central horizontal de la casilla hasta encontrarse con el centro de la línea vertical del primer trazo. Por último, el tercer trazo es una línea un poco más larga que la anterior, que va de izquierda a derecha hasta encontrarse con el final del primer trazo en la parte inferior derecha de la casilla.

En primer lugar, traza el carácter en las casillas que aparecen a continuación.

Ahora practica dibujando este carácter en estas casillas más pequeñas.

ラ ラ ra

Se pronuncia como la 'ra' de 'pera'.

APRENDE Este kana se dibuja con dos trazos: stop stroke, fade stroke.

Empieza dibujando en la parte superior de la casilla una línea horizontal corta que no se desvanece. El segundo trazo tiene forma de número 7, y comienza con una línea horizontal, más larga que la anterior, paralela a la primera. Luego pasa a formar una línea curva diagonal larga. Levanta el lápiz suavemente cuando te aproximes a la parte central inferior de la casilla para desvanecer el trazo.

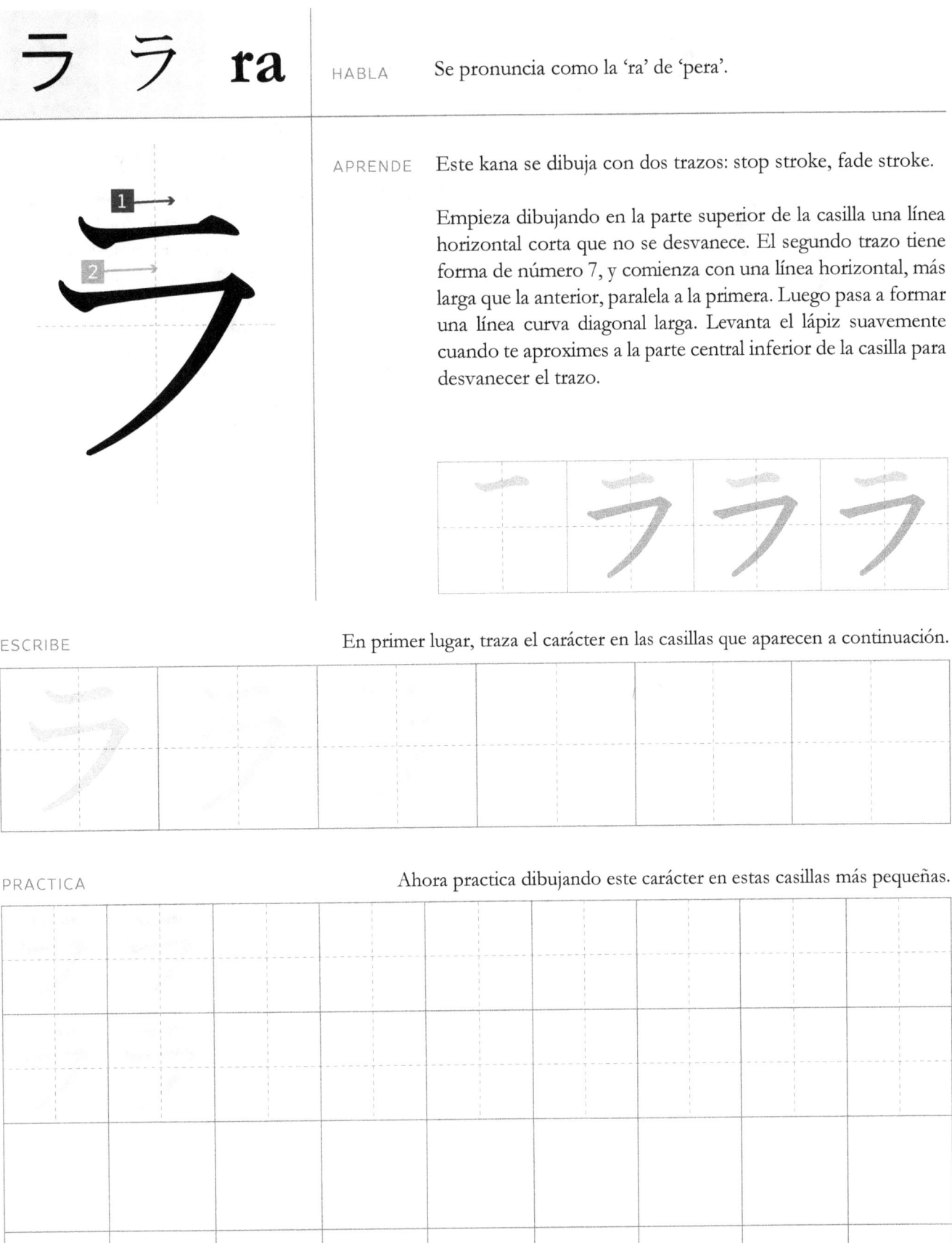

ESCRIBE

En primer lugar, traza el carácter en las casillas que aparecen a continuación.

PRACTICA

Ahora practica dibujando este carácter en estas casillas más pequeñas.

リ リ **ri**

Se pronuncia como la 'ri' en 'herida'.

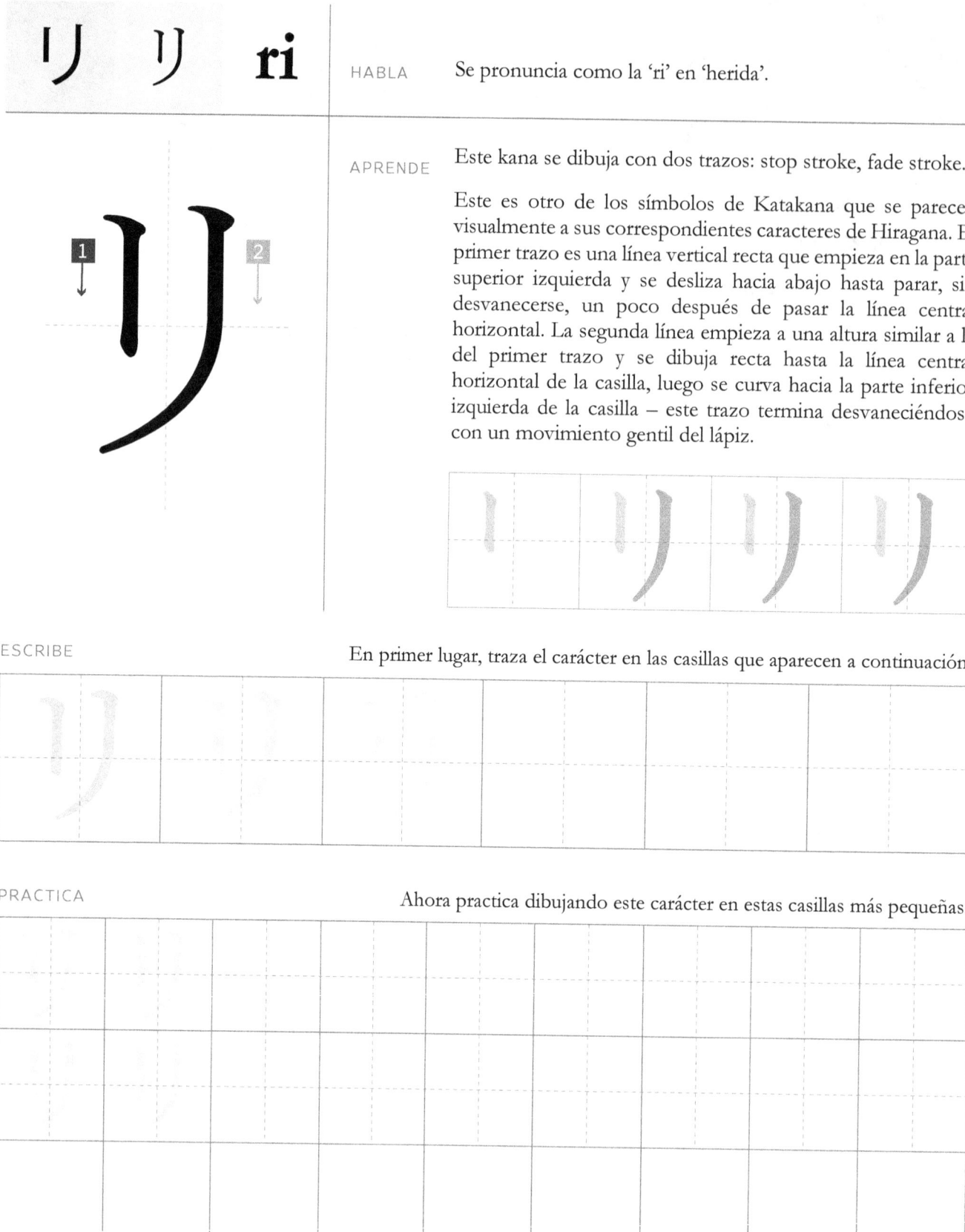

APRENDE Este kana se dibuja con dos trazos: stop stroke, fade stroke.

Este es otro de los símbolos de Katakana que se parecen visualmente a sus correspondientes caracteres de Hiragana. El primer trazo es una línea vertical recta que empieza en la parte superior izquierda y se desliza hacia abajo hasta parar, sin desvanecerse, un poco después de pasar la línea central horizontal. La segunda línea empieza a una altura similar a la del primer trazo y se dibuja recta hasta la línea central horizontal de la casilla, luego se curva hacia la parte inferior izquierda de la casilla – este trazo termina desvaneciéndose con un movimiento gentil del lápiz.

ESCRIBE En primer lugar, traza el carácter en las casillas que aparecen a continuación.

PRACTICA Ahora practica dibujando este carácter en estas casillas más pequeñas.

ル ル **ru**

Se pronuncia como la 'ru' en 'oruga'.

APRENDE

Este kana se dibuja con dos trazos: ambos son fade strokes.

Empieza con una línea curva en la parte superior izquierda hasta la zona inferior izquierda y termina desvaneciéndola. El segundo trazo comienza como una línea vertical recta en un punto un poco más alto que el primero, justo a la derecha de la línea central vertical de la casilla. A medida que el lápiz se acerque a la zona inferior, gira bruscamente a la derecha y hacia arriba formando una ligera curva que se desvanece al final.

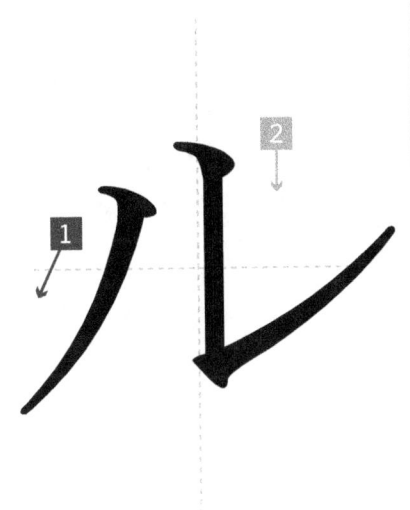

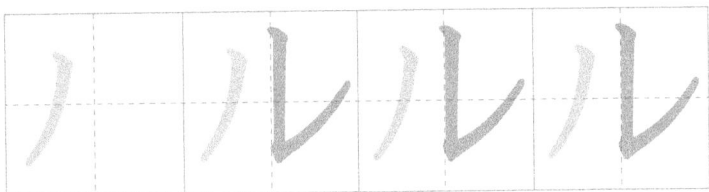

ESCRIBE

En primer lugar, traza el carácter en las casillas que aparecen a continuación.

PRACTICA

Ahora practica dibujando este carácter en estas casillas más pequeñas.

ﾚ ﾚ **re**

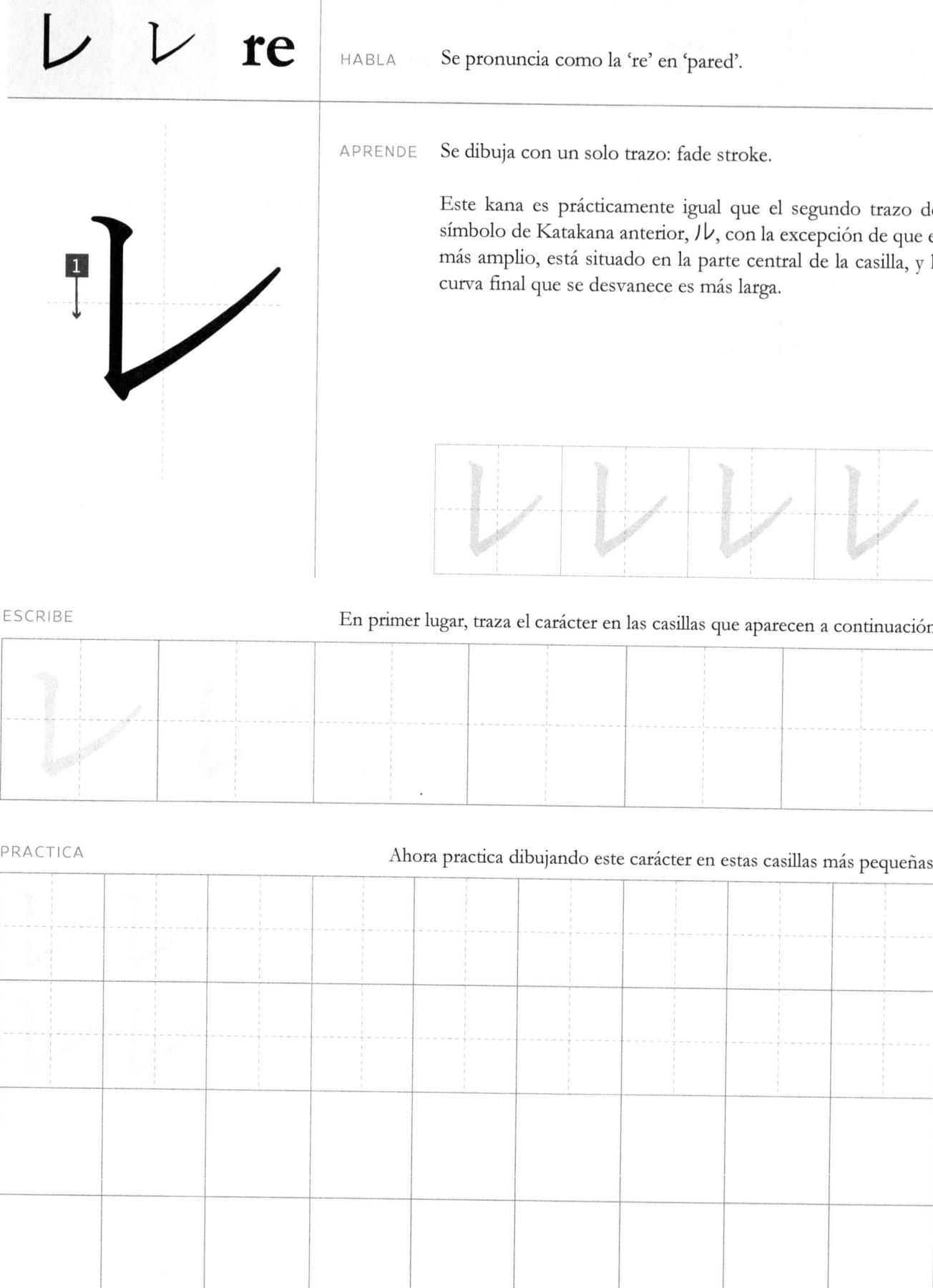

HABLA Se pronuncia como la 're' en 'pared'.

APRENDE Se dibuja con un solo trazo: fade stroke.

Este kana es prácticamente igual que el segundo trazo del símbolo de Katakana anterior, ﾙ, con la excepción de que es más amplio, está situado en la parte central de la casilla, y la curva final que se desvanece es más larga.

ESCRIBE En primer lugar, traza el carácter en las casillas que aparecen a continuación.

PRACTICA Ahora practica dibujando este carácter en estas casillas más pequeñas.

108

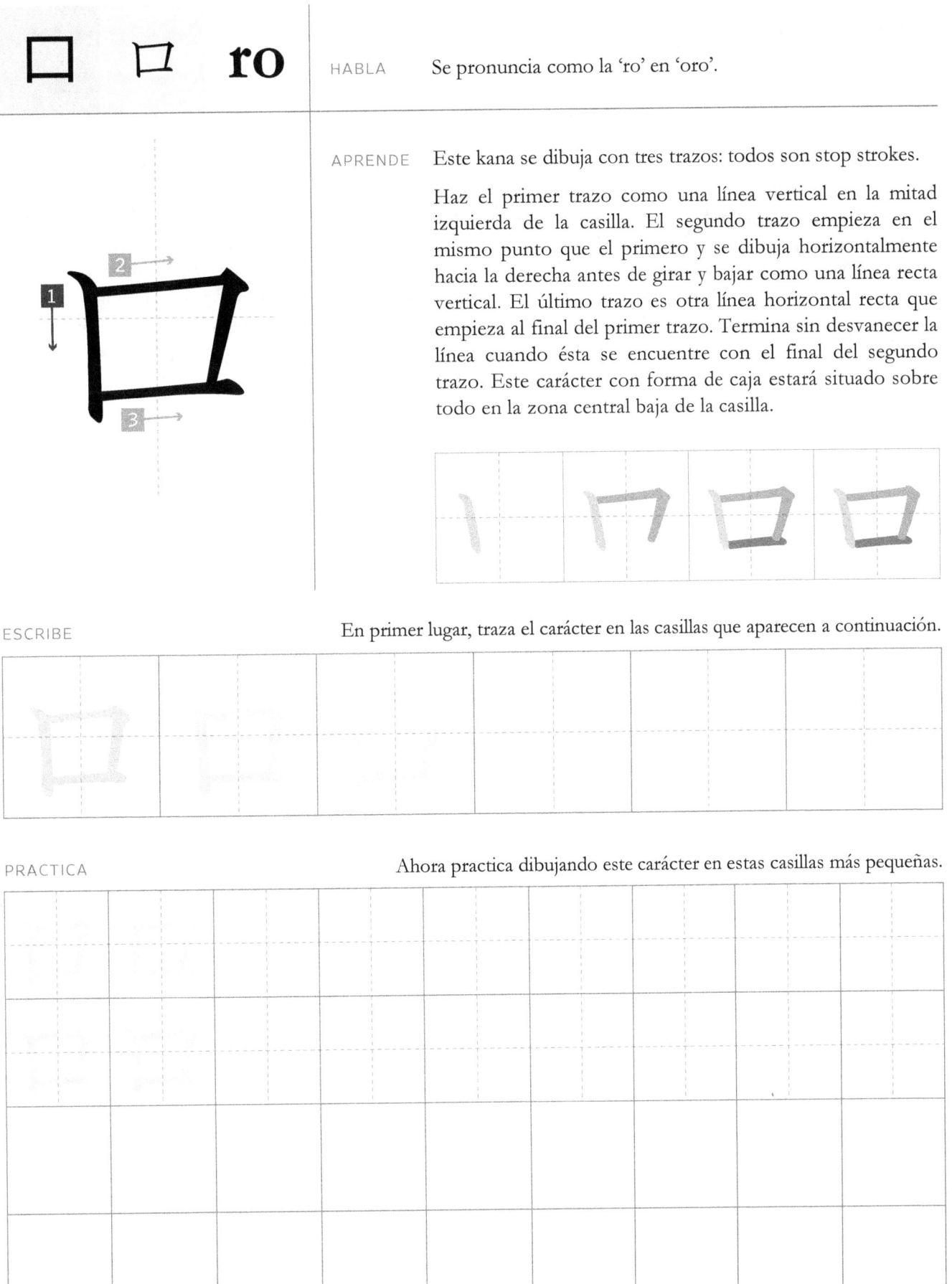

ro

Se pronuncia como la 'ro' en 'oro'.

APRENDE Este kana se dibuja con tres trazos: todos son stop strokes.

Haz el primer trazo como una línea vertical en la mitad izquierda de la casilla. El segundo trazo empieza en el mismo punto que el primero y se dibuja horizontalmente hacia la derecha antes de girar y bajar como una línea recta vertical. El último trazo es otra línea horizontal recta que empieza al final del primer trazo. Termina sin desvanecer la línea cuando ésta se encuentre con el final del segundo trazo. Este carácter con forma de caja estará situado sobre todo en la zona central baja de la casilla.

ESCRIBE En primer lugar, traza el carácter en las casillas que aparecen a continuación.

PRACTICA Ahora practica dibujando este carácter en estas casillas más pequeñas.

ワ ワ **wa**

Se pronuncia como la 'gua' de 'guante'.

APRENDE Este kana se dibuja con dos trazos: stop stroke, fade stroke.

Para no confundir este kana con el Katakana ク, es importante que el primer trazo sea una línea vertical recta. El segundo trazo empieza en el mismo lugar que el primero y se mueve hacia la derecha en una línea recta horizontal antes de convertirse en una línea curva diagonal. Desvanece este trazo con un movimiento suave del lápiz a medida que se acerque a la parte central inferior de la casilla.

ESCRIBE En primer lugar, traza el carácter en las casillas que aparecen a continuación.

PRACTICA Ahora practica dibujando este carácter en estas casillas más pequeñas.

ヲ　ヲ　**wo***

Se pronuncia como la 'o' en 'oso'. La 'w' es muda, no se pronuncia.

APRENDE

Se dibuja con tres trazos: un fade stroke y dos stop strokes.

El penúltimo kana comienza con dos trazos horizontales en la zona superior de la casilla. Son líneas paralelas, y la segunda es un poco más corta que la primera. El tercer trazo es una curva larga y amplia que empieza al final del primer trazo. Debería pasar por el final del segundo trazo y desvanecerse con un movimiento gentil del lápiz en la zona inferior izquierda de la casilla.

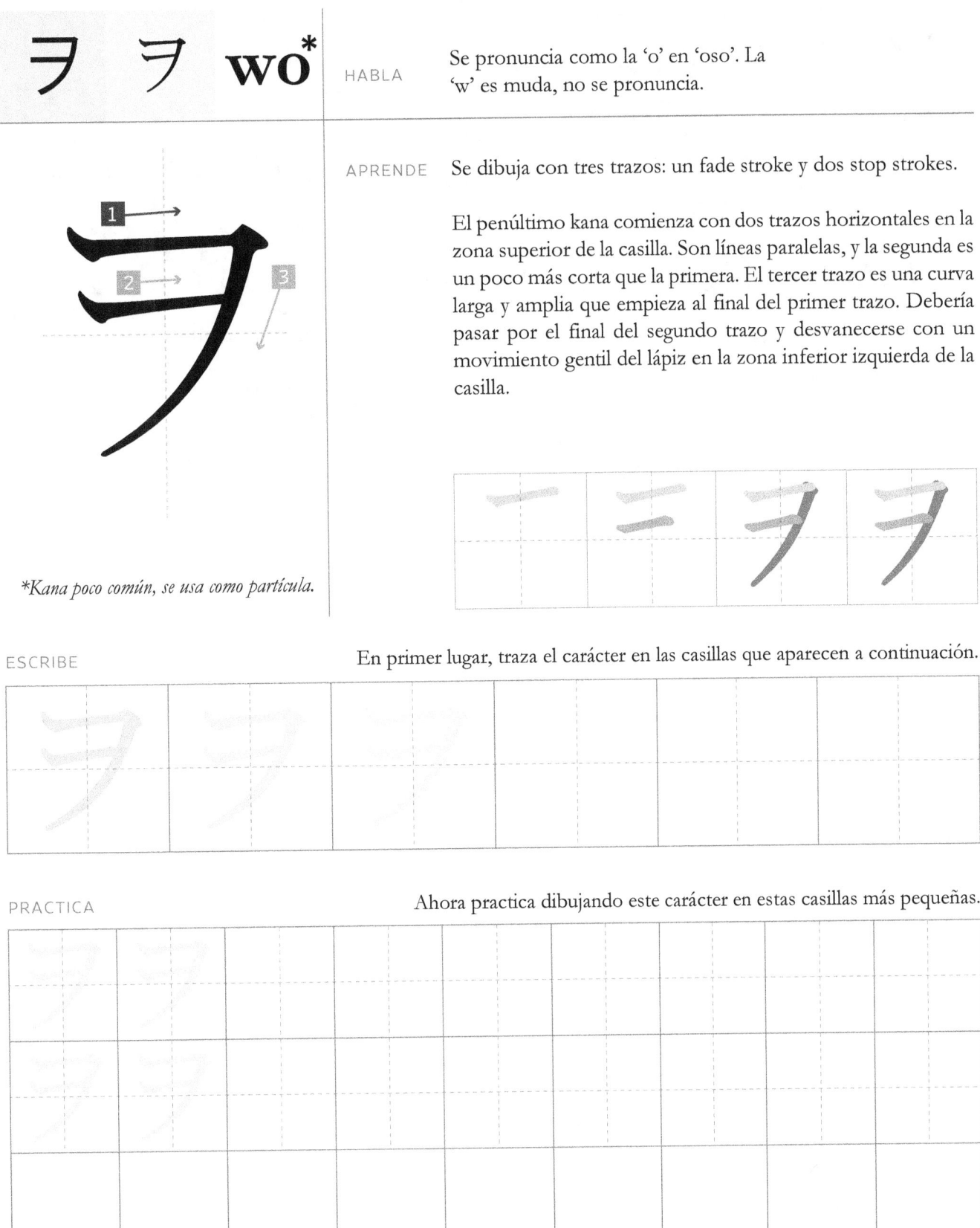

Kana poco común, se usa como partícula.

ESCRIBE

En primer lugar, traza el carácter en las casillas que aparecen a continuación.

PRACTICA

Ahora practica dibujando este carácter en estas casillas más pequeñas.

ン　ソ　**n**

Se pronuncia simplemente como una 'n', como en la palabra 'Noruega'.

APRENDE Este kana se dibuja con dos trazos: stop stroke, fade stroke.

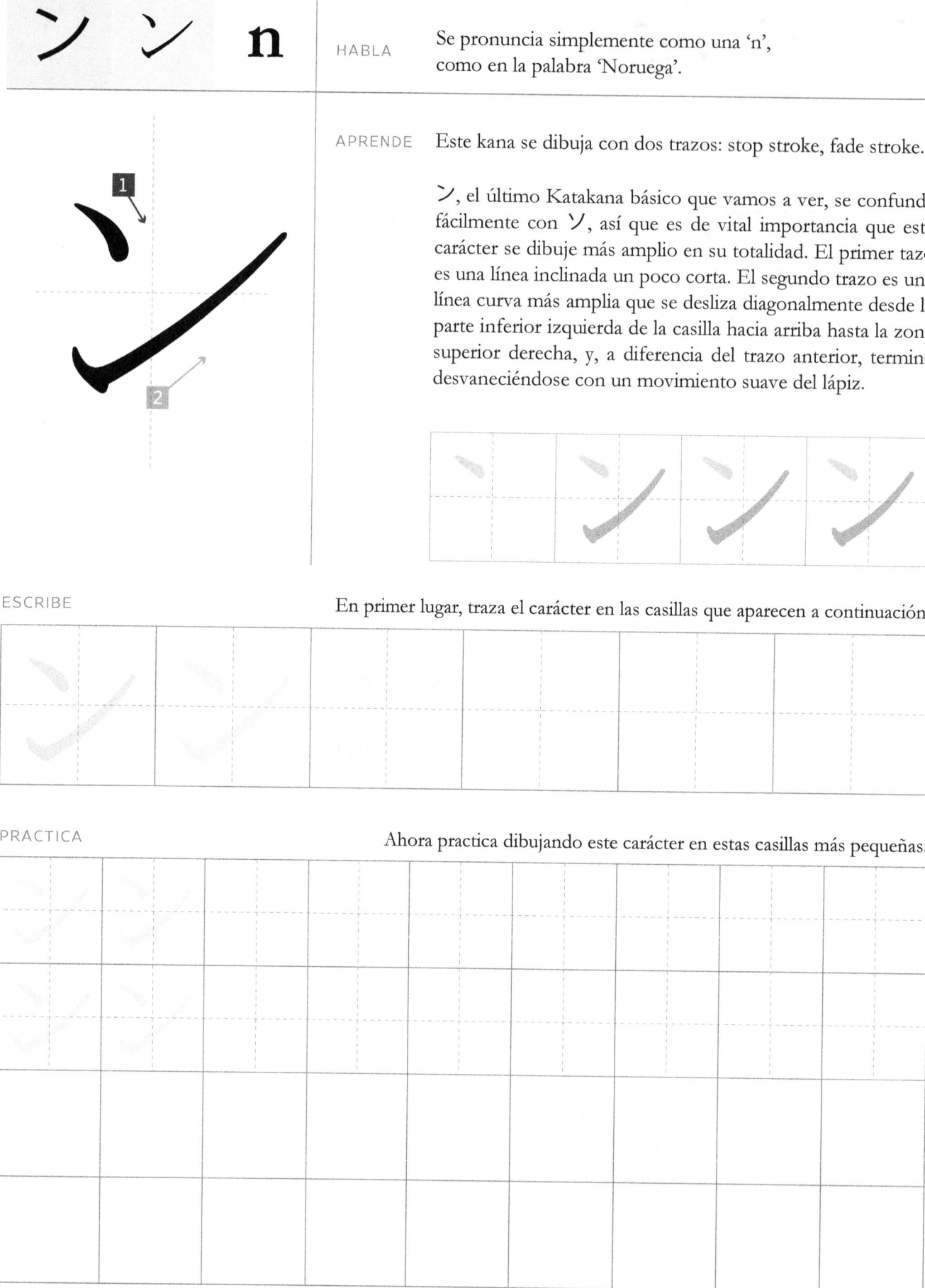

ン, el último Katakana básico que vamos a ver, se confunde fácilmente con ソ, así que es de vital importancia que este carácter se dibuje más amplio en su totalidad. El primer tazo es una línea inclinada un poco corta. El segundo trazo es una línea curva más amplia que se desliza diagonalmente desde la parte inferior izquierda de la casilla hacia arriba hasta la zona superior derecha, y, a diferencia del trazo anterior, termina desvaneciéndose con un movimiento suave del lápiz.

ESCRIBE En primer lugar, traza el carácter en las casillas que aparecen a continuación.

PRACTICA Ahora practica dibujando este carácter en estas casillas más pequeñas.

112

PARTE 6

ACERCA DE LOS KANJI

LA CIENCIA DEL KANJI

A estas alturas de su estudio del japonés, probablemente haya oído hablar de los kanji, una de las partes más desalentadoras para los nuevos estudiantes que se inician en el japonés. Dominar los kanji, como cualquier otra parte de un idioma, requiere mucha dedicación y tiempo, ¡pero este libro está especialmente diseñado para enseñarle cómo empezar a aprender los kanji con facilidad!

El kanji japonés (漢字) ha sido llamado el tercer alfabeto de la lengua, pero esto es un poco inapropiado. Los hispanoparlantes que aprenden hiragana y katakana probablemente hayan notado las similitudes entre el alfabeto español y estos silabarios japoneses. Ambos están diseñados para describir los sonidos fonéticos de las palabras en sus respectivos idiomas, pero el kanji es muy diferente. Importados del sistema de escritura chino hace miles de años, los kanji son, al igual que sus parientes chinos, un sistema de escritura logográfico, lo que significa que cada carácter representa un significado en lugar de un sonido específico. Esto significa que, al leer japonés, algunos caracteres kanji pueden leerse hasta de 18 maneras diferentes. Pero que esto no lo asuste, ya que la mayoría de los kanji sólo tienen dos pronunciaciones (también conocidas como lecturas): el kunyomi y el onyomi. La lectura kunyomi se utiliza cuando el carácter se usa para representar una palabra nativa japonesa, y es útil para diferenciar entre las muchas palabras de sonido similar del japonés. Por otro lado, la lectura onyomi se utiliza cuando los caracteres se emplean en la misma palabra que otros kanji, normalmente préstamos chinos.

BREVE HISTORIA DEL JAPONÉS Y DEL KANJI

El japonés es una de las muchas lenguas del mundo que se clasifican como lenguas aisladas, lo que significa que no tienen un ancestro conocido ni ninguna lengua relacionada, aparte de las lenguas de Ryukyuan que se hablan en las islas al sur del continente. Esto significa que, mientras que el inglés y el alemán están "genéticamente emparentados" en el sentido de que ambos proceden de una lengua madre, llamada protogermánica, comparten muchas de las palabras y la gramática, el japonés no tiene padre ni hermanos conocidos. Sin embargo, ya en el siglo V Japón empezó a importar caracteres chinos a través de la península de Corea y comenzó a utilizar el sistema de escritura chino para los textos y documentos de su propio país. Este estilo de escritura, llamado kanbun, se escribía completamente con caracteres, gramática y sintaxis chinos, pero se pronunciaba con una mezcla de lecturas chinas y japonesas. ¿Le parece confuso? ¡Lo era!

El kanbun ha sido clasificado por algunos académicos como una lengua criolla totalmente diferente, ya que sería incomprensible para el ciudadano medio chino o japonés de la época. Sin embargo, o precisamente por ello, se hizo muy popular entre la élite y las clases nobles, y la mayoría de las obras intelectuales y oficiales desde el siglo IX hasta el XX se escribieron en este estilo. De hecho, los silabarios hiragana y katakana se desarrollaron más tarde, por las mujeres de las cortes nobles a las que se les impedía la rigurosa educación necesaria para escribir en este híbrido chino-japonés. Utilizaron un pequeño número de caracteres chinos solo por su sonido para representar el japonés, y la forma cursiva de escribir estos caracteres se simplificó con el tiempo hasta llegar al hiragana que conocemos hoy. Aunque muchos miembros de la élite preferían escribir en este estilo kanbun, el hiragana, más fácil de aprender, se hizo cada vez más popular entre los que no pertenecían a la élite y otros que, de otro modo, no sabrían escribir. Con el tiempo, los silabarios y el uso de los kanji se fusionaron en la escritura japonesa que conocemos hoy, que utiliza una mezcla de los tres en la escritura cotidiana y en los textos oficiales.

¿¡¿¡CUÁNTOS KANJI HAY!?!?

Tras siglos de importación a Japón de estos caracteres, ahora hay muchísimos kanji; según algunas estimaciones, son más de 50.000. Sin embargo, la gran mayoría de ellos no son estándar o ya no se utilizan y no se encontrarán fuera de los textos escritos en japonés clásico. De hecho, la prueba de aptitud de kanji más rigurosa que se realiza en Japón para historiadores y traductores solo evalúa unos 6.000 caracteres, siendo los jōyō kanji (lit. caracteres chinos de uso cotidiano) los 2.136 caracteres estándar necesarios para que se considere que se domina el idioma. Estos jōyō kanji son también lo que se enseña desde el primer grado hasta el final de la secundaria a los niños japoneses, por lo que hay mucho material didáctico para estos kanji.

DÓNDE COMENZAR

Pero, ¿cómo empiezan estos jóvenes estudiantes a aprender todos esos caracteres? Pues de la misma manera, mediante la repetición, la práctica así como el hecho de encontrar y utilizar los kanji en situaciones de la vida real. Muchos de los primeros caracteres que aprenderá son pictográficos, lo que significa que representan visualmente el significado asociado a ellos. Por ejemplo, el carácter para árbol, 木 (ki), se parece a un árbol con el tronco central y varias ramas. El carácter para río, 川 (kawa), parece una corriente de agua en movimiento. Estos kanji pictográficos constituyen sólo una pequeña parte del total de caracteres utilizados en el japonés moderno, pero son una buena forma de que los estudiantes que se inician en las lenguas logográficas se familiaricen con ellos. También es ventajoso porque muchos de los primeros kanji pictográficos se juntan para formar nuevos kanji, por lo que se encontrará con muchos caracteres nuevos y ya tendrá una pista sobre el significado, o el sonido, del carácter.

A medida que los caracteres empiezan a ser más complejos, muchos alumnos utilizan mnemotecnias para recordar el significado de los kanji más avanzados, que suelen estar formados por 2 o más partes, llamadas radicales. Por ejemplo, una mnemotecnia muy conocida para el carácter 町 (ciudad, machi) es recordar que se trata de un campo de arroz (田) junto a una calle (丁), dos cosas que se encontrarán en el 100% de las pequeñas ciudades japonesas.

Como la mayoría de la gente aprende los kanji en un orden similar al de los alumnos de la escuela primaria japonesa, puede ser una muy buena la lectura de libros infantiles como una forma de practicar una vez que se tenga una base sólida de caracteres. Una vez que estos se hagan más fáciles, se puede probar con un libro más desafiante, o con otra opción popular, el manga. Como probablemente ya sepa, el manga es un cómic japonés que en los últimos años se ha hecho muy popular en todo el mundo. Los mangas son una gran opción para las personas que intentan empezar a leer en japonés porque las ilustraciones ayudan mucho a entender el texto. Si ya se sabe leer los caracteres, el dibujo actúa como una buena visualización de las palabras para recordarlas mejor. Por otro lado, si no puede comprender todas las palabras, las que sí entiende junto con el contexto de las ilustraciones hace que sea mucho más probable que pueda averiguar, por su cuenta, el significado de la palabra o los caracteres.

APRENDER A ESCRIBIR KANJI (O NO)

Así que, leyendo hasta aquí, es posible que piense: "Bueno, si lo que pretendo es hablar y escuchar en japonés, sólo necesito aprender hiragana y katakana. Puedo escribir todo en el idioma con esos caracteres y, por tanto, no necesito aprender a escribir kanji".

Y hasta cierto punto, esto es cierto. En teoría, se podría dominar el japonés hablado sin aprender un solo carácter kanji y escribir la próxima gran novela japonesa completamente en hiragana. Pero quienes la leyeran tendrían muchas dificultades para diferenciar las palabras (la escritura japonesa no tiene espacios) y probablemente tendrían que pronunciar la mayoría de las palabras individualmente para entenderlas, ya que están acostumbrados a leer con kanji. Aun así, es posible. Sin embargo, si alguna vez desea visitar el Japón y entender las señales e indicaciones, si alguna vez desea escribir algo que sea fácil de leer y entender, si alguna vez desea leer una sola frase en el idioma, va a tener que ponerse a estudiar.

LECTURA (COMO FORMA DE APRENDER KANJI)

Es posible que algunos puristas del aprendizaje del japonés digan que, al igual que el método de inmersión para aprender el componente hablado de un idioma, es mejor utilizar el tiempo, en lugar de estudiar programas, para sumergirse en el contenido escrito, como un periódico, y simplemente buscar cada palabra que se encuentre hasta que empiece a entenderla. Aunque esto es teóricamente posible una vez que se tiene un conocimiento básico de la gramática y de los dos silabarios, en la mayoría de los casos, esto está destinado simplemente a hacer que se sienta frustrado y que se le acalambre el dedo de tanto buscar kanji manualmente. Como he dicho antes, la mejor manera de aprender a leer japonés es simplemente leyendo pero solo después de tener una base adecuada del idioma en la que solo haya que buscar un par de palabras por línea. Habrá estudiantes de japonés que sean las excepciones a esto y estén lo suficientemente preparados y dedicados a intentar leer periódicos día tras día, y estoy seguro de que obtendrán grandes resultados con el tiempo suficiente, pero para la mayoría, recomiendo esperar aunque sea un par de meses antes de sumergirse en el contenido escrito cotidiano para adultos.

EN QUÉ ORDEN APRENDER KANJI

La mayoría de las clases, aplicaciones y libros de estudio de kanji presentan los caracteres en uno de los cuatro órdenes principales, cada uno de los cuales se solapa ampliamente con el otro. Los caracteres de estos libros suelen estar ordenados de acuerdo con la forma en que se enseñan los kanji a los niños en las escuelas primarias japonesas, desde las palabras que conforman los bloques de significado y conversación (gente, sonido, mano, casa, niño, comer, beber, vivir, etc.) hasta palabras más abstractas y poco comunes a medida que los niños crecen. Algunos cuadernos adoptan un enfoque más estadístico y enseñan los caracteres en orden, desde los kanji más comunes hasta los más raros. De forma similar, algunos van en orden desde el kanji más sencillo (一, ichi, que significa 1) hasta algunos de los caracteres más complicados y densos, con alrededor de veinte trazos (es decir, el número de veces que la pluma hace un nuevo trazo al escribir el carácter).

Y, por supuesto, muchos materiales de estudio, como este libro, basan su lista de kanji en el Examen de Dominio del Idioma Japonés, la medida estandarizada a nivel mundial de la capacidad de un hablante no nativo en el idioma. Aunque la organización del JLPT (por sus siglas en inglés) no publica listas oficiales de los caracteres que aparecerán o no en sus exámenes, tras muchos años de pruebas, los instructores han elaborado una guía precisa de los caracteres que probablemente aparecerán en cualquier nivel del JLPT, desde el N5 (dominio básico) hasta el N1 (dominio de nivel nativo o casi nativo). Aunque todos estos métodos de ordenamiento difieren ligeramente, como ya se ha dicho, en su mayor parte están ordenados desde los kanji más básicos (en cuanto a significado y número de trazos) hasta los más avanzados.

¿QUÉ SON LOS RADICALES?

Los radicales son el término que designa a los bloques indivisibles del kanji, los pequeños conjuntos de trazos que se juntan de forma diferente para formar cada carácter. Por ejemplo, el carácter 魑, que significa "demonios de la montaña", a primera vista parece demasiado complicado para escribirlo uno mismo y requiere un total de 20 trazos, un kanji desalentadoramente denso incluso para los hablantes nativos. Sin embargo, si lo vemos como una disposición de radicales estandarizados, una colección de componentes sencillos más pequeños (田, 儿, 厶, 亠, 凵 y 内) juntos, resulta mucho más fácil de conceptualizar. Con algunos de esos mismos componentes, podemos hacer el kanji 充 ("suficiente"), un carácter con los mismos componentes pero con un significado completamente diferente.

APRENDIENDO KANJI POR RADICALES

Como método más avanzado de aprendizaje y memorización de kanji, algunos libros de trabajo enseñan los kanji ordenados por sus componentes de significado, una clase especial de radical. Los componentes de significado son el componente del kanji que está (normalmente) en el lado izquierdo del carácter y que da una pista sobre el significado del kanji. A medida que se aprende más kanji se puede empezar a ver un patrón, como que los caracteres de 汁, 沖, 沈 y 渚 comparten esos tres pequeños puntos en el lado izquierdo de los mismos. Esto se debe a que esos tres puntos representan gotas de agua que caen, y los significados de cada uno de estos caracteres (caldo, mar abierto, hundimiento y costa, respectivamente) tienen algo que ver con el agua o la liquidez en un sentido más abstracto. Estos radicales, de los que tradicionalmente hay 214, son la forma de clasificar los caracteres en un diccionario de kanji y pueden ser pistas muy útiles para saber cuál es el significado de un carácter, especialmente si ya se conoce el otro carácter de una palabra en la que se encuentra.

Otros radicales comunes utilizados como componentes de significado que encontrará rápidamente en su viaje por el japonés son 月 ("luna"), 火 ("fuego"), 木 ("madera"), 金 ("metal") y 土 ("tierra"), todos los cuales son también nombres de los días de la semana. Algunos radicales, como 月 (tsuki, luna), significan algo completamente diferente cuando se utilizan como radicales dentro de un kanji. En el caso de 月 esto se debe a que cuando se utiliza como radical es una versión simplificada de 肉 (niku, carne) e indica que el significado tiene algo que ver con la carne. Sin embargo, una vez que se hayan aprendido estas pocas peculiaridades y se hayan descifrado unos 50 radicales de significado, algo que ocurrirá mucho antes de lo que piensa, tendrá una referencia directa a un gran porcentaje de los nuevos kanji que encuentre, ¡así de fácil!

COMPONENTES DE SONIDO

Mientras que los componentes de significado suelen estar en el lado izquierdo de un kanji, en el lado derecho está lo que se conoce como componente de sonido. La mayoría de los kanji tienen un radical que proporciona una pista sobre el significado y un componente sonoro que da una pista sobre el sonido, además de diferenciar el carácter de otros con el mismo componente de significado. Hay que tener en cuenta que el componente sonoro solo da una pista sobre la lectura prestada en chino, el onyomi, y no sobre la lectura nativa japonesa del carácter (también conocida como kunyomi), si es que la tiene.

Por ejemplo, un componente sonoro común que hay que recordar es el derivado del carácter 方 (que significa "dirección/lado", con onyomi que se lee hou). Este carácter indica el sonido de cada uno de estos caracteres: 肪 (bou), 枋 (hou), 彷 (hou), 訪 (hou), 防 (bou), y muchos más. Como se puede ver en los que se leen como bou, no es un sistema perfecto, pero la mayoría de las veces, si el onyomi no es el mismo que el carácter del que deriva el componente sonoro, tendrá al menos el sonido consonántico o vocálico en común.

CAMBIOS DE SONIDO EN EL PASO DEL CHINO AL JAPONÉS

Como ya se ha dicho, el chino y el japonés no son lenguas relacionadas genéticamente (es decir, no proceden de una lengua ancestral común). Sin embargo, al igual que ocurre con el inglés y el francés, los miles de años de intercambio cultural entre ambas civilizaciones hacen que muchas palabras tanto en chino como en japonés, sobre todo las que describen conceptos y procesos más complejos, suenen a veces bastante similares.

Por ejemplo, en el mandarín moderno la palabra para montaña se pronuncia shān y se escribe 山. Del mismo modo, en japonés, 山 se lee como "yama" en la pronunciación nativa japonesa, pero se lee como "san", muy similar a la china, cuando se adjunta al final del nombre de una montaña, lo mismo que decimos "monte ___" en español. Así, si quisiéramos escribir "monte Helena" en japonés, sería "ヘレナ山", leído como "here-na-san". Cambios como estos son muy comunes en japonés, y cualquiera que tenga un conocimiento, aunque sea somero, del chino llegará a su estudio del japonés con una enorme ventaja, y viceversa.

LECTURAS EN KANJI: KUN'YOMI Y ON'YOMI

Como se ha dicho anteriormente, cada carácter kanji japonés tiene al menos una lectura, pero la mayoría tienen 2 o más formas de pronunciarse cuando se leen, una es lo que se conoce como lectura kun'yomi, y otra que se llama lectura on'yomi. El kun'yomi se utiliza cuando se escriben palabras nativas japonesas con caracteres chinos, utilizando la pronunciación nativa japonesa. Por otro lado, el on'yomi es la pronunciación que el carácter tenía originalmente en chino, con alteraciones para adaptarse al conjunto de fonemas del japonés (todos los sonidos que componen el idioma). Por ello, el on'yomi se utiliza con mayor frecuencia cuando el kanji se coloca junto a otro kanji en la misma palabra, ya que la palabra completa probablemente se tomó prestada de una palabra china.

De este modo, se podría pensar que un kanji tiene (normalmente) una lectura, el on'yomi, que incluso significa "lectura de sonido", mientras que el kun'yomi, que significa aproximadamente "lectura de significado", está destinado a representar una palabra japonesa nativa como una especie de atajo visual.

Como probablemente pueda imaginar, la decisión de utilizar una de estas lecturas cuando se lee en voz alta es una de las partes del idioma más difíciles de entender para los estudiantes de japonés, y es en gran medida una de esas cosas que simplemente requiere tiempo para recordar la lectura para cada frase o contexto en el que se encuentra un carácter. Sin embargo, existen algunas reglas generales sobre cuándo utilizar una u otra. Como se ha mencionado anteriormente, si dos kanji están juntos en la misma palabra, hay una gran probabilidad de que ambos caracteres se lean con su on'yomi. Si el kanji está solo, o junto al hiragana, es probable que se lea con su kun'yomi. Como forma fácil de recordar esto, observe que cuando el kanji está junto a caracteres prestados del chino (es decir, otros kanji), utilizará la lectura prestada del chino, pero cuando el kanji está junto a caracteres nativos del japonés (es decir, hiragana) utilizará la pronunciación nativa del japonés.

Además, los nombres japoneses de personas y lugares utilizarán casi siempre el kun'yomi. Por supuesto, como ocurre con cualquier regla del idioma, estas reglas tienen muchas excepciones que, lamentablemente, requerirán mucho ensayo y error para ser memorizadas. Algunas palabras incluso utilizan el mismo carácter pero significan cosas diferentes dependiendo de si se utiliza el on'yomi o el kun'yomi. Pero con el tiempo todo empezará a tener sentido, y las reglas básicas que he expuesto lo llevarán triunfalmente a través de un gran porcentaje de las palabras que encuentre.

ORDEN DE LOS TRAZOS

Al escribir el kanji, cada carácter tiene un método específico de escritura que es la forma "correcta" de escribirlo. Esto se conoce como el orden de los trazos. Sin embargo, no hay que preocuparse demasiado, ya que hay algunas reglas sencillas que se pueden seguir y que sirven de guía para todos los kanji que se utilizan en la vida cotidiana y más allá, e incluso pueden ayudar a recordar kanji que de otro modo se olvidarían. ¿Recuerda los radicales, de antes? Estos pequeños componentes son especialmente importantes para entender el orden de los trazos sin demasiadas vueltas. En pocas palabras, cada radical se escribe en un orden específico, que es (casi) siempre de izquierda a derecha y de arriba a abajo. Del mismo modo, los kanji se escriben radical por radical, de izquierda a derecha y de arriba a abajo. Recordando nuestra discusión anterior sobre los componentes de significado y los componentes de sonido, esto significa que se escribirá primero el componente de significado, que está a la izquierda, y luego el componente de sonido, que suele estar a la derecha. Como es mi eslogan en este punto, hay excepciones a esto, como el componente de significado 辶 ("camino" o "avanzando"), que suele ser el último radical que se escribe en un kanji, pero estas reglas lo ayudarán. escribir el 90% de los caracteres del idioma sin problemas.

Así que, al igual que recordar los radicales le ayudará a leer y entender el kanji, recordar el orden de los trazos le ayudará a recordar cómo escribir el kanji, porque le permite ver no un revoltijo de líneas y guiones, sino un símbolo coherente con una forma estándar y regular de producir uno mismo que es igual que el de los demás. El orden correcto de los trazos es también una parte importante de la buena escritura, ya que es muy difícil mantener el equilibrio y el tamaño correctos de cada trazo si lo escribe sin orden ni concierto. Y, en la era moderna, el orden de los trazos es muy importante cuando se dibuja un carácter en una pantalla táctil, para buscar la lectura de un kanji en un libro, por ejemplo. Debido a lo mencionado anteriormente, como que el componente de significado suele escribirse primero, los ordenadores tendrán en cuenta el trazo para reconocer el carácter que se dibuja en la pantalla. Si no se escribe en el orden correcto de los trazos, es mucho menos probable que el procesador reconozca el carácter correcto que se está buscando, por lo que hay que tener mucho cuidado cuando se estudia con un smartphone.

PUNTOS Y RAYAS: ESCRIBIENDO KANJI UNO MISMO

Así que eso es todo. Una historia completa y una guía para el aprendizaje de esta desafiante pero hermosa parte de la lengua japonesa. Si ha leído hasta aquí, entonces ya tiene un conocimiento considerable de las muchas piezas entrelazadas que componen la forma, el sonido y el significado en cada carácter, y ahora la única pregunta que queda es: "¿Cómo puedo escribirlos por mi cuenta?"

Por supuesto, el arte de la caligrafía japonesa es para algunos un viaje de por vida hacia la maestría, y al igual que los maestros calígrafos, no adquirirá una escritura perfecta de la noche a la mañana. Sin embargo, estas directrices y principios básicos le ayudarán en el camino hacia unos caracteres perfectamente equilibrados y hermosos.

Como ocurre con muchos sistemas de escritura, muchos kanji son muy similares entre sí, y sus significados pueden cambiar completamente en función de pequeñas diferencias. Por ejemplo, ¿se ha fijado alguna vez en lo similares que son una "f" minúscula y una "t" minúscula? Al igual que en español, más que en el tamaño absoluto, estas diferencias se reconocen en las longitudes relativas de los trazos con respecto a otros dentro del carácter. Por ejemplo, dos kanji que encontrará bastante pronto en su estudio, 土 (DO, "tierra") y 士 (SHI, "guerrero") se diferencian sólo por cuál de los dos trazos es más largo, como puede ver. Lo mismo ocurre con 未 (MI, "todavía no") y 末 (MATSU, "fin"), otros dos caracteres comunes. Por suerte, los conceptos representados por estos kanji son lo suficientemente diferentes como para que solo en raras ocasiones se confunda a alguien si se escribe accidentalmente el equivocado, pero llevar la cuenta de las longitudes de cada trazo en relación con los demás en cada carácter que se encuentre es una forma rápida de empezar a escribir kanji más equilibrados y precisos.

Del mismo modo, dejar espacio libre en algunos caracteres en lugar de amontonarlo todo es importante para una escritura limpia y legible. Por ejemplo, 八, el carácter para el 8, empezaría a parecerse rápidamente a 入 (hai-ru, "entrar") sin ese espacio crucial en el centro, donde los trazos están separados.

Estos últimos consejos no se refieren tanto a la escritura accidental de un carácter incorrecto como a la escritura tradicional de los caracteres para que la letra no parezca poco natural. Cuando escriba, preste especial atención a los trazos que se cruzan y a la forma en que se entrecruzan. Cuando dos trazos se tocan, estos se cruzan y un trazo sobresale de la otra línea, o forman una T sin que sobresalga nada.

Por ejemplo, el carácter 止 (to-meru, "parada") tiene todos sus trazos enfrentados, pero ninguno de ellos continúa más allá de la línea que tocan. Compárese con el carácter 生 (SEI, "vida"), que tiene muchos trazos que se cruzan. Por otro lado, en el caso de los trazos que no se cruzan, cuando se llega al final de un trazo, hay tres formas principales de terminarlo. Está el punto final, en el que la pluma o el pincel se detienen por completo al final del trazo. Si observamos a 止, podemos ver que todos los trazos terminan en un punto final. Esto contrasta con una línea de pincel persistente, que básicamente se desvanece a medida que se aplica menos presión a lo largo del trazo. Los caracteres con trazos diagonales hacia abajo, como 大, 人, 木, 本, etc., utilizan este trazo persistente. La última de las formas habituales de ver terminados los trazos es con una curva o un gancho. Los ganchos son más o menos autoexplicativos; a veces cuando se termina un trazo, se engancha hacia abajo o hacia arriba en un ángulo casi recto con respecto a la línea original. Este gancho está muy acentuado en los kanji con el radical "alabarda", como 戈, 式, o 代, como se puede ver, pero también está presente en el lado derecho del "sombrero" en 学 (GAKU, "aprendizaje").

Las líneas curvas se ven con más frecuencia en pares en la parte inferior de los caracteres, con una que va en cada dirección. Algunos ejemplos serían 兵, 穴 y 典. En la escritura a mano, la curva izquierda suele ser más corta y recta, mientras que la derecha es menos angulosa y tarda más en desaparecer de la página. Una variante común de este patrón de dos curvas en la parte inferior tiene un gancho al final, como en 見 o 兄.

Ahora usted puede entrar con confianza en el estudio del kanji con una gran ventaja en las reglas y tradiciones del sistema de escritura. El conocimiento de los radicales y la mnemotecnia lo impulsa a la memorización, los componentes de sonido a veces le darán un atajo si sabe cómo se pronuncia el componente de sonido, y su conocimiento del orden de los trazos y las pautas de escritura le permitirán aprender y escribir hermosos caracteres desde el primer día. ¡Buena suerte y 頑張りましょう (esfuércese)!

PARTE 7

DIAGRAMAS DE ORDEN DE TRAZOS KANJI N5

KANJI #	RADICAL	TRAZOS	SIGNIFICADO	UNICODE
0012	日	4	**día, sol, Japón, conteo de días**	**65E5**

ONYOMI

ニチ、 ジツ
nichi, jitsu

KUNYOMI

ひ、 -び、 -か
hi, -bi, -ka

VOCABULARIO

毎日(まいにち)	**cada día**	明日(あした)	**mañana**
今日 (きょう)	**hoy**	休日（きゅうじつ）	**día libre**
昨日(きのう)	**ayer**	日曜日(にちようび)	**domingo**

ORDEN DE LOS TRAZOS

Cómo se dibuja este Kanji

PRÁCTICA

Trace y practique el siguiente kanji

ESTILOS 日 日 日 日 日 日 日 日

KANJI #	RADICAL	TRAZOS	SIGNIFICADO	UNICODE
0001	一	1	**uno**	**4E00**

ONYOMI

イチ
ichi

KUNYOMI

ひと(つ)
hito(tsu)

VOCABULARIO

一〇〇 (ひゃく)   cien
一人(ひとり)   una persona
一緒に(いっしょ)   juntos(as)

一番 (いちばん)   **first place**
一度(いちど)   **una vez**

ORDEN DE LOS TRAZOS

Cómo se dibuja este Kanji

PRÁCTICA

Trace y practique el siguiente kanji

ESTILOS

KANJI #	RADICAL	TRAZOS	SIGNIFICADO	UNICODE
0624	囗	8	**país**	**56FD**

ONYOMI

コク
koku

KUNYOMI

くに
kuni

VOCABULARIO

国家 (こっか) — estado
国際 (こくさい) — internacional
国籍 (こくせき) — nacionalidad

外国 (がいこく) — país extranjero
全国 (ぜんこく) — en todo el país
国土 (こくど) — país

ORDEN DE LOS TRAZOS

Cómo se dibuja este Kanji

PRÁCTICA

Trace y practique el siguiente kanji

ESTILOS 国 国 国 国 国 国 国 国

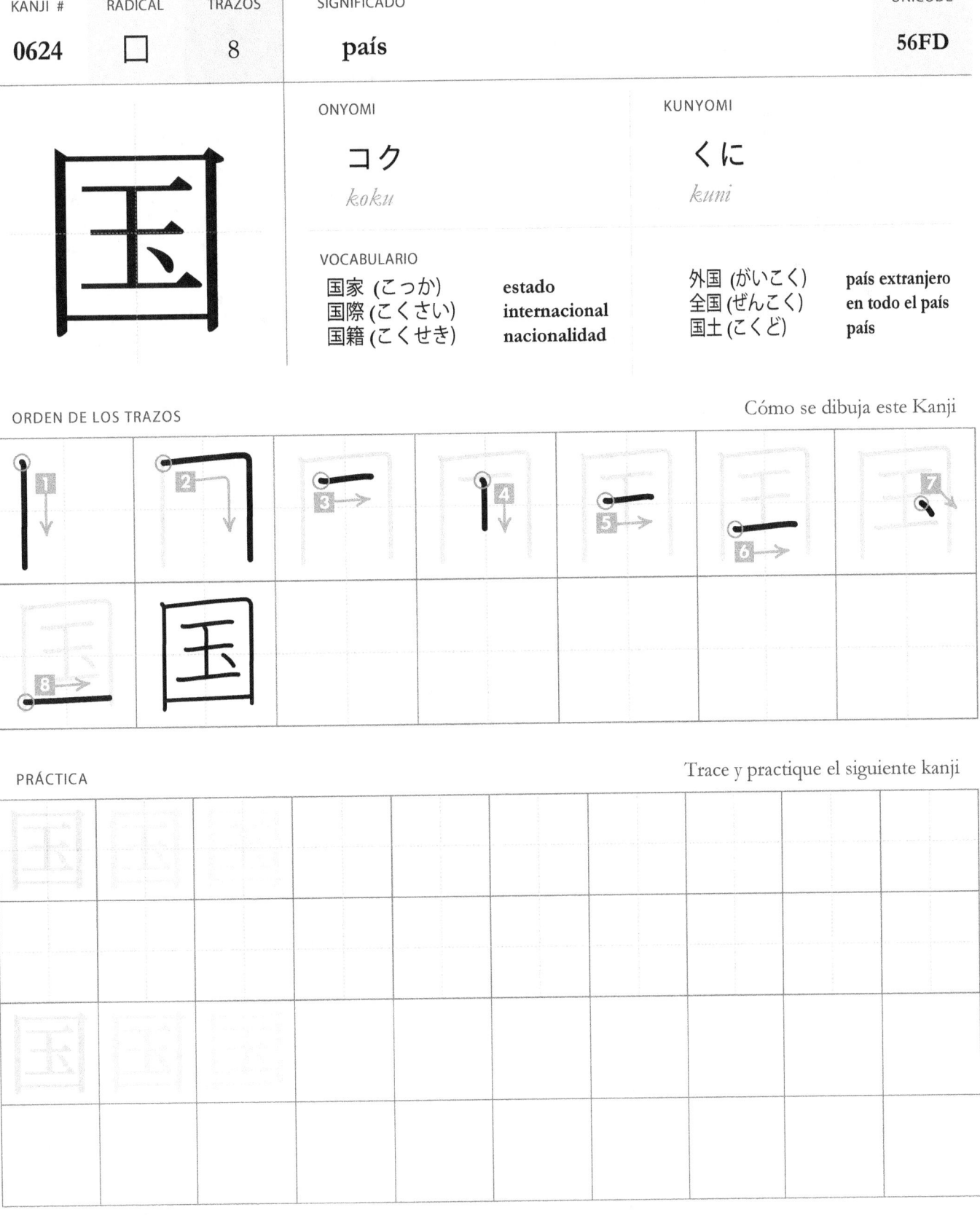

KANJI #	RADICAL	TRAZOS	SIGNIFICADO	UNICODE
0012	人	2	**persona**	**4EBA**

人

ONYOMI

ジン、ニン

jin, nin

KUNYOMI

ひと

hito

VOCABULARIO

人生 (じんせい)　vida
人口 (じんこう)　población
人類 (じんるい)　humanidad

二人 (ふたり)　**dos personas**
犯人 (はんにん)　**delincuente**
友人 (ゆうじん)　**amigo**

ORDEN DE LOS TRAZOS

Cómo se dibuja este Kanji

PRÁCTICA

Trace y practique el siguiente kanji

ESTILOS

人　人　人　人　人　人　人　人

KANJI #	RADICAL	TRAZOS	SIGNIFICADO	UNICODE
1114	干	6	**año, conteo de años**	5E74

年

ONYOMI

ネン

nen

KUNYOMI

とし

toshi

VOCABULARIO

年齢 (ねんれい)   edad; años
年月 (としつき)   mes y años
年金 (ねんきん)   anualidad; pensión

毎年 (まいとし)   cada año
今年 (ことし)   este año
来年 (らいねん)   el próximo año

ORDEN DE LOS TRAZOS

Cómo se dibuja este Kanji

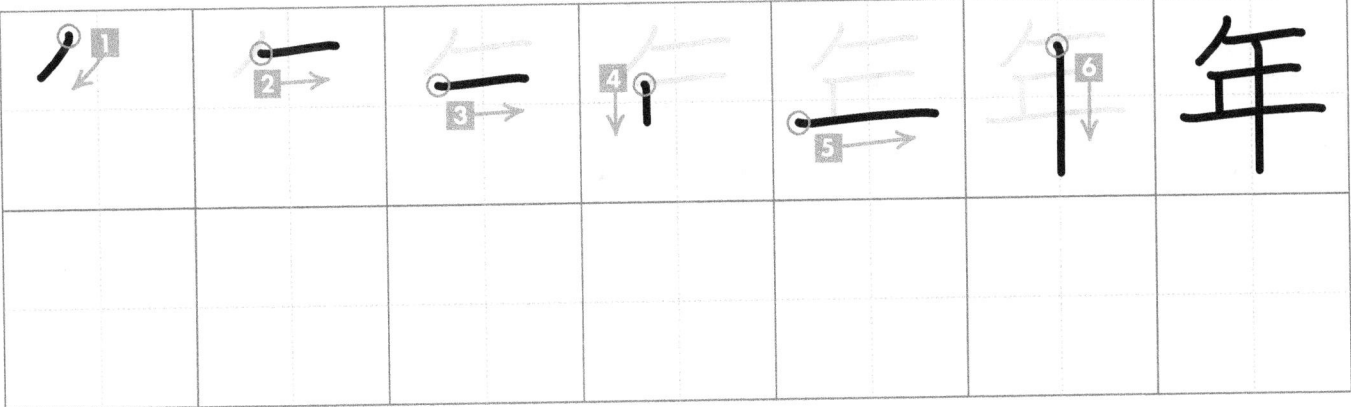

PRÁCTICA

Trace y practique el siguiente kanji

ESTILOS   年 年 年 年 年 年 年 年

KANJI #	RADICAL	TRAZOS	SIGNIFICADO	UNICODE
0112	大	3	largo, grande	5927

大

ONYOMI

ダイ、タイ
dai, tai

KUNYOMI

おお(きい)
oo(kii)

VOCABULARIO

大人 (おとな)　　adulto
大きい (おお)　　grande; largo
大会 (たいかい)　　convención

肥大 (ひだい)　　hinchar; ampliar
特大 (とくだい)　　extra grande
絶大 (ぜつだい)　　tremendo

ORDEN DE LOS TRAZOS

Cómo se dibuja este Kanji

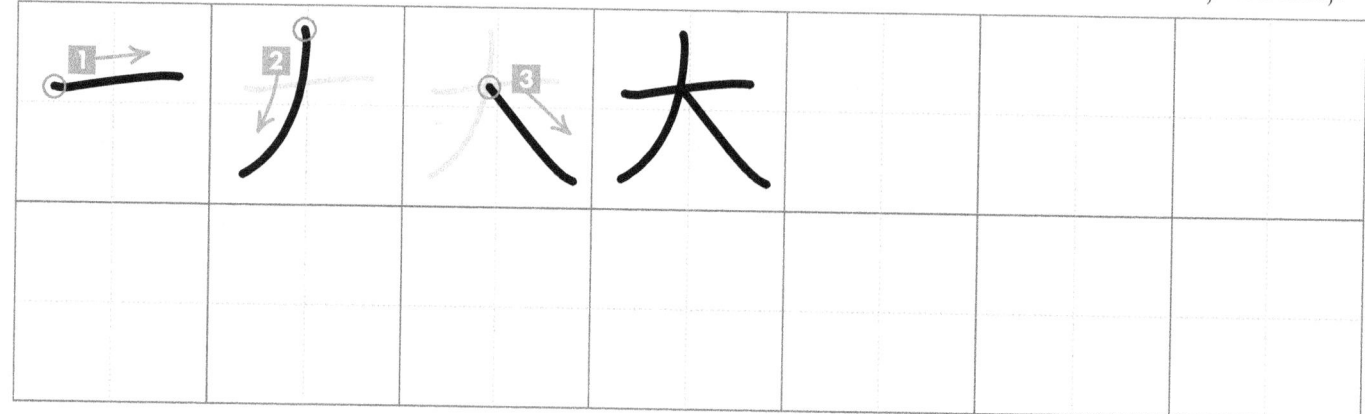

PRÁCTICA

Trace y practique el siguiente kanji

ESTILOS　大　大　大　大　大　大　★　大

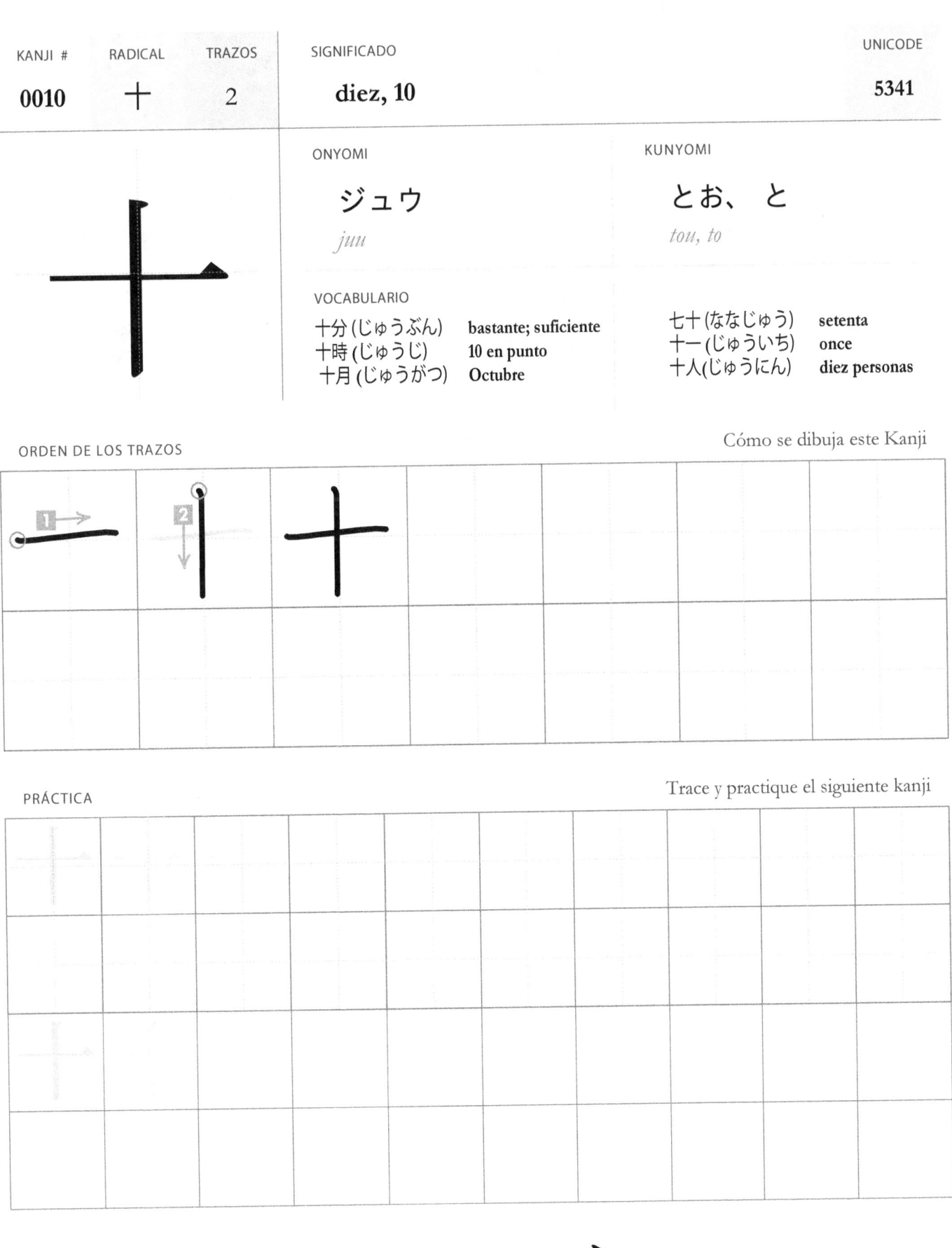

ONYOMI

ジュウ

juu

KUNYOMI

とお、と

tou, to

VOCABULARIO

十分 (じゅうぶん)　bastante; suficiente
十時 (じゅうじ)　10 en punto
十月 (じゅうがつ)　Octubre

七十 (ななじゅう)　setenta
十一 (じゅういち)　once
十人 (じゅうにん)　diez personas

ORDEN DE LOS TRAZOS

Cómo se dibuja este Kanji

PRÁCTICA

Trace y practique el siguiente kanji

ESTILOS

KANJI #	RADICAL	TRAZOS	SIGNIFICADO		UNICODE
0012	二	2	**dos, 2**		**4E8C**

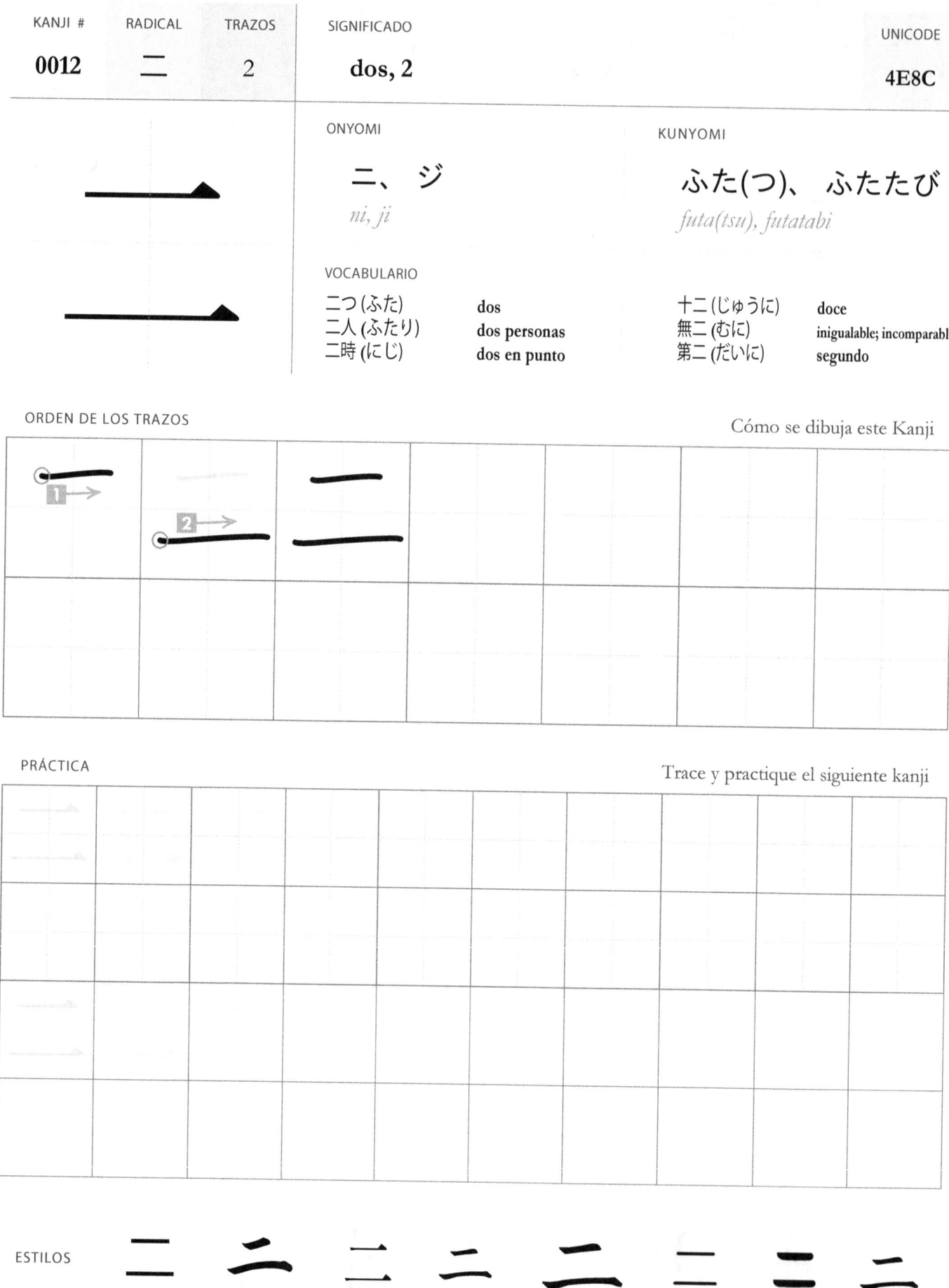

ONYOMI

二、ジ

ni, ji

KUNYOMI

ふた(つ)、 ふたたび

futa(tsu), futatabi

VOCABULARIO

二つ (ふた)	dos	十二 (じゅうに)	doce
二人 (ふたり)	dos personas	無二 (むに)	inigualable; incomparable
二時 (にじ)	dos en punto	第二 (だいに)	segundo

ORDEN DE LOS TRAZOS

Cómo se dibuja este Kanji

PRÁCTICA

Trace y practique el siguiente kanji

ESTILOS

KANJI #	RADICAL	TRAZOS	SIGNIFICADO	UNICODE
0224	木	5	libro, presente, verdadero, contador para cilindros largos	672C

ONYOMI

ホン

hon

KUNYOMI

もと

moto

VOCABULARIO

本来 (ほんらい) — originalmente; principalmente
本名 (ほんみょう) — nombre real
本日 (ほんじつ) — hoy

日本 (にほん) — Japón
基本 (きほん) — fundamento; base
手本 (てほん) — cuaderno

ORDEN DE LOS TRAZOS

Cómo se dibuja este Kanji

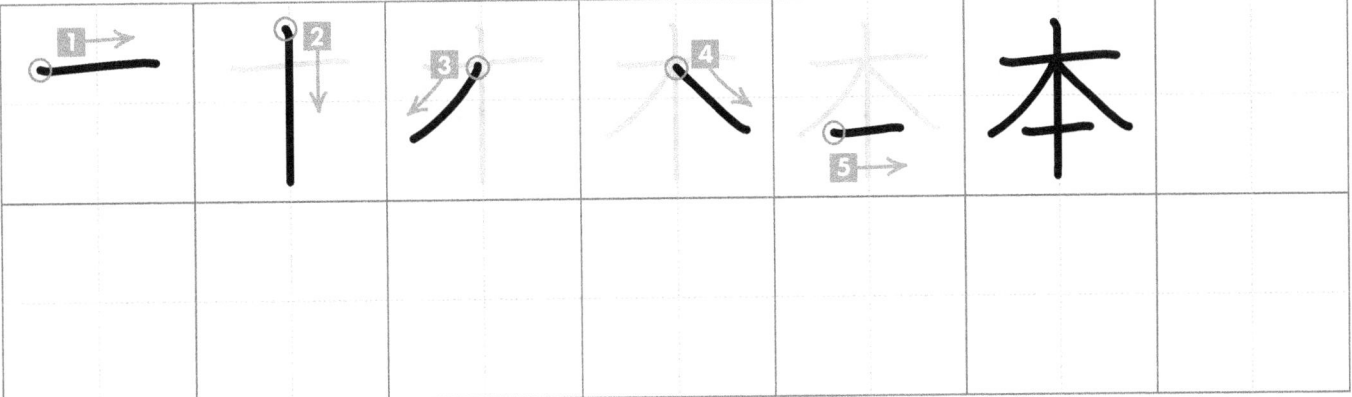

PRÁCTICA

Trace y practique el siguiente kanji

ESTILOS　　本　本　本　本　本　本　本　本

KANJI #	RADICAL	TRAZOS	SIGNIFICADO	UNICODE
0039	|	4	**en, dentro, medio, significa, centro**	4E2D

中

ONYOMI

チュウ

chuu

KUNYOMI

なか、うち、あた(る)

naka, uchi, ata(ru)

VOCABULARIO

中国 (ちゅうごく) China
中止 (ちゅうし) suspensión
中身 (なかみ) contenido

途中 (とちゅう) en el camino
集中 (しゅうちゅう) concentración
市中 (しちゅう) en la ciudad

ORDEN DE LOS TRAZOS

Cómo se dibuja este Kanji

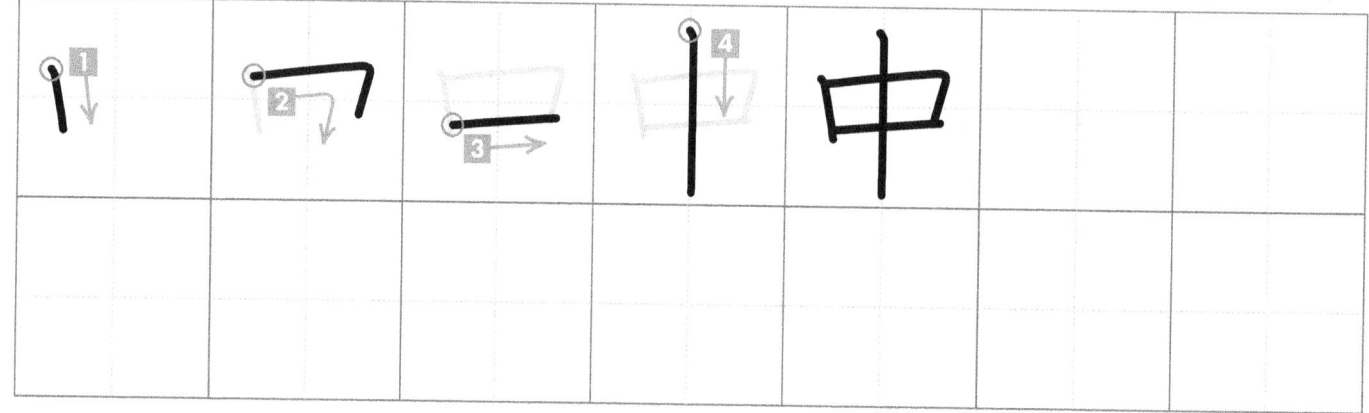

PRÁCTICA

Trace y practique el siguiente kanji

ESTILOS 中 中 中 中 中 中 中 中

KANJI #	RADICAL	TRAZOS	SIGNIFICADO	UNICODE
2070	長	8	largo, líder, superior, mayor	9577

ONYOMI

チョウ

chou

KUNYOMI

なが(い)、おさ

naga(i), osa

VOCABULARIO

長年 (ながねん)　mucho tiempo
長期 (ちょうき)　a largo plazo
長所 (ちょうしょ)　punto fuerte

社長 (しゃちょう)　presidente de la empresa
全長 (ぜんちょう)　longitud total
機長 (きちょう)　piloto

ORDEN DE LOS TRAZOS

Cómo se dibuja este Kanji

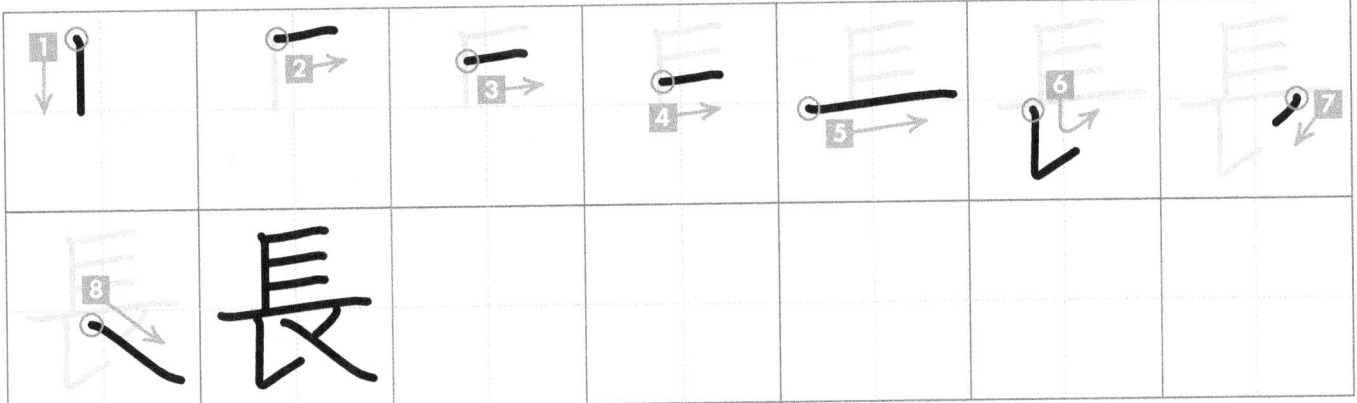

PRÁCTICA

Trace y practique el siguiente kanji

ESTILOS 長 長 長 長 長 長 長 長

KANJI #	RADICAL	TRAZOS	SIGNIFICADO	UNICODE
0829	凵	5	salida, dejar, salir	51FA

ONYOMI

シュツ、スイ

shutsu, sui

KUNYOMI

で(る)、だ(す)、い(でる)

de(ru), da(su), i(deru)

VOCABULARIO

出発 (しゅっぱつ)　partida
出口 (でぐち)　salida
出版 (しゅっぱん)　publicación

見出し (みだ)　rúbrica
演出 (えんしゅつ)　producción
出来事 (できごと)　incidente

ORDEN DE LOS TRAZOS

Cómo se dibuja este Kanji

PRÁCTICA

Trace y practique el siguiente kanji

ESTILOS　出　出　出　出　出　出　出　出

SIGNIFICADO

tres, 3

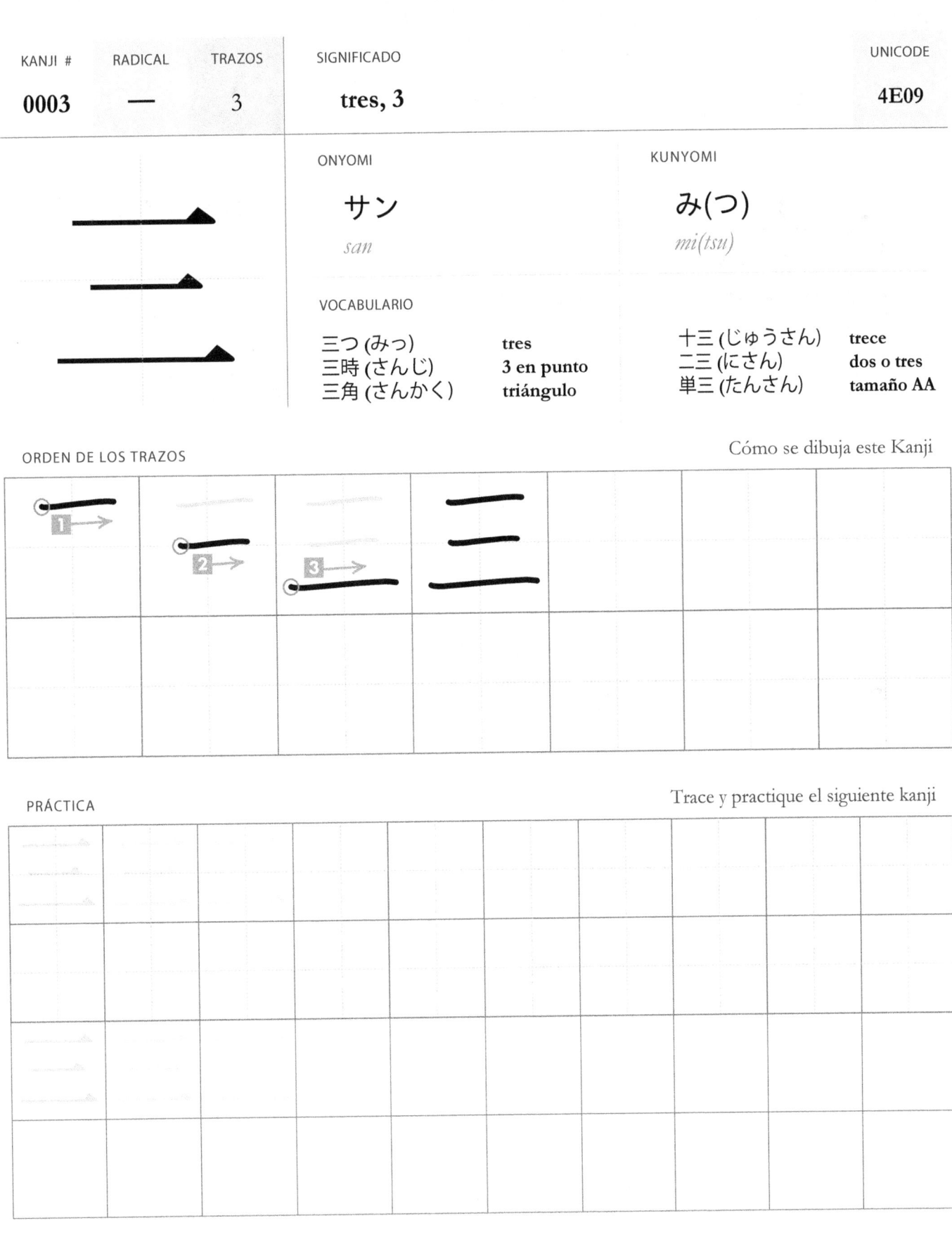

ONYOMI

サン

san

KUNYOMI

み(つ)

mi(tsu)

VOCABULARIO

三つ (みっ)	tres
三時 (さんじ)	3 en punto
三角 (さんかく)	triángulo

十三 (じゅうさん)	trece
二三 (にさん)	dos o tres
単三 (たんさん)	tamaño AA

ORDEN DE LOS TRAZOS

Cómo se dibuja este Kanji

PRÁCTICA

Trace y practique el siguiente kanji

ESTILOS

KANJI #	RADICAL	TRAZOS	SIGNIFICADO	UNICODE
0171	日	10	**tiempo, hora**	**6642**

時

ONYOMI

ジ

ji

KUNYOMI

とき、 -どき

toki, doki

VOCABULARIO

時計 (とけい) — **reloj; reloj**
時半 (じはん) — **about an hour**
時差 (じさ) — **diferencia horaria**

日時 (にちじ) — **fecha y hora**
何時 (いつ) — **cuándo; cuán pronto**
同時 (どうじ) — **simultáneamente**

ORDEN DE LOS TRAZOS

Cómo se dibuja este Kanji

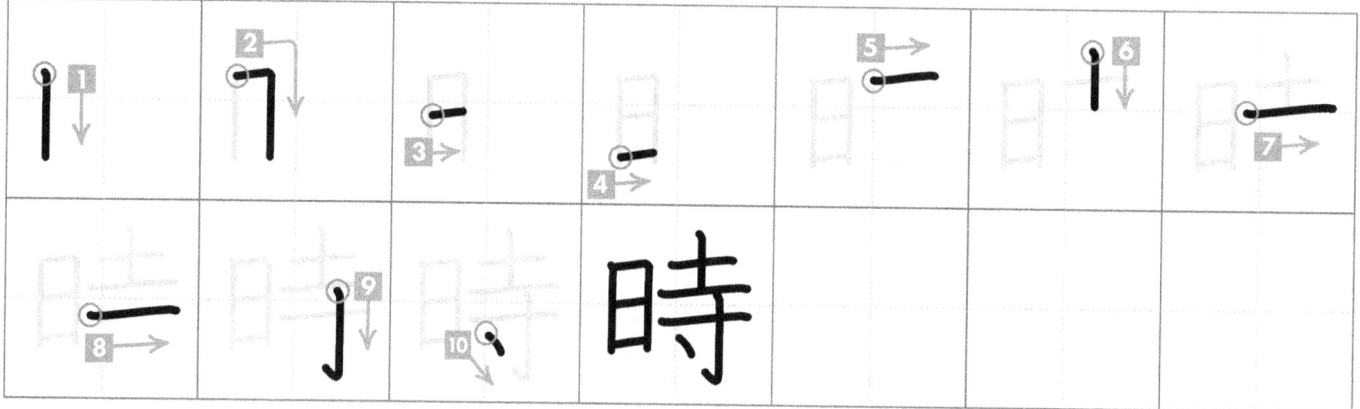

PRÁCTICA

Trace y practique el siguiente kanji

ESTILOS   時 時 時 時 時 時 時 時

KANJI #	RADICAL	TRAZOS	SIGNIFICADO	UNICODE
0938	行	6	ir, viaje, llevar a cabo, línea, fila	884C

ONYOMI

コウ、 ギョウ、 アン

kou, gyou, an

KUNYOMI

い(く)、 ゆ(く)、
おこな(う)

i(ku), yu(ku), okona(u)

VOCABULARIO

行き (ゆ)   destinado a
行事 (ぎょうじ)   evento; función
行政 (ぎょうせい)   administración

旅行 (りょこう)   viajar; viaje
銀行 (ぎんこう)   banco
流行 (りゅうこう)   moda

ORDEN DE LOS TRAZOS

Cómo se dibuja este Kanji

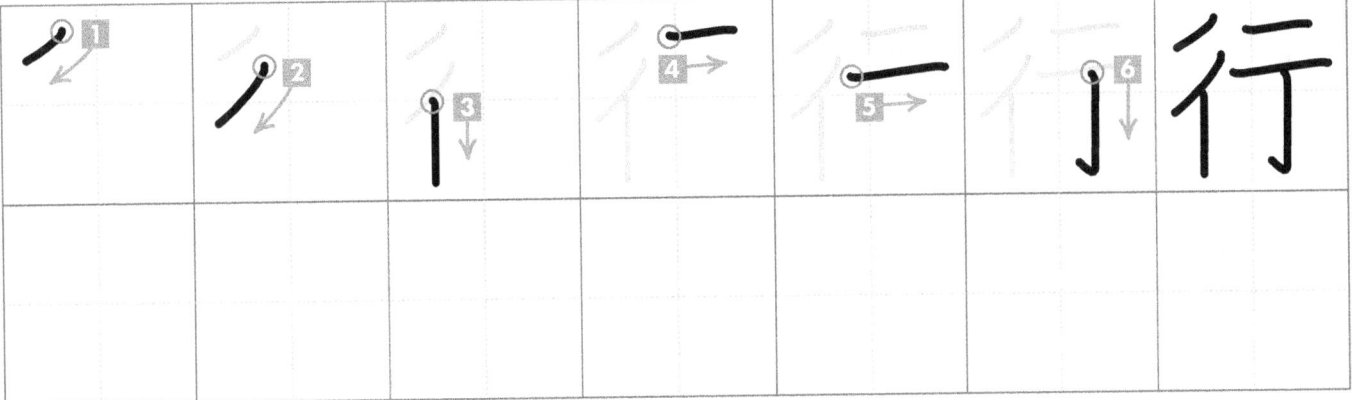

PRÁCTICA

Trace y practique el siguiente kanji

ESTILOS   行 行 行 行 行 行 行

KANJI #	RADICAL	TRAZOS	SIGNIFICADO	UNICODE
0061	見	7	ver, esperanzas, posibilidades, idea, opinión, mirar	898B

見

ONYOMI

ケン

ken

KUNYOMI

み(る)、 み(せる)

mi(ru), mi(seru)

VOCABULARIO

見る (み)	ver; mirar	発見 (はっけん)	descubrimiento
見出し (みだ)	encabezado	一見 (いっけん)	mirar; vislumbrar
見解 (けんかい)	opinión	会見 (かいけん)	entrevista

ORDEN DE LOS TRAZOS

Cómo se dibuja este Kanji

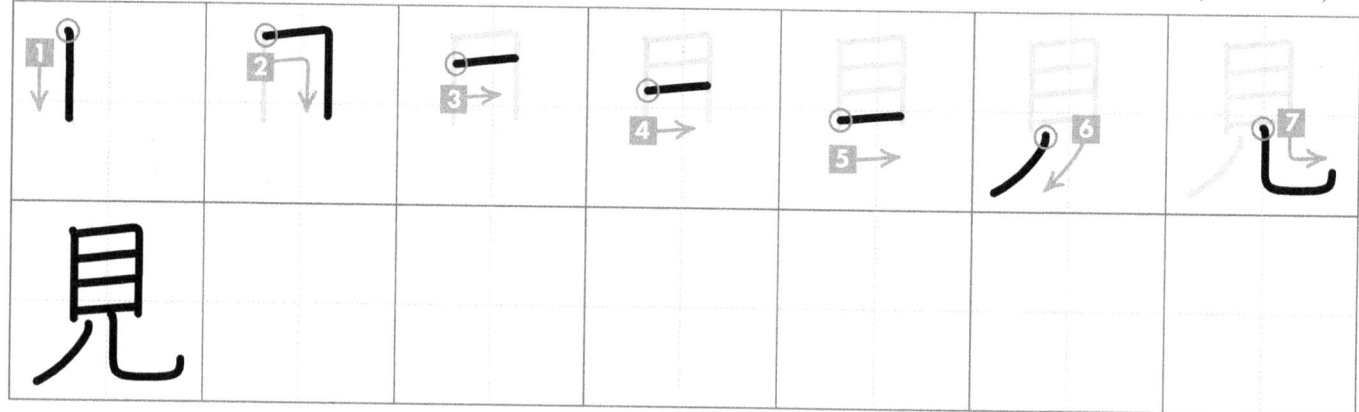

PRÁCTICA

Trace y practique el siguiente kanji

ESTILOS   見 見 見 見 見 見 見 見

KANJI #	RADICAL	TRAZOS	SIGNIFICADO	UNICODE
0013	日	4	mes, luna	6708

月

ONYOMI

ゲツ、ガツ

getsu, gatsu

KUNYOMI

つき

tsuki

VOCABULARIO

月曜 (げつよう)	Lunes	毎月 (まいつき)	cada mes
月日 (つきひ)	tiempo; años; días	今月 (こんげつ)	teste mes
月給 (げっきゅう)	salario mensual	来月 (らいげつ)	próximo mes

ORDEN DE LOS TRAZOS

Cómo se dibuja este Kanji

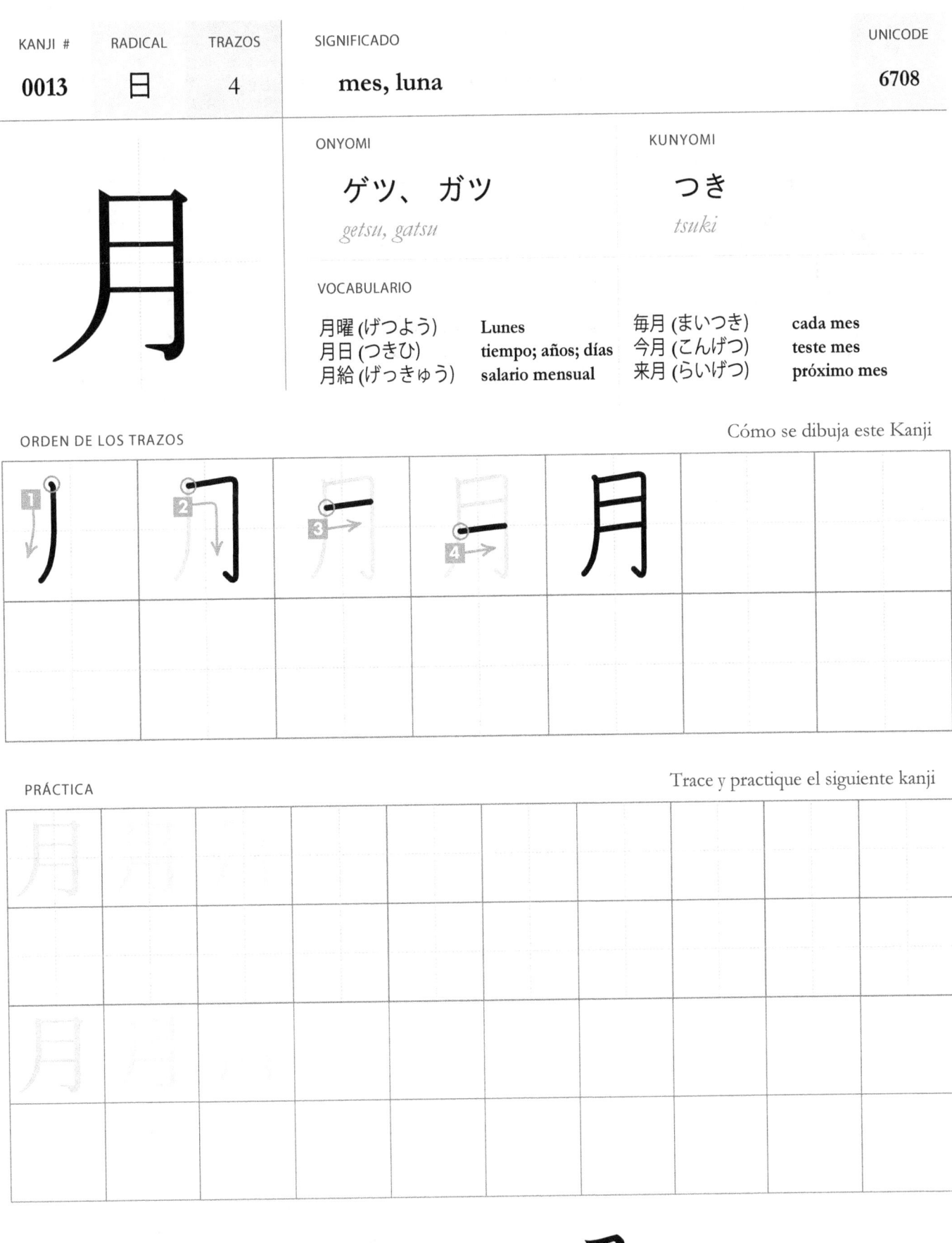

PRÁCTICA

Trace y practique el siguiente kanji

ESTILOS 月 月 月 月 月 月 月 月

KANJI #	RADICAL	TRAZOS	SIGNIFICADO	UNICODE
0844	刀	4	**parte, minuto de tiempo, entender**	5206

ONYOMI

ブン、フン、ブ

bun, fun, bu

KUNYOMI

わ(ける)

wa(keru)

VOCABULARIO

分かる (わ)   comprender
分野 (ぶんや)   campo; esfera
分析 (ぶんせき)   análisis

半分 (はんぶん)   medio
自分 (じぶん)   a mí mismo; a ti mismo
気分 (きぶん)   sentimiento; estado
de ánimo

ORDEN DE LOS TRAZOS

Cómo se dibuja este Kanji

PRÁCTICA

Trace y practique el siguiente kanji

ESTILOS   分 **分** 分 分 **分** **分** **分** 分

後

ONYOMI

ゴ、コウ

go, kou

KUNYOMI

のち、うし(ろ)、あと

nochi, ushi(ro), ato

VOCABULARIO

後ろ (うし)	atrás; detrás	今後 (こんご)	a partir de ahora
後半 (こうはん)	segundo tiempo	午後 (ごご)	por la tarde; p. m.
後で (あと)	después	前後 (ぜんご)	delante y detrás

ORDEN DE LOS TRAZOS

Cómo se dibuja este Kanji

後

PRÁCTICA

Trace y practique el siguiente kanji

ESTILOS　後　後　後　後　後　後　後

KANJI #	RADICAL	TRAZOS	SIGNIFICADO	UNICODE
0309	刀	9	delante, antes de	524D

前

ONYOMI

ゼン

zen

KUNYOMI

まえ

mae

VOCABULARIO

前半 (ぜんはん)	primera mitad	名前 (なまえ)	nombre; nombre completo
前進 (ぜんしん)	avanzar; conducir	午前 (ごぜん)	mañana; a. m.
前日 (ぜんじつ)	día anterior	出前 (でまえ)	catering; entrega a domicilio

ORDEN DE LOS TRAZOS

Cómo se dibuja este Kanji

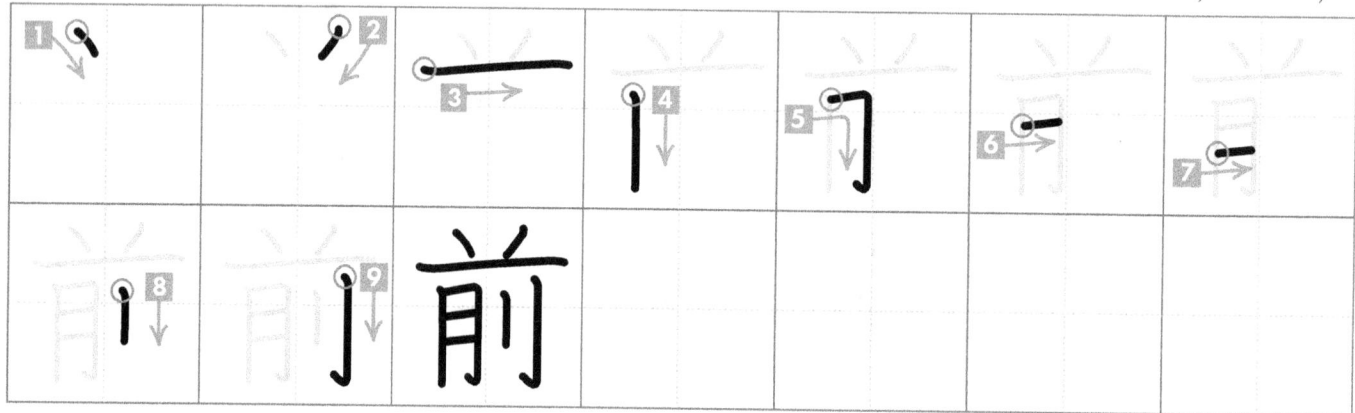

PRÁCTICA

Trace y practique el siguiente kanji

ESTILOS 前 前 前 前 前 前 前 前

生

ONYOMI

セイ、ショウ

sei, shou

KUNYOMI い(きる), う(む)、
お(う)、は(える)、なま

i(kiru), u(mu), o(u), ha(eru), nama

VOCABULARIO

生徒 (せいと)　　alumno
生きる (い)　　vivir; existir
生命 (せいめい)　　vida; existencia

学生 (がくせい)　　alumno
先生 (せんせい))　　profesor; maestro
一生 (いっしょう)　　toda la vida

ORDEN DE LOS TRAZOS　　　　Cómo se dibuja este Kanji

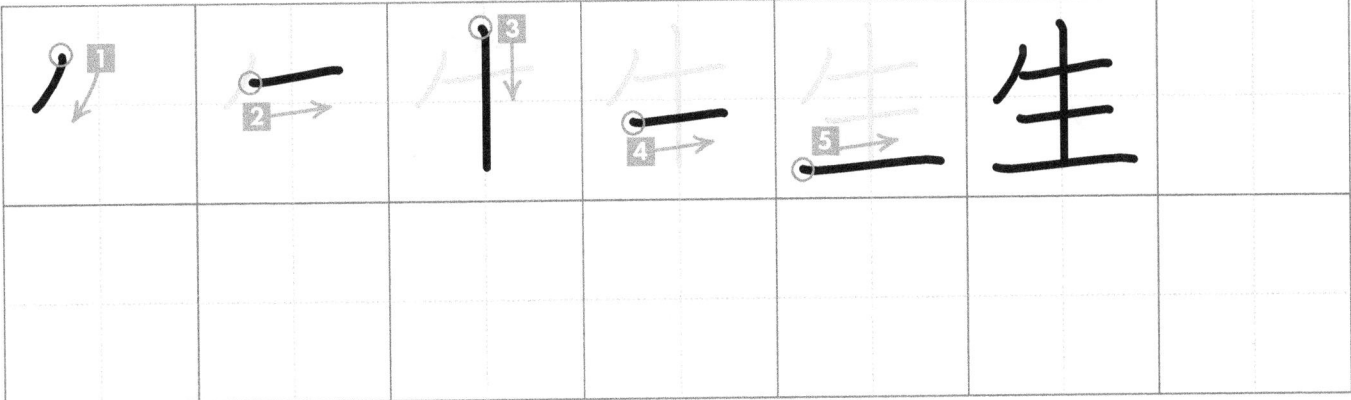

PRÁCTICA　　　　Trace y practique el siguiente kanji

ESTILOS　　生　生　生　生　生　生　生

KANJI #	RADICAL	TRAZOS	SIGNIFICADO	UNICODE
0005	二	4	cinco, 5	4E94

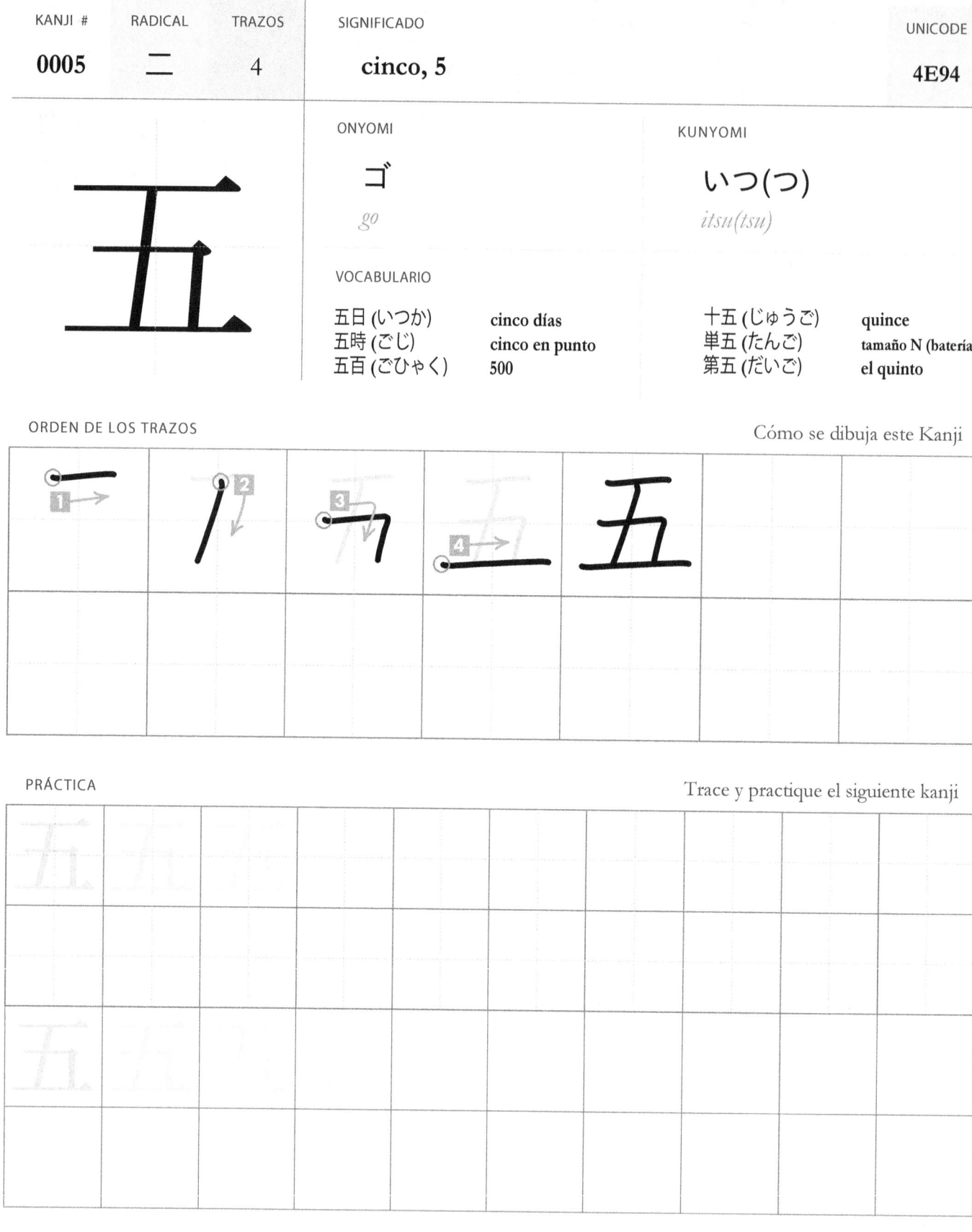

ONYOMI

ゴ

go

KUNYOMI

いつ(つ)

itsu(tsu)

VOCABULARIO

五日 (いつか)   cinco días
五時 (ごじ)   cinco en punto
五百 (ごひゃく)   500

十五 (じゅうご)   quince
単五 (たんご)   tamaño N (batería)
第五 (だいご)   el quinto

ORDEN DE LOS TRAZOS   *Cómo se dibuja este Kanji*

PRÁCTICA   *Trace y practique el siguiente kanji*

ESTILOS 五 五 五 五 五 五 五 五

KANJI #	RADICAL	TRAZOS	SIGNIFICADO	UNICODE
1747	門	12	intervalo, espacio	9593

ONYOMI

カン、ケン

kan, ken

KUNYOMI

あいだ、ま、あい

aida, ma, ai

VOCABULARIO

間接 (かんせつ)	indirección	人間 (にんげん)	ser humano
間隔 (かんかく)	espacio, intervalo	期間 (きかん)	período; término
間近 (まぢか)	proximidad; cercanía	世間 (せけん)	mundo; sociedad

ORDEN DE LOS TRAZOS

Cómo se dibuja este Kanji

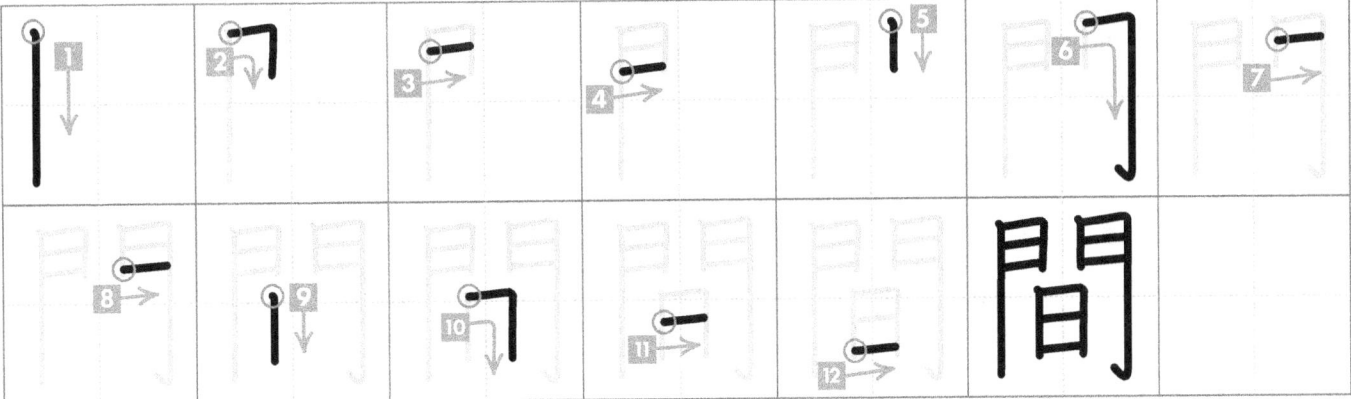

PRÁCTICA

Trace y practique el siguiente kanji

ESTILOS　間　間　間　間　間　間　間　間

KANJI #	RADICAL	TRAZOS	SIGNIFICADO	UNICODE
0050	一	3	arriba, arriba	4E0A

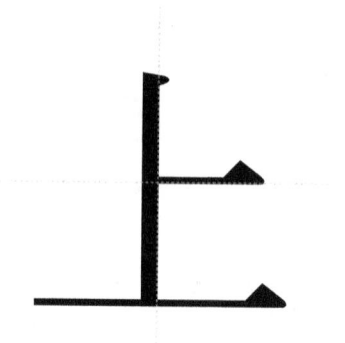

ONYOMI ジョウ、ショウ、シャン

jou, shou, shan

KUNYOMI うえ、 うわ-
うえ、 うわ-、 かみ、 あ(げる)、
のぼ(る)、 たてまつ(る)

ue, uwa, kami, a(geru), nobo(ru), tatematsu(ru)

VOCABULARIO

上下 (じょうげ)　arriba y abajo
上り (のぼ)　subir; escalar
上る (のぼ)　ascender; subir

以上 (いじょう)　no menos que
屋上 (おくじょう)　azotea
年上 (としうえ)　mayor; senior

ORDEN DE LOS TRAZOS   Cómo se dibuja este Kanji

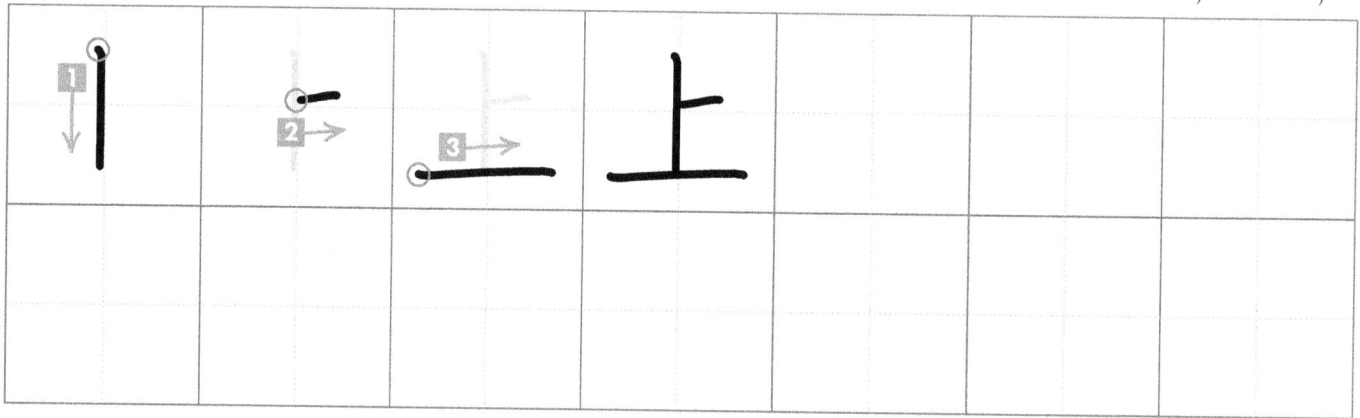

PRÁCTICA   Trace y practique el siguiente kanji

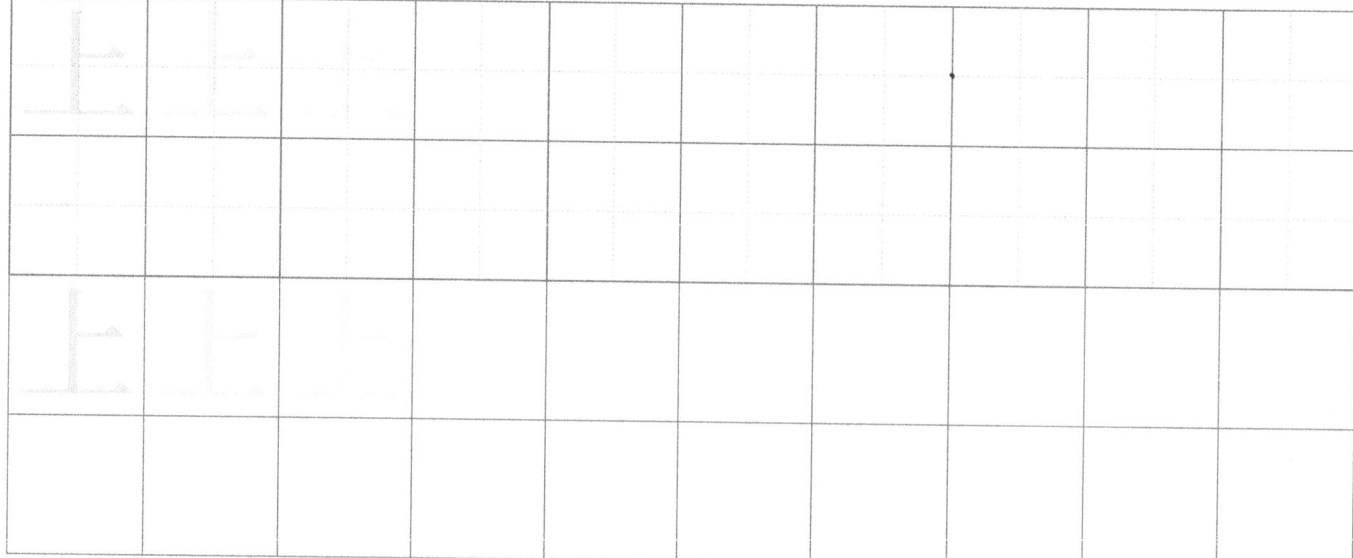

ESTILOS　上　上　上　上　上　上　上　上

KANJI #	RADICAL	TRAZOS	SIGNIFICADO	UNICODE
0543	木	8	este	6771

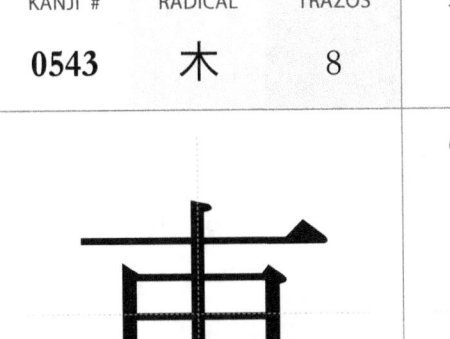

ONYOMI

トウ
tou

KUNYOMI

ひがし
higashi

VOCABULARIO

東西 (とうざい)　　este y oeste
東洋 (とうよう)　　Oriente
東北 (とうほく)　　noreste; Tohoku

北東 (ほくとう)　　noreste
南東 (なんとう)　　sureste
東京 (とうきょう)　Tokio

ORDEN DE LOS TRAZOS

Cómo se dibuja este Kanji

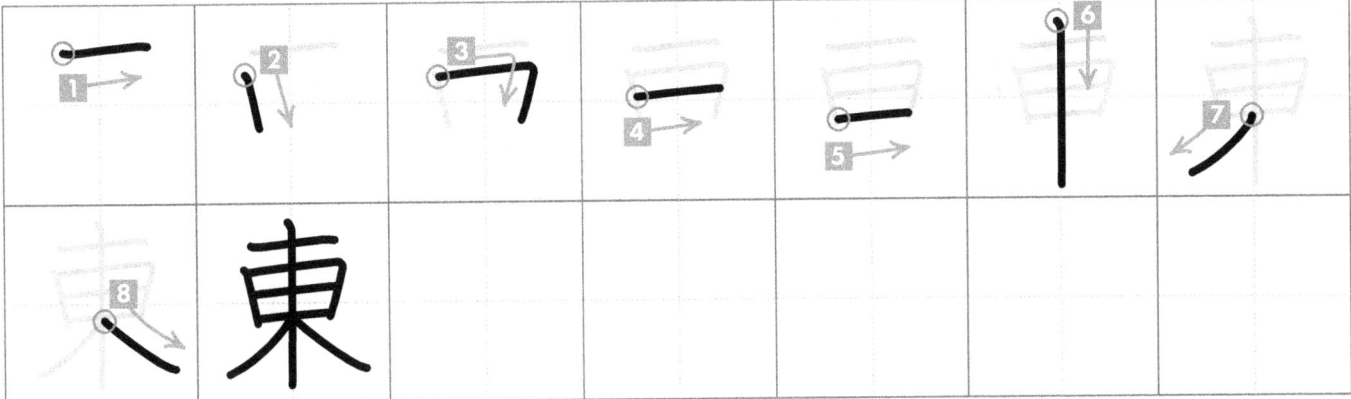

PRÁCTICA

Trace y practique el siguiente kanji

ESTILOS 　東　東　東　東　東　東　東　東

KANJI #	RADICAL	TRAZOS	SIGNIFICADO	UNICODE
0004	口	5	cuatro, 4	56DB

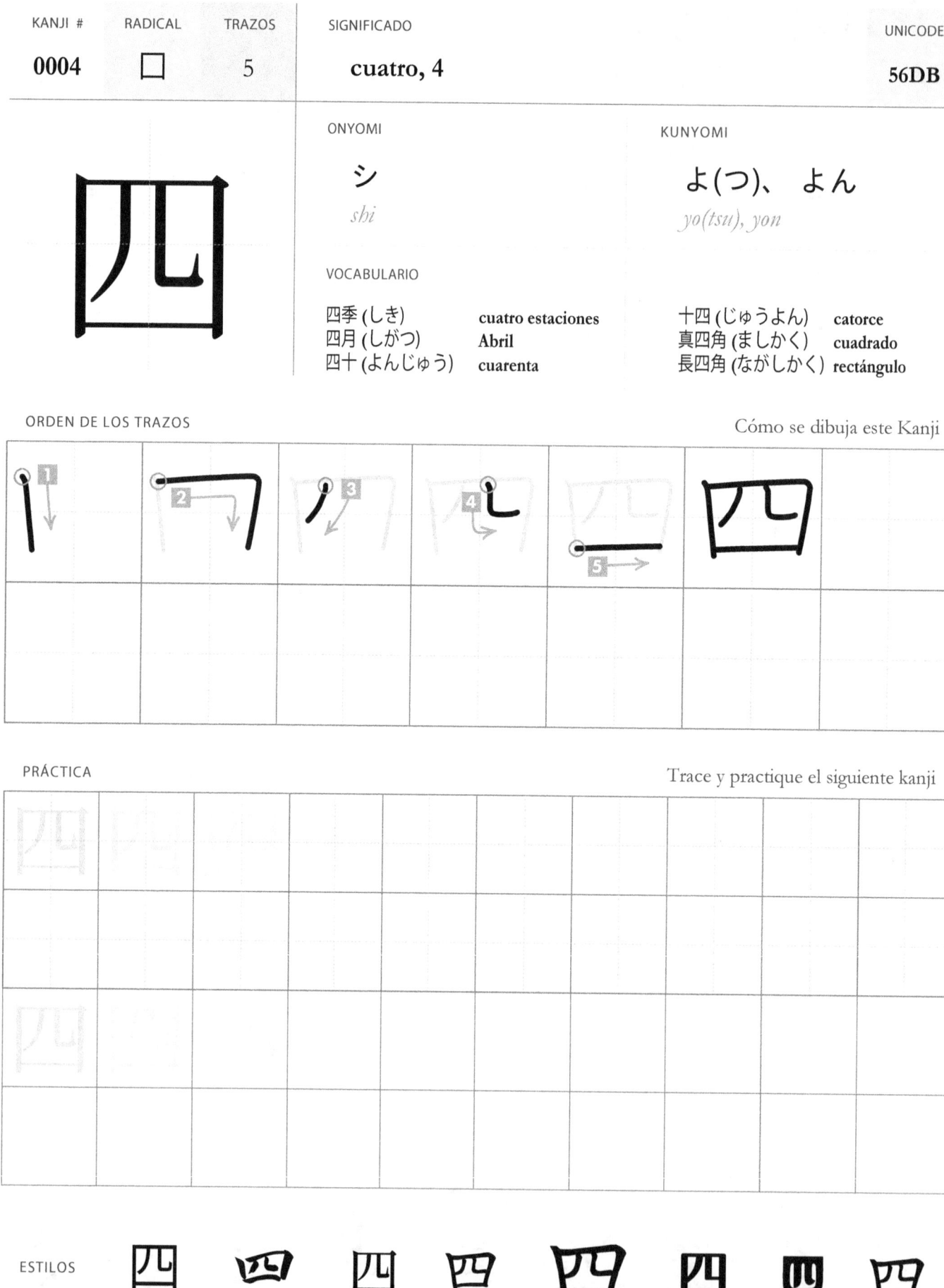

ONYOMI

シ
shi

KUNYOMI

よ(つ)、よん
yo(tsu), yon

VOCABULARIO

四季 (しき) — cuatro estaciones
四月 (しがつ) — Abril
四十 (よんじゅう) — cuarenta

十四 (じゅうよん) — catorce
真四角 (ましかく) — cuadrado
長四角 (ながしかく) — rectángulo

ORDEN DE LOS TRAZOS — *Cómo se dibuja este Kanji*

PRÁCTICA — Trace y practique el siguiente kanji

ESTILOS 四 四 四 四 四 四 四 四

KANJI #	RADICAL	TRAZOS	SIGNIFICADO	UNICODE
1711	人	4	ahora, el presente	4ECA

今

ONYOMI

コン、キン

kon, kin

KUNYOMI

いま

ima

VOCABULARIO

今日 (きょう)   **hoy; este día**
今年 (ことし)   este año
今月 (こんげつ)   este mes

今度 (こんど)   esta hora
今朝 (けさ)   esta mañana
今週 (こんしゅう) esta semana

ORDEN DE LOS TRAZOS

Cómo se dibuja este Kanji

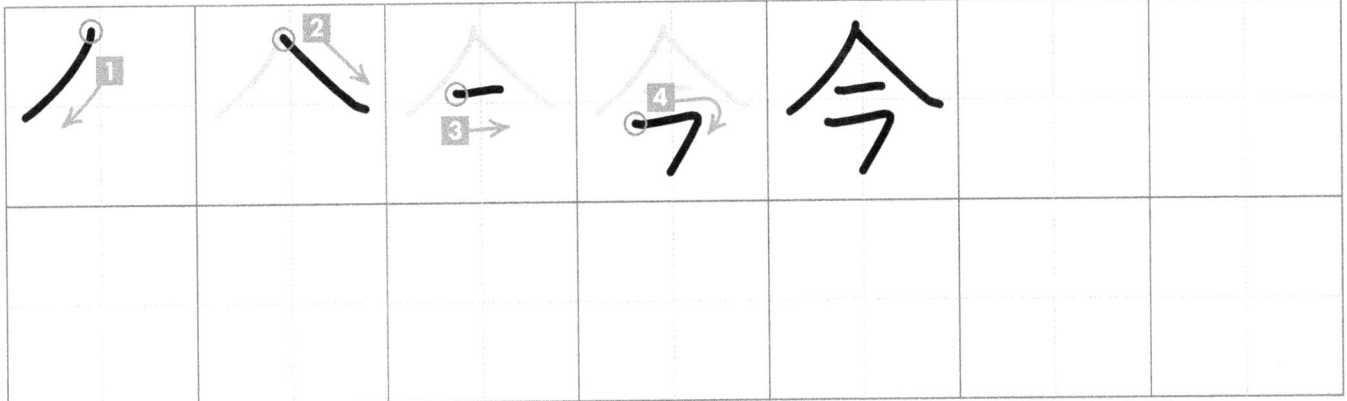

PRÁCTICA

Trace y practique el siguiente kanji

ESTILOS   

KANJI #	RADICAL	TRAZOS	SIGNIFICADO	UNICODE
0287	金	8	**oro**	**91D1**

金

ONYOMI

キン、コン、ゴン

kin, kon, gon

KUNYOMI

かね、かな-、-がね

kane, kana, gane

VOCABULARIO

金属 (きんぞく)	metal	料金 (りょうきん)	tasa; cargo
金曜 (きんよう)	Viernes	借金 (しゃっきん)	deuda; préstamo
金銭 (きんせん)	dinero; efectivo	資金 (しきん)	fondos; capital

ORDEN DE LOS TRAZOS

Cómo se dibuja este Kanji

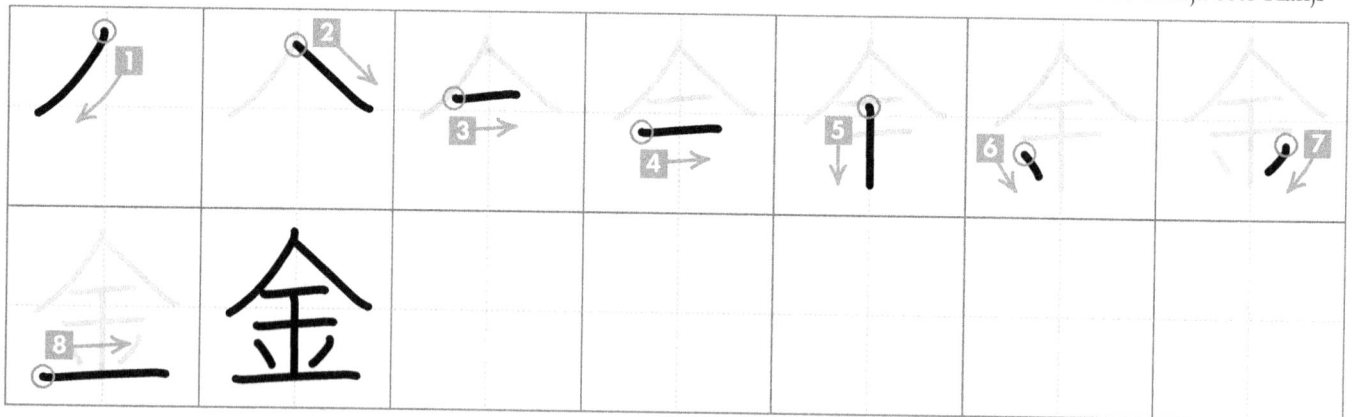

PRÁCTICA

Trace y practique el siguiente kanji

ESTILOS 金 金 金 金 金 金 金 金

九

ONYOMI

キュウ、ク

kyuu, ku

KUNYOMI

ここの(つ)

kokono(tsu)

VOCABULARIO

九月 (くがつ)	Septiembre	二九 (にく)	veintinueve
九時 (くじ)	nueve en punto	八九分 (はっくぶ)	casi; apenas
九分 (くぶ)	nueve partes	十九 (じゅうきゅう)	diecinueve

ORDEN DE LOS TRAZOS

Cómo se dibuja este Kanji

PRÁCTICA

Trace y practique el siguiente kanji

ESTILOS　九　九　九　九　九　九　九　九

KANJI #	RADICAL	TRAZOS	SIGNIFICADO	UNICODE
0842	入	2	entrar; insertar	5165

入

ONYOMI

ニュウ

nyuu

KUNYOMI

い(る)、はい(る)

i(ru), hai(ru)

VOCABULARIO

入る (はい) entrar; entrar en
入場 (にゅうじょう) entrada; admisión
入力 (にゅうりょく) entrada; (de datos)

収入 (しゅうにゅう) ingreso; recibos
購入 (こうにゅう) comprar; adquirir
加入 (かにゅう) hacerse socio

ORDEN DE LOS TRAZOS

Cómo se dibuja este Kanji

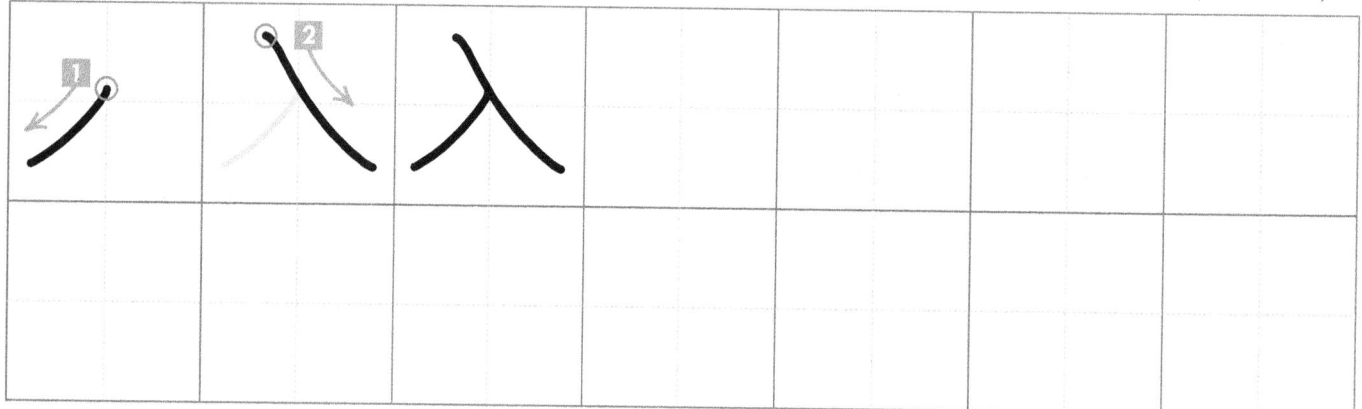

PRÁCTICA

Trace y practique el siguiente kanji

ESTILOS

KANJI #	RADICAL	TRAZOS	SIGNIFICADO	UNICODE
0346	子	8	estudio, aprendizaje, ciencia	5B66

学

ONYOMI

ガク

gaku

KUNYOMI

まな(ぶ)

mana(bu)

VOCABULARIO

学校 (がっこう)　　escuela
学生 (がくせい)　　estudiante
学習 (がくしゅう)　estudio; aprendizaje

中学 (ちゅうがく)　escuela media
科学 (かがく)　　　ciencia
文学 (ぶんがく)　　literatura

ORDEN DE LOS TRAZOS

Cómo se dibuja este Kanji

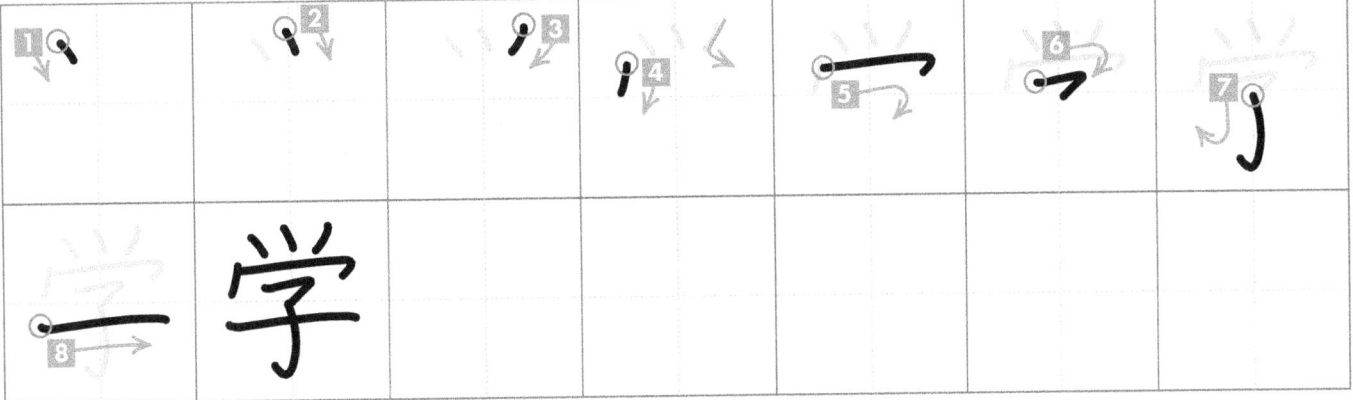

PRÁCTICA

Trace y practique el siguiente kanji

ESTILOS　学 学 学 学 学 学 学 学

KANJI #	RADICAL	TRAZOS	SIGNIFICADO	UNICODE
0329	高	10	**alto, alto, caro**	**9AD8**

高

ONYOMI

コウ
kou

KUNYOMI

たか(い)
taka(i)

VOCABULARIO

高い (たか) 　　altura; alto
高度 (こうど) 　　altitud; altura
高速 (こうそく) 　alta velocidad; alta marcha

最高 (さいこう) 　más alto; mejor
標高 (ひょうこう) 　elevación
小高い (こだか) 　ligeramente elevado

ORDEN DE LOS TRAZOS

Cómo se dibuja este Kanji

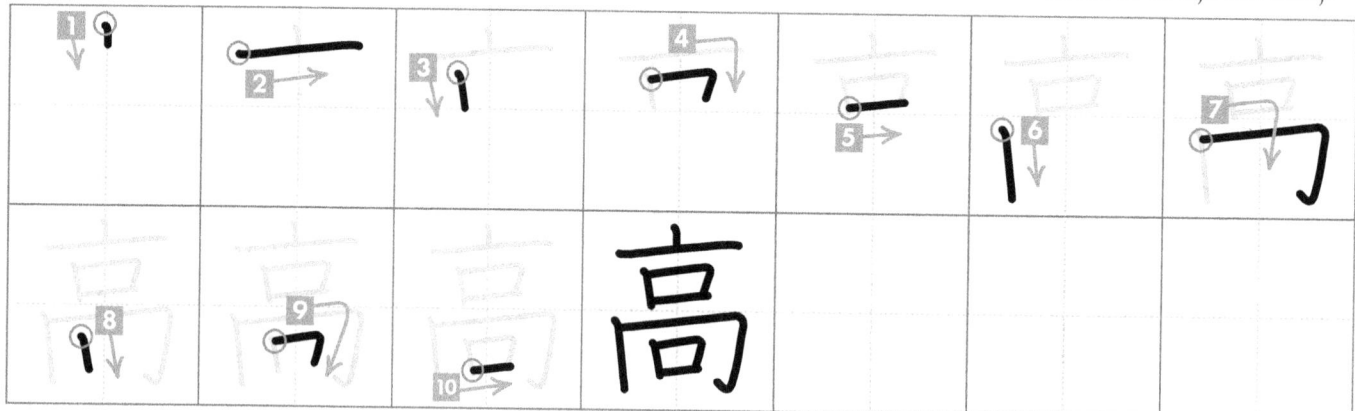

PRÁCTICA

Trace y practique el siguiente kanji

ESTILOS　高　高　高　高　高　高　高　高

KANJI #	RADICAL	TRAZOS	SIGNIFICADO	UNICODE
1952	冂	4	círculo, yen (unidad monetaria japonesa), redondo	5186

ONYOMI

エン

en

KUNYOMI

まる(い)

maru(i)

VOCABULARIO

円い (まる)　　　redondo; circular
円滑 (えんかつ)　liso; imperturbable
円盤 (えんばん)　disco; disco; plato

楕円 (だえん)　　elipse
半円 (はんえん)　semicírculo
大円 (だいえん)　círculo grande

ORDEN DE LOS TRAZOS

Cómo se dibuja este Kanji

PRÁCTICA

Trace y practique el siguiente kanji

ESTILOS　円　円　円　円　円　円　円　円

157

KANJI #	RADICAL	TRAZOS	SIGNIFICADO	UNICODE
0099	子	3	**hijo**	**5B50**

子

ONYOMI

シ、ス、ツ

shi, su, tsu

KUNYOMI

こ、-こ(ね)

ko, ne

VOCABULARIO

子孫 (しそん)　　descendientes
子女 (しじょ)　　hijos e hijas
子分 (こぶん)　　secuaz; seguidor

男子 (だんし)　　joven; joven
電子 (でんし)　　electrón
女子 (じょし)　　mujer; niña

ORDEN DE LOS TRAZOS

Cómo se dibuja este Kanji

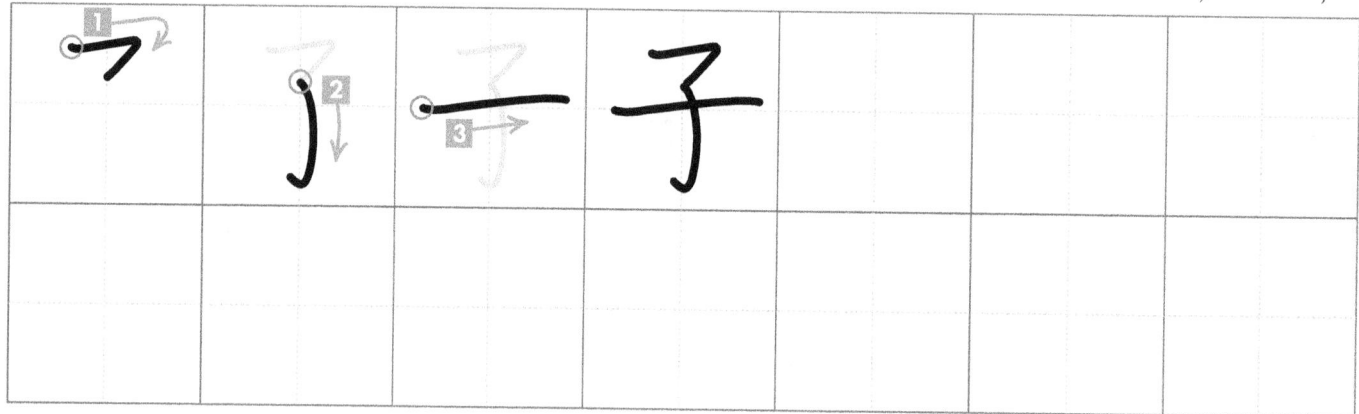

PRÁCTICA

Trace y practique el siguiente kanji

ESTILOS 　子　子　子　子　子　子　子　子

外

ONYOMI

ガイ、ゲ

gai, ge

KUNYOMI

そと、ほか、
はず(す)、と-

soto, hoka, hazu-, to-

VOCABULARIO

外国 (がいこく)　país extranjero
外部 (がいぶ)　el exterior
外科 (げか)　cirugía

海外 (かいがい)　extranjero; en el extranjero
意外 (いがい)　inesperado
郊外 (こうがい)　suburbio; periferia

ORDEN DE LOS TRAZOS

Cómo se dibuja este Kanji

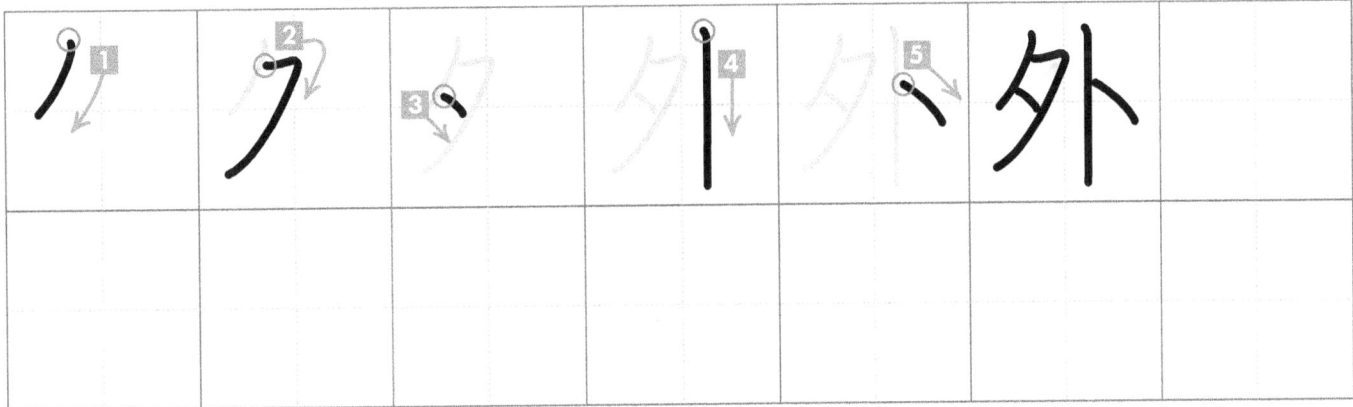

PRÁCTICA

Trace y practique el siguiente kanji

ESTILOS　外　外　外　外　外　外　外　外

KANJI #	RADICAL	TRAZOS	SIGNIFICADO	UNICODE
0008	八	2	ocho, 8	516B

八

ONYOMI

ハチ
hachi

KUNYOMI

や(つ)、よう
ya(tsu), you

VOCABULARIO

八十 (はちじゅう)　ochenta
八月 (はちがつ)　Agosto
八時 (はちじ)　ocho en punto

十八 (じゅうはち)　dieciocho
二八 (にはち)　dieciséis
百八 (ひゃくはち)　108

ORDEN DE LOS TRAZOS

Cómo se dibuja este Kanji

PRÁCTICA

Trace y practique el siguiente kanji

ESTILOS
八 八 八 八 八 八 八 八

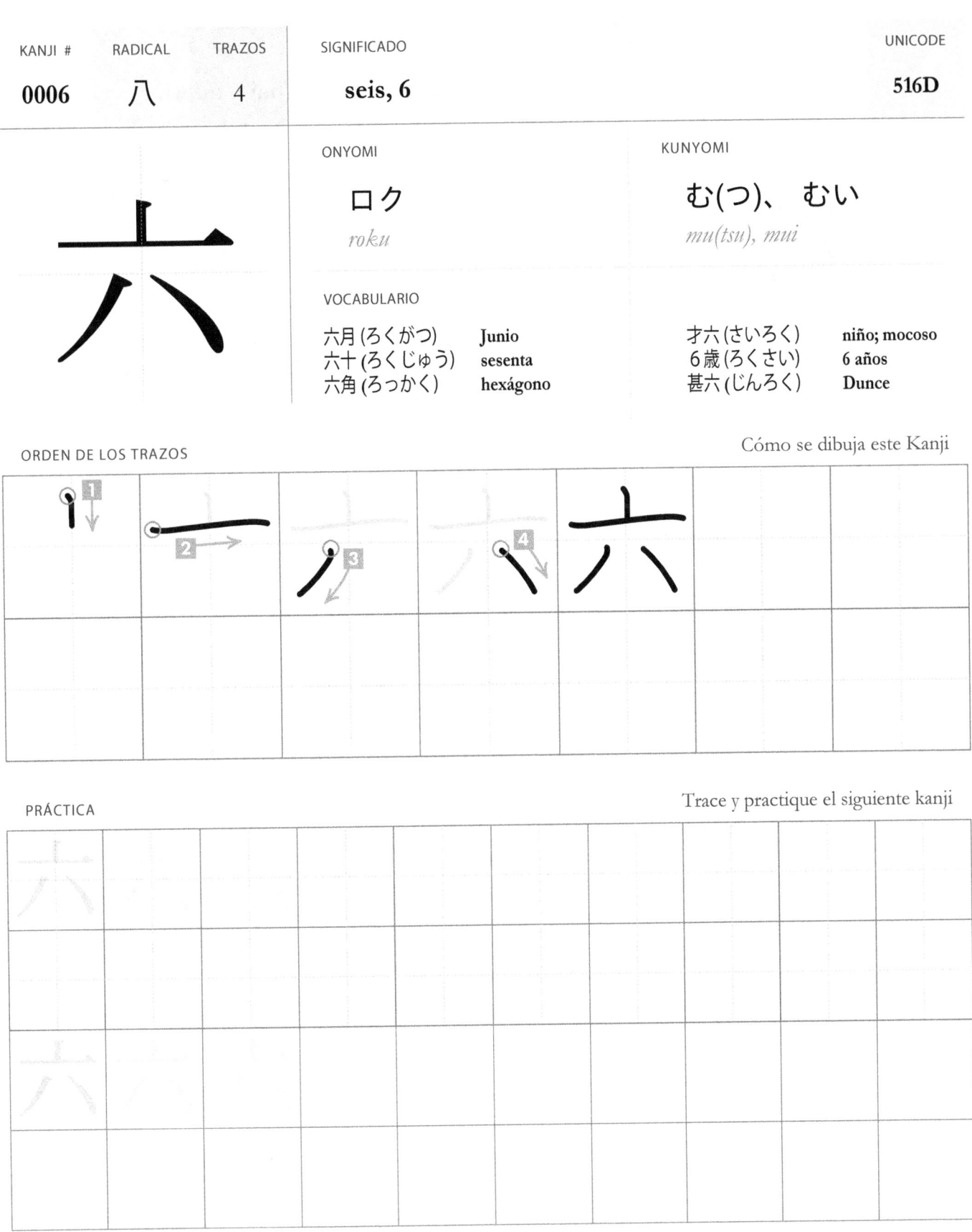

ONYOMI

ロク

roku

KUNYOMI

む(つ)、 むい

mu(tsu), mui

VOCABULARIO

六月 (ろくがつ)　Junio
六十 (ろくじゅう)　sesenta
六角 (ろっかく)　hexágono

才六 (さいろく)　niño; mocoso
6歳 (ろくさい)　6 años
甚六 (じんろく)　Dunce

ORDEN DE LOS TRAZOS

Cómo se dibuja este Kanji

PRÁCTICA

Trace y practique el siguiente kanji

ESTILOS　六　六　六　六　六　六　六　六

KANJI #	RADICAL	TRAZOS	SIGNIFICADO	UNICODE
0051	口	3	debajo, abajo, descender, dar, bajo, inferior	4E0B

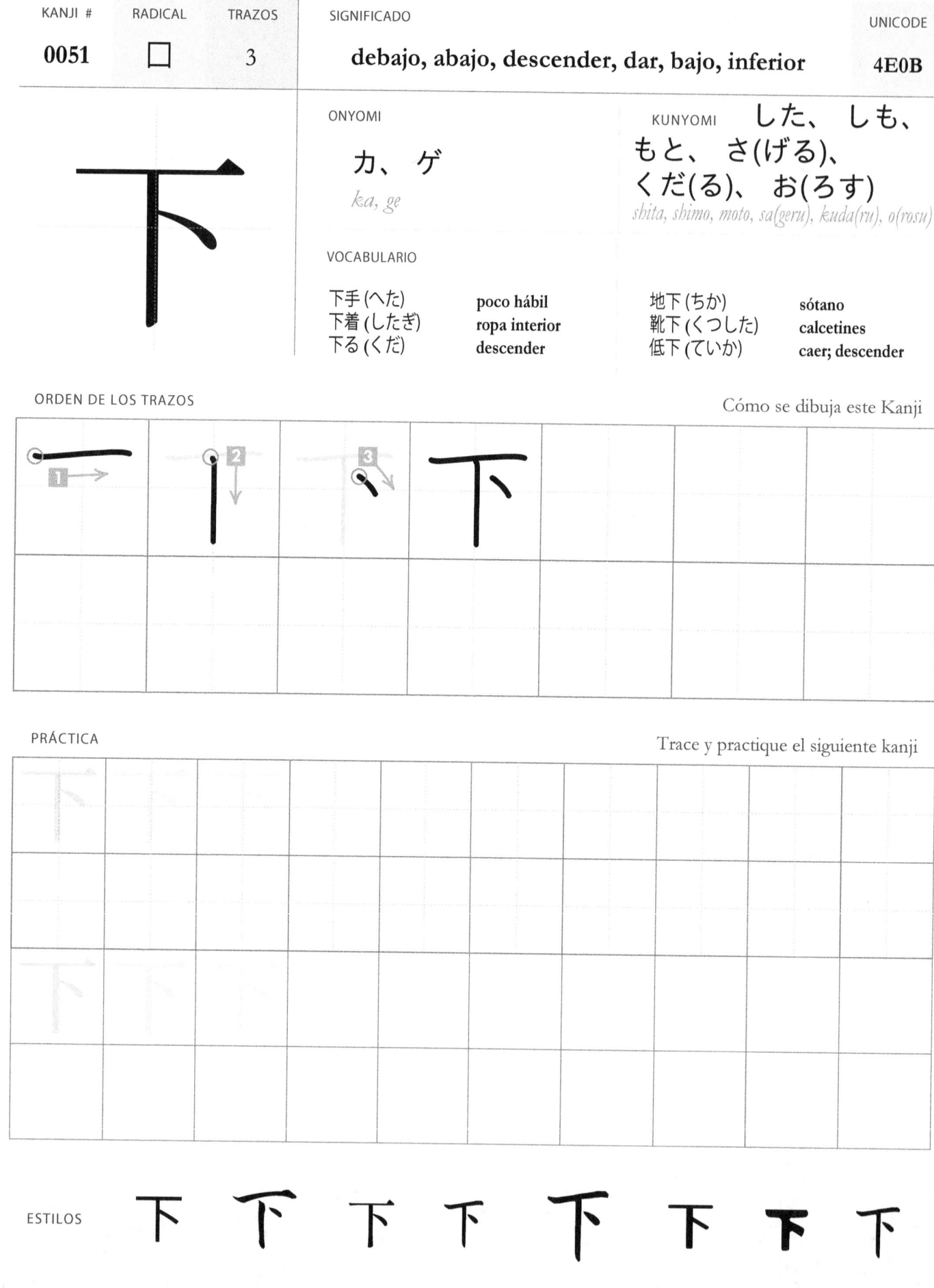

ONYOMI

カ、ゲ

ka, ge

KUNYOMI した、しも、もと、さ(げる)、くだ(る)、お(ろす)

shita, shimo, moto, sa(geru), kuda(ru), o(rosu)

VOCABULARIO

下手 (へた) — poco hábil
下着 (したぎ) — ropa interior
下る (くだ) — descender

地下 (ちか) — sótano
靴下 (くつした) — calcetines
低下 (ていか) — caer; descender

ORDEN DE LOS TRAZOS

Cómo se dibuja este Kanji

PRÁCTICA

Trace y practique el siguiente kanji

ESTILOS 下 下 下 下 下 下 下 下 下

KANJI #	RADICAL	TRAZOS	SIGNIFICADO	UNICODE
2029	木	7	venir, debido, próximo, causar, convertirse	6765

ONYOMI

ライ、タイ

rai, tai

KUNYOMI

く.る、 きた.る、
き、 こ

kuru, kitaru, ki, ko

VOCABULARIO

来年 (らいねん)　el año que viene
来月 (らいげつ)　el mes que viene
来週 (らいしゅう)　la próxima semana

本来 (ほんらい)　originalmente
以来 (いらい)　desde
外来 (がいらい)　extranjero

ORDEN DE LOS TRAZOS

Cómo se dibuja este Kanji

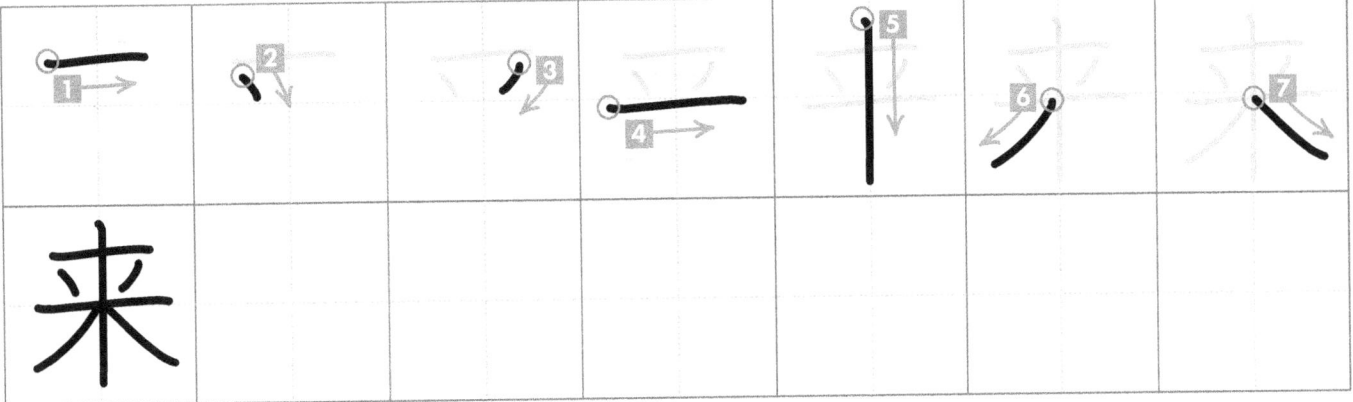

PRÁCTICA

Trace y practique el siguiente kanji

ESTILOS　来　来　来　来　来　来　来　来

KANJI #	RADICAL	TRAZOS	SIGNIFICADO	UNICODE

2030　气　6

SIGNIFICADO
espíritu, mente, aire, atmósfera, estado de ánimo

UNICODE
6C17

ONYOMI

キ、ケ

ki, ke

KUNYOMI

いき

iki

VOCABULARIO

気分 (きぶん)　　sentimiento; estado de ánimo
気象 (きしょう)　　tiempo; clima
気圧 (きあつ)　　presión atmosférica

電気 (でんき)　　electricidad
病気 (びょうき)　　enfermedad; dolencia
元気 (げんき)　　animado

ORDEN DE LOS TRAZOS

Cómo se dibuja este Kanji

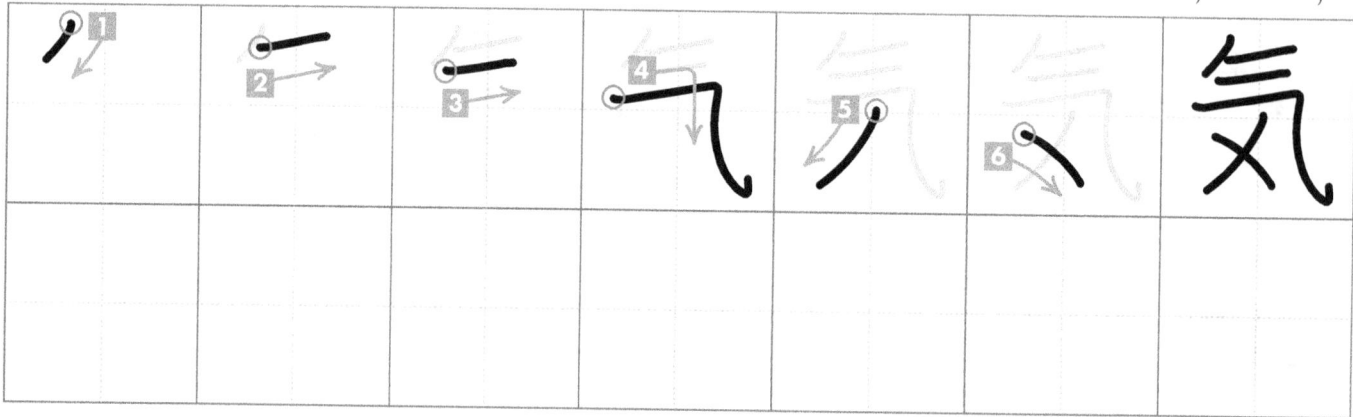

PRÁCTICA

Trace y practique el siguiente kanji

ESTILOS　気　気　気　気　気　気　気　気

KANJI #	RADICAL	TRAZOS	SIGNIFICADO	UNICODE
0110	小	3	pequeño, pequeña	5C0F

ONYOMI

ショウ

shou

KUNYOMI

ちい(さい)、
こ-、お-、さ-

chii(sai), ko-, o-, sa-

VOCABULARIO

小供 (こども)   niño; niños
小説 (しょうせつ)   novela
小女 (しょうじょ)   niña pequeña

大小 (だいしょう)   grande y pequeño
縮小 (しゅくしょう)   reducción
最小 (さいしょう)   más pequeño

ORDEN DE LOS TRAZOS   Cómo se dibuja este Kanji

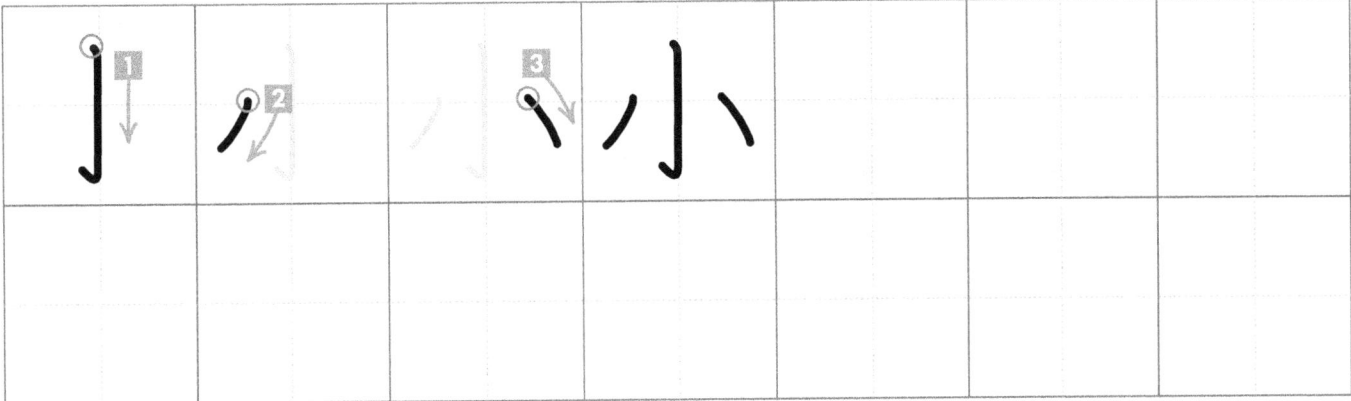

PRÁCTICA   Trace y practique el siguiente kanji

ESTILOS   小 小 小 小 小 小 小 小

七

ONYOMI

シチ
shichi

KUNYOMI

なな(つ)、　なの
nana(tsu), nano

VOCABULARIO

七月 (しちがつ)	Julio	十七 (じゅうしち)	diecisiete
七十 (ななじゅう)	setenta	五七 (ごしち)	cinco y siete
七分 (しちぶん)	siete minutos	七星 (しちせい)	la Osa Mayor

ORDEN DE LOS TRAZOS　　　　　　　　　　　　　　*Cómo se dibuja este Kanji*

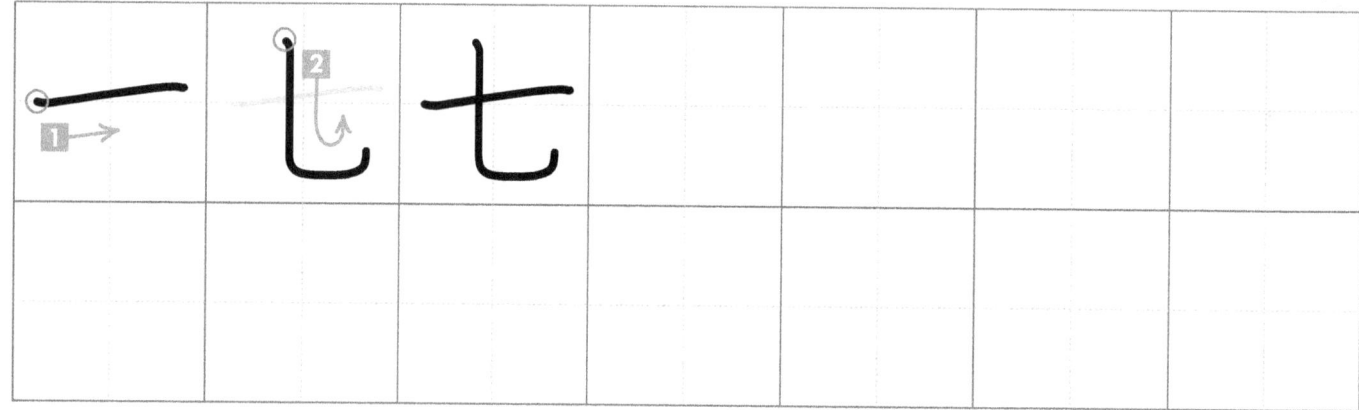

PRÁCTICA　　　　　　　　　　　　　　*Trace y practique el siguiente kanji*

ESTILOS　　七　七　七　七　七　七　七　七

KANJI #	RADICAL	TRAZOS	SIGNIFICADO	UNICODE
0830	山	3	montaña	5C71

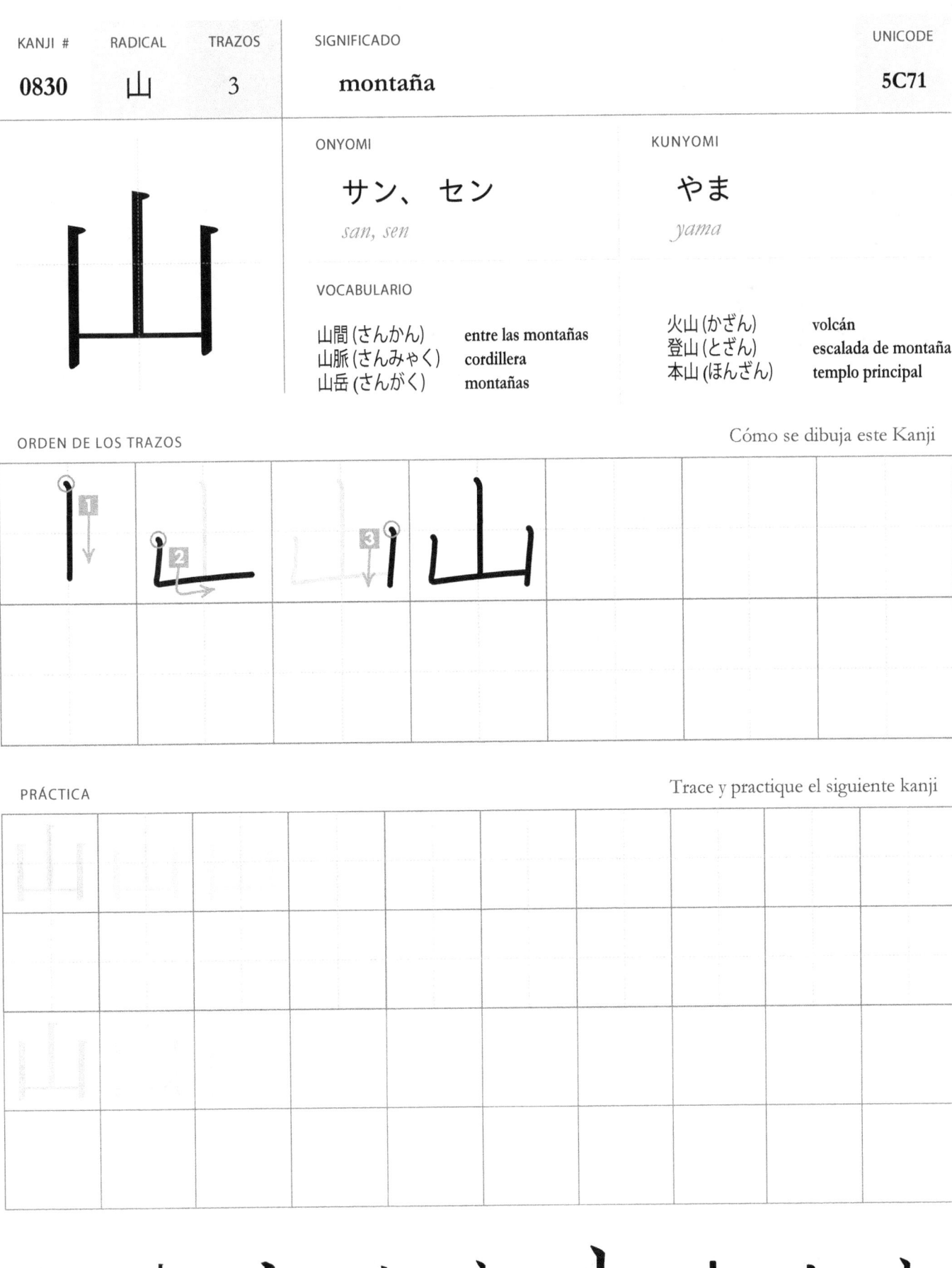

ONYOMI

サン、セン

san, sen

KUNYOMI

やま

yama

VOCABULARIO

山間 (さんかん)　　entre las montañas
山脈 (さんみゃく)　cordillera
山岳 (さんがく)　　montañas

火山 (かざん)　　volcán
登山 (とざん)　　escalada de montaña
本山 (ほんざん)　templo principal

ORDEN DE LOS TRAZOS

Cómo se dibuja este Kanji

PRÁCTICA

Trace y practique el siguiente kanji

ESTILOS 　山　山　山　山　山　山　山　山

KANJI #	RADICAL	TRAZOS	SIGNIFICADO	UNICODE
0368	言	13	**cuento, charla**	**8A71**

ONYOMI

ワ

wa

KUNYOMI

はな(す)、 はなし

hana(su), hanashi

VOCABULARIO

話題 (わだい) ttema; asunto
話中 (はなしちゅう) ocupado (teléfono)
話々 (はなしばなし) charla

会話 (かいわ) conversación
世話 (せわ) cuidar
神話 (しんわ) mito; leyenda

ORDEN DE LOS TRAZOS

Cómo se dibuja este Kanji

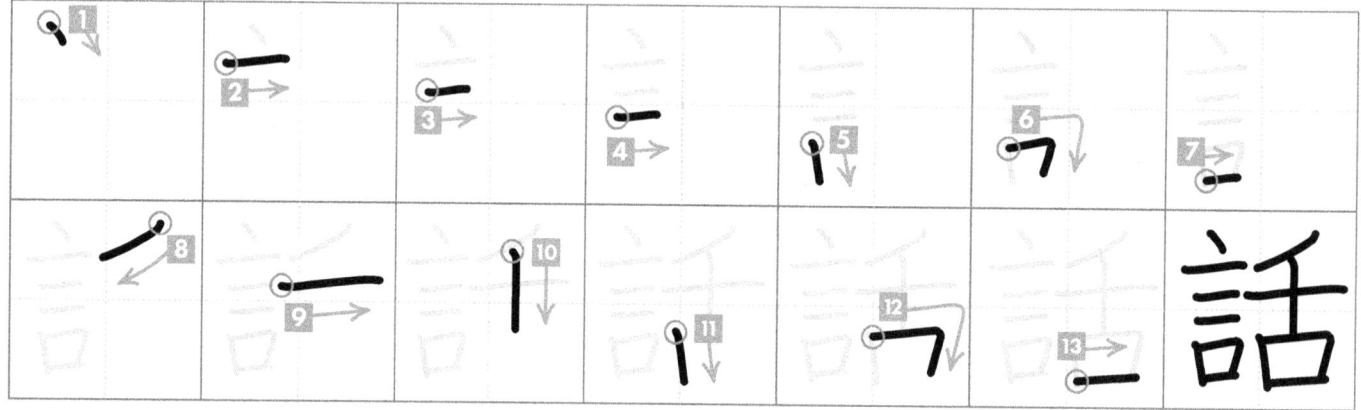

PRÁCTICA

Trace y practique el siguiente kanji

ESTILOS 話 話 話 話 話 話 話 話

KANJI #	RADICAL	TRAZOS	SIGNIFICADO	UNICODE
0102	女	3	mujer, femenino	5973

ONYOMI

ジョ

jo

KUNYOMI

おんな、め

onnna, me

VOCABULARIO

女神 (めがみ)   diosa
女子 (じょし)   mujer; niña
女優 (じょゆう)   actriz

彼女 (かのじょ)   ella; su
男女 (だんじょ)   hombres y mujeres
王女 (おうじょ)   princesa

ORDEN DE LOS TRAZOS

Cómo se dibuja este Kanji

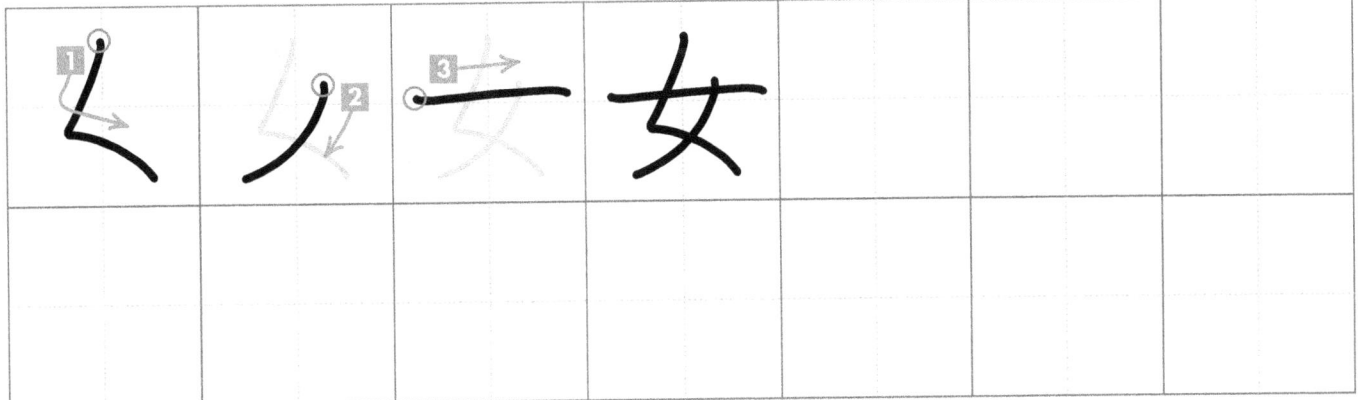

PRÁCTICA

Trace y practique el siguiente kanji

ESTILOS   女 女 女 女 女 女 女 女

KANJI #	RADICAL	TRAZOS	SIGNIFICADO	UNICODE
0480	匕	5	**norte**	**5317**

北

ONYOMI

ホク

hoku

KUNYOMI

きた

kita

VOCABULARIO

北東 (ほくとう)　　noreste
北西 (ほくせい)　　noroeste
北極 (ほっきょく)　Polo Norte

敗北 (はいぼく)　　derrota
台北 (タイペイ)　　Taipei
以北 (いほく)　　　norte de

ORDEN DE LOS TRAZOS

Cómo se dibuja este Kanji

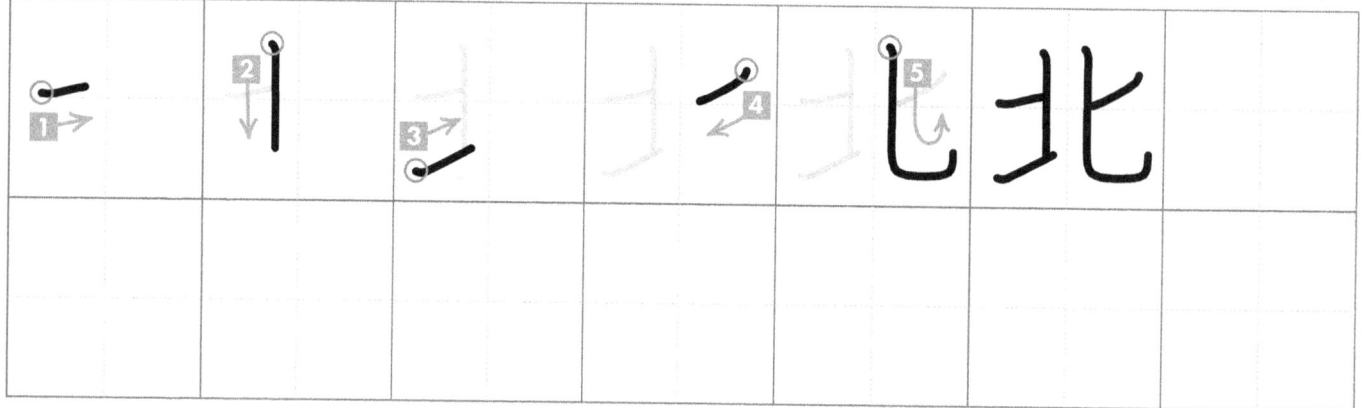

PRÁCTICA

Trace y practique el siguiente kanji

ESTILOS　　北　北　北　北　北　北　北　北

KANJI #	RADICAL	TRAZOS	SIGNIFICADO	UNICODE
0610	十	4	**mediodía, signo del caballo**	**5348**

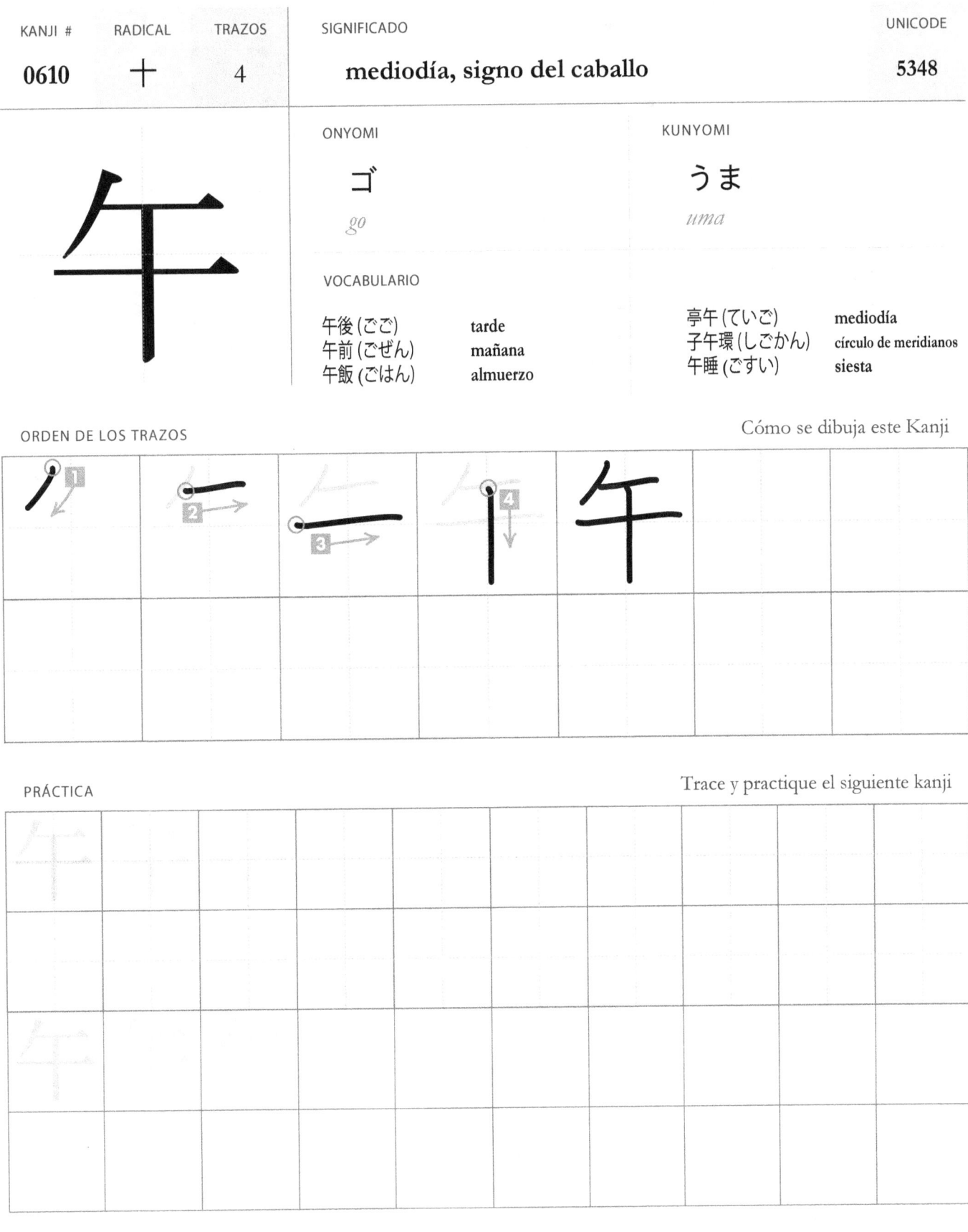

ONYOMI

ゴ
go

KUNYOMI

うま
uma

VOCABULARIO

午後 (ごご)　　　tarde
午前 (ごぜん)　　mañana
午飯 (ごはん)　　almuerzo

亭午 (ていご)　　　　mediodía
子午環 (しごかん)　　círculo de meridianos
午睡 (ごすい)　　　　siesta

ORDEN DE LOS TRAZOS

Cómo se dibuja este Kanji

PRÁCTICA

Trace y practique el siguiente kanji

ESTILOS 午 午 午 午 午 午 午 午

KANJI #	RADICAL	TRAZOS	SIGNIFICADO	UNICODE
0038	白	6	**cien**	**767E**

百

ONYOMI

ヒャク、ビャク

hyaku, byaku

KUNYOMI

もも

momo

VOCABULARIO

百万 (ひゃくまん)　　**un millón**
百姓 (ひゃくしょう)　**agricultor; campesino**
百年 (ひゃくねん)　　**siglo**

何百 (なんびゃく)　**cientos**
二百 (にひゃく)　　**doscientos**
四百 (よんひゃく)　**cuatrocientos**

ORDEN DE LOS TRAZOS

Cómo se dibuja este Kanji

PRÁCTICA

Trace y practique el siguiente kanji

ESTILOS　　百　百　百　百　百　百　百　百

KANJI #	RADICAL	TRAZOS	SIGNIFICADO	UNICODE
0349	曰	10	**escribir**	**66F8**

ONYOMI

ショ
sho

KUNYOMI

か(く)
kaku

VOCABULARIO

書類 (しょるい)	documentos		読書 (どくしょ)	lectura
書店 (しょてん)	librería; librería		辞書 (じしょ)	diccionario
書物 (しょもつ)	libros		白書 (はくしょ)	papel blanco

ORDEN DE LOS TRAZOS   Cómo se dibuja este Kanji

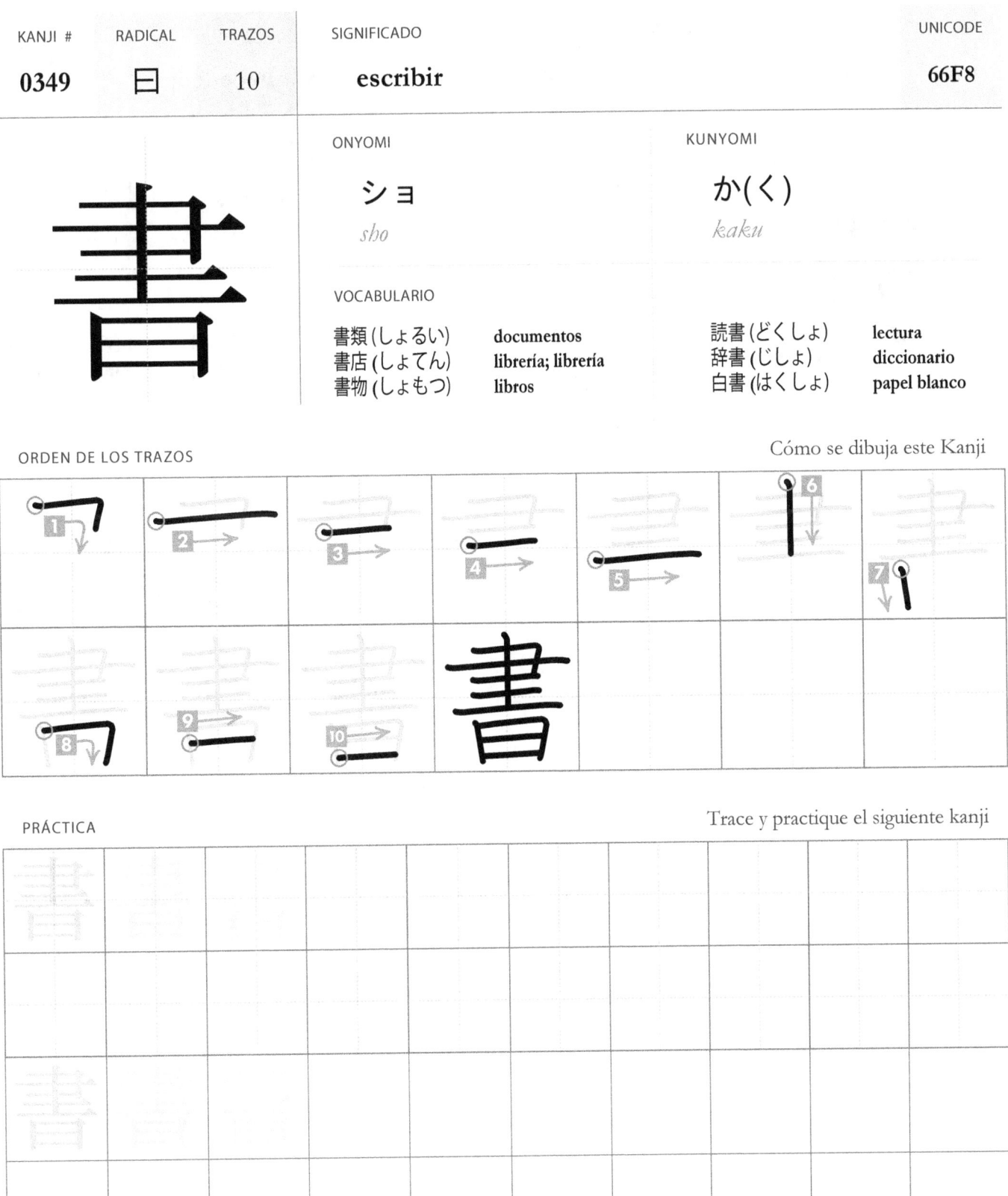

PRÁCTICA   Trace y practique el siguiente kanji

ESTILOS   書 書 書 書 書 書 書 書

KANJI #	RADICAL	TRAZOS	SIGNIFICADO	UNICODE
0263	儿	6	antes, delante, anterior, futuro, precedente	5148

先

ONYOMI

セン

sen

KUNYOMI

さき、ま(ず)

saki, ma(zu)

VOCABULARIO

先生 (せんせい)　profesor; maestro
先月 (せんげつ)　último mes
先祖 (せんぞ)　antepasado

出先 (でさき)　el destino de uno
目先 (めさき)　futuro cercano

ORDEN DE LOS TRAZOS

Cómo se dibuja este Kanji

PRÁCTICA

Trace y practique el siguiente kanji

ESTILOS　先　先　先　先　先　先　先　先

KANJI #	RADICAL	TRAZOS	SIGNIFICADO	UNICODE
0117	口	6	nombre, notorio, distinguido, reputación	540D

名

ONYOMI

メイ、ミョウ

mei, myou

KUNYOMI

な

na

VOCABULARIO

名人 (めいじん) — maestro; experto
名字 (みょうじ) — apellido
名作 (めいさく) — obra maestra

有名 (ゆうめい) — famoso
本名 (ほんみょう) — nombre real
題名 (だいめい) — título

ORDEN DE LOS TRAZOS

Cómo se dibuja este Kanji

PRÁCTICA

Trace y practique el siguiente kanji

ESTILOS 名 名 名 名 名 名 名 名

175

KANJI #	RADICAL	TRAZOS	SIGNIFICADO	UNICODE
0134	《《《	3	**río, arroyo**	**5DDD**

川

ONYOMI

セン

sen

KUNYOMI

かわ

kawa

VOCABULARIO

川口 (かわぐち)	desembocadura del río	河川 (かせん)	ríos
川端 (かわばた)	orilla del río	谷川 (たにがわ)	arroyo de montaña
川下 (かわしも)	río abajo	大川 (おおかわ)	gran río

ORDEN DE LOS TRAZOS

Cómo se dibuja este Kanji

PRÁCTICA

Trace y practique el siguiente kanji

ESTILOS   川 川 川 川 川 川 川 川

KANJI #	RADICAL	TRAZOS	SIGNIFICADO	UNICODE
0040	十	3	mil	5343

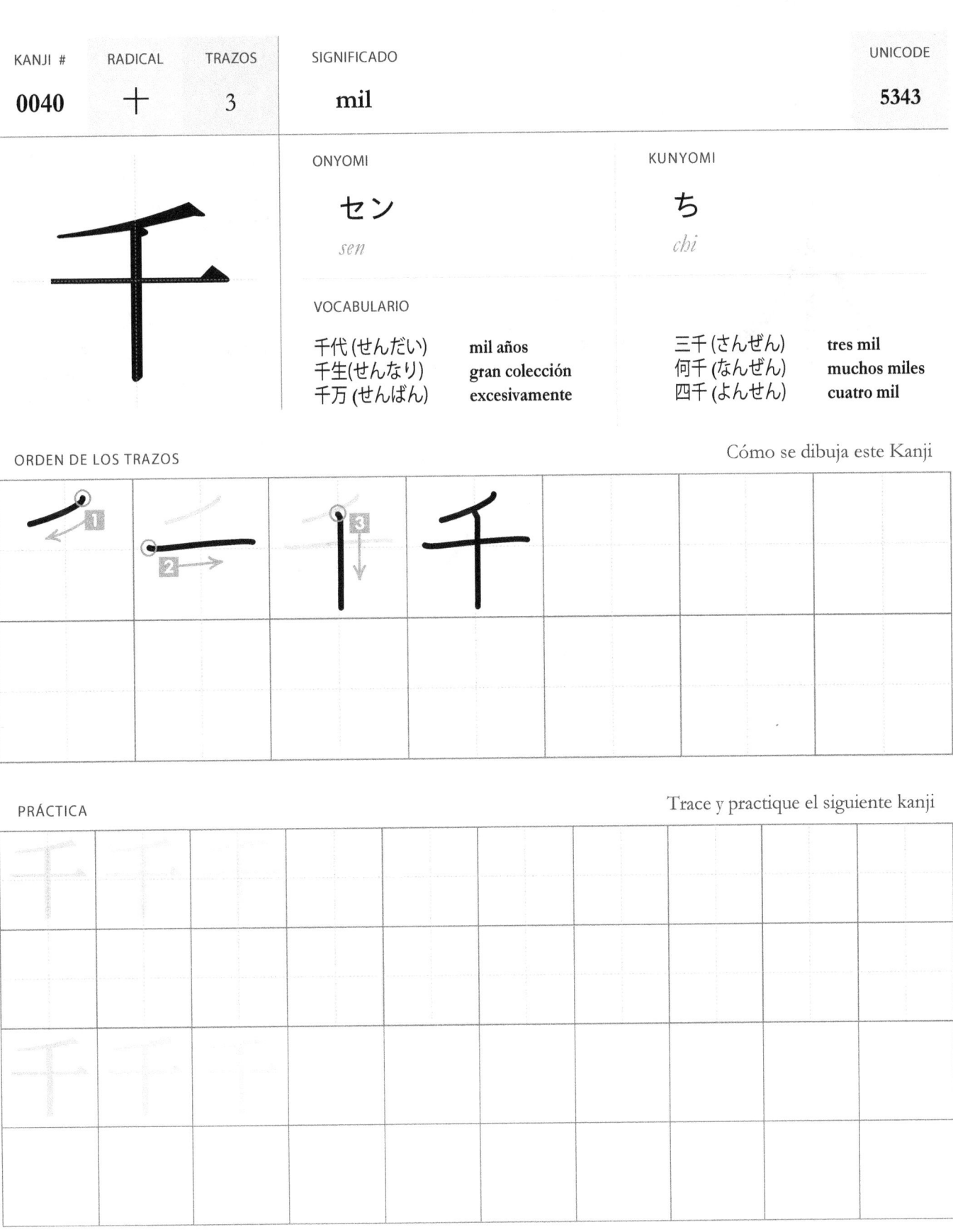

ONYOMI

セン
sen

KUNYOMI

ち
chi

VOCABULARIO

千代 (せんだい)   mil años
千生 (せんなり)   gran colección
千万 (せんばん)   excesivamente

三千 (さんぜん)   tres mil
何千 (なんぜん)   muchos miles
四千 (よんせん)   cuatro mil

ORDEN DE LOS TRAZOS

Cómo se dibuja este Kanji

PRÁCTICA

Trace y practique el siguiente kanji

ESTILOS   千 千 千 千 千 千 千 千

KANJI #	RADICAL	TRAZOS	SIGNIFICADO	UNICODE
0137	水	4	agua	6C34

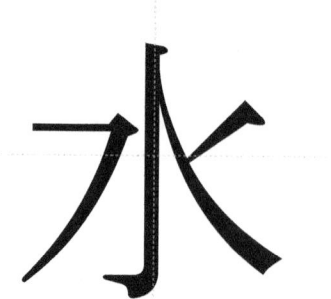

ONYOMI

スイ

sui

KUNYOMI

みず

mizu

VOCABULARIO

水道 (すいどう)	suministro de agua	下水 (げすい)	drenaje
水泳 (すいえい)	natación	洪水 (こうずい)	inundación
水中 (すいちゅう)	bajo el agua	海水 (かいすい)	agua del océano

ORDEN DE LOS TRAZOS   Cómo se dibuja este Kanji

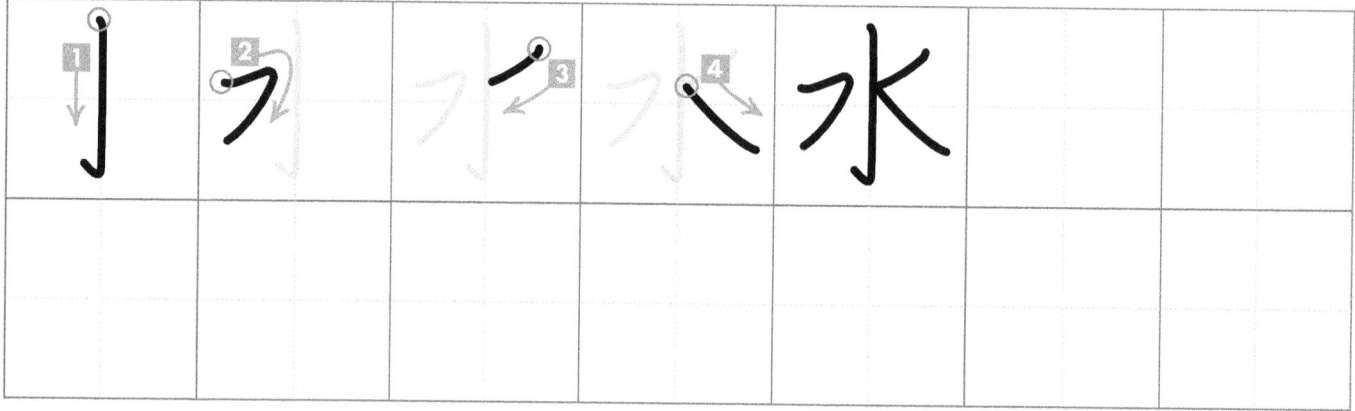

PRÁCTICA   Trace y practique el siguiente kanji

ESTILOS   水　水　水　水　水　水　水　水

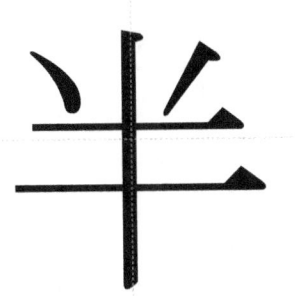

ONYOMI

ハン

han

KUNYOMI

なか(ば)

naka(ba)

VOCABULARIO

半年 (はんとし)	medio año		大半 (たいはん)	mayoría
半島 (はんとう)	península		後半 (こうはん)	segunda mitad
半径 (はんけい)	radio		前半 (ぜんはん)	primer semestre

ORDEN DE LOS TRAZOS

Cómo se dibuja este Kanji

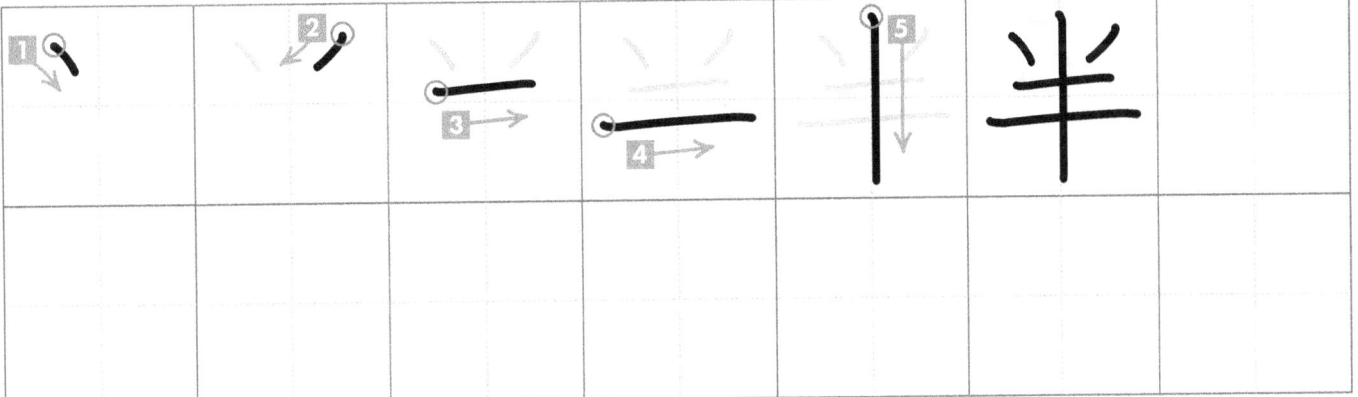

PRÁCTICA

Trace y practique el siguiente kanji

ESTILOS 半 半 半 半 半 半 半 半

KANJI #	RADICAL	TRAZOS	SIGNIFICADO	UNICODE
0923	田	7	hombre, varón	7537

男

ONYOMI

ダン、ナン

dan, nan

KUNYOMI

おとこ、お

otoko, o

VOCABULARIO

男子 (だんし)	joven; hombre joven	長男 (ちょうなん)	hijo mayor
男前 (おとこまえ)	hombre guapo	三男 (さんなん)	tres hijos
男優 (だんゆう)	actor	次男 (じなん)	segundo hijo

ORDEN DE LOS TRAZOS

Cómo se dibuja este Kanji

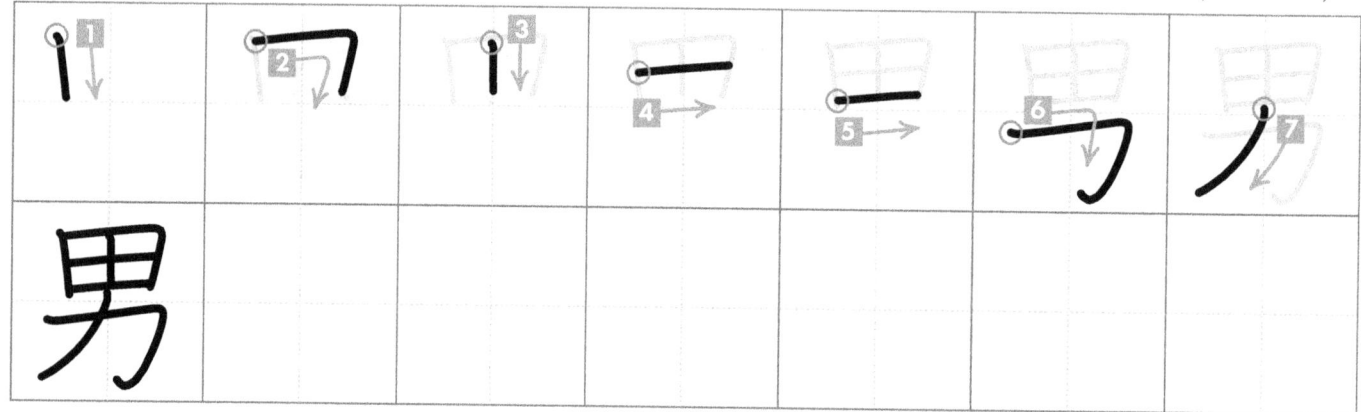

PRÁCTICA

Trace y practique el siguiente kanji

ESTILOS 男 男 男 男 男 男 男

KANJI #	RADICAL	TRAZOS	SIGNIFICADO	UNICODE
1728	西	6	oeste	897F

ONYOMI

セイ、サイ

sei, sai

KUNYOMI

にし

nishi

VOCABULARIO

西南 (せいなん)	suroeste	東西 (とうざい)	este y oeste
西口 (にしぐち)	entrada oeste	北西 (ほくせい)	noroeste
西北 (せいほく)	noroeste	南西 (なんせい)	suroeste

ORDEN DE LOS TRAZOS

Cómo se dibuja este Kanji

Trace y practique el siguiente kanji

PRÁCTICA

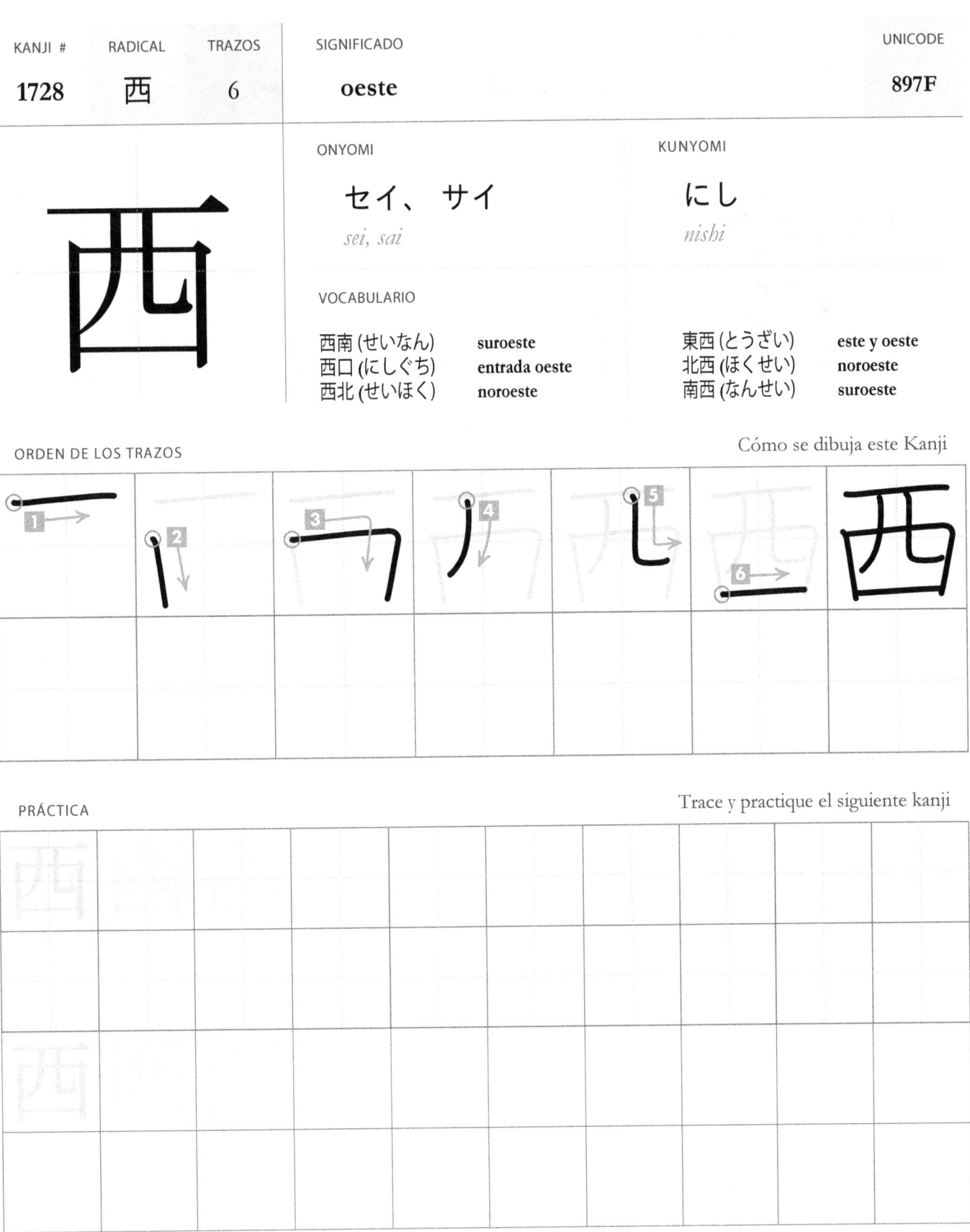

ESTILOS　西　西　西　西　西　西　西　西

KANJI #	RADICAL	TRAZOS	SIGNIFICADO	UNICODE
0574	雨	13	electricidad, accionamiento eléctrico	96FB

電

ONYOMI

デン

den

VOCABULARIO

電車 (でんしゃ)　　tren eléctrico
電話 (でんわ)　　llamada telefónica
電力 (でんりょく)　　energía eléctrica

終電 (しゅうでん)　　último tren
外電 (がいでん)　　telegrama extranjero
送電 (そうでん)　　suministro eléctrico

ORDEN DE LOS TRAZOS

Cómo se dibuja este Kanji

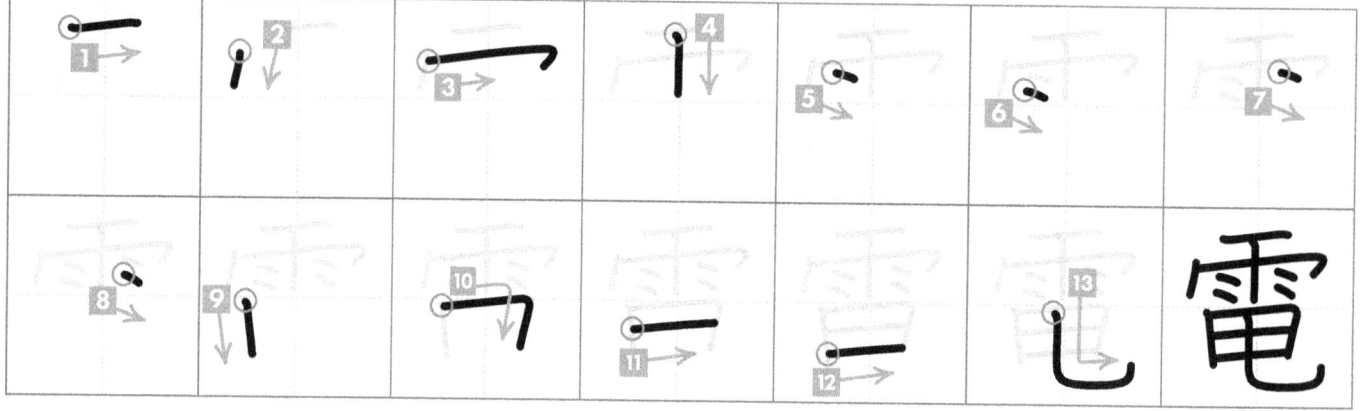

PRÁCTICA

Trace y practique el siguiente kanji

ESTILOS　　電 電 電 電 電 電 電 電

校

ONYOMI

コウ

kou

VOCABULARIO

校長 (こうちょう)　director
校舎 (こうしゃ)　edificio escolar
校庭 (こうてい)　patio de la escuela

母校 (ぼこう)　alma mater
登校 (とうこう)　ir a la escuela
分校 (ぶんこう)　sucursal de la escuela

ORDEN DE LOS TRAZOS

Cómo se dibuja este Kanji

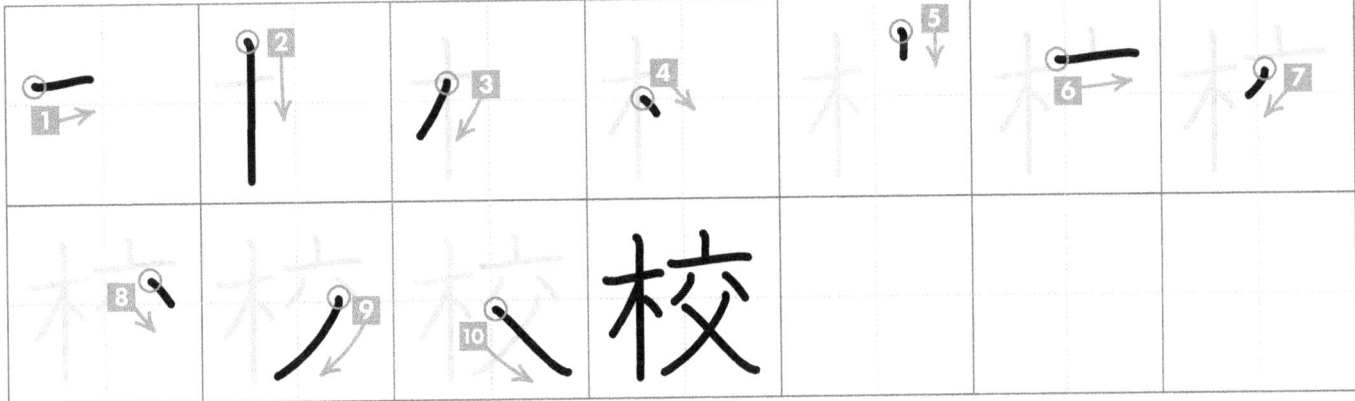

PRÁCTICA

Trace y practique el siguiente kanji

ESTILOS　校 校 校 校 校 校 校 校

KANJI #	RADICAL	TRAZOS	SIGNIFICADO	UNICODE
0371	言	14	palabra, habla, lenguaje	8A9E

語

ONYOMI

ゴ
go

KUNYOMI

かた(る)
kata(ru)

VOCABULARIO

語学 (ごがく) — estudio del lenguaje
語句 (ごく) — palabras; frases
語気 (ごき) — manera de hablar

用語 (ようご) — término; terminología
物語 (ものがたり) — cuento; historia
国語 (こくご) — lengua nacional

ORDEN DE LOS TRAZOS

Cómo se dibuja este Kanji

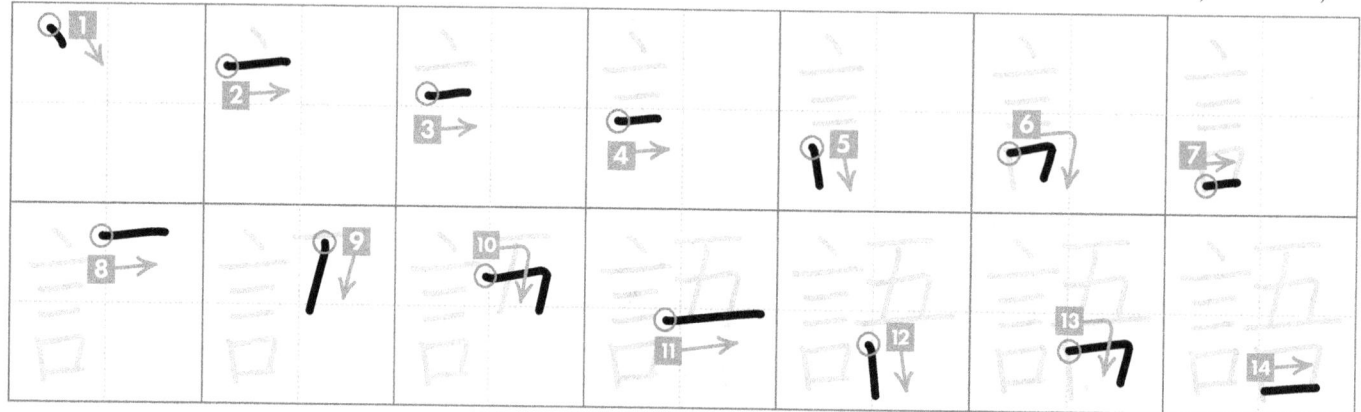

PRÁCTICA

Trace y practique el siguiente kanji

ESTILOS 語 語 語 語 語 語 語 語

ONYOMI

ド、ト
do, to

KUNYOMI

つち
tsuchi

VOCABULARIO

土地 (とち)	parcela de tierra	国土 (こくど)	campo; territorio
土圭 (とけい)	reloj; reloj	領土 (りょうど)	dominio
土曜 (どよう)	Sábado	本土 (ほんど)	tierra firme

ORDEN DE LOS TRAZOS

Cómo se dibuja este Kanji

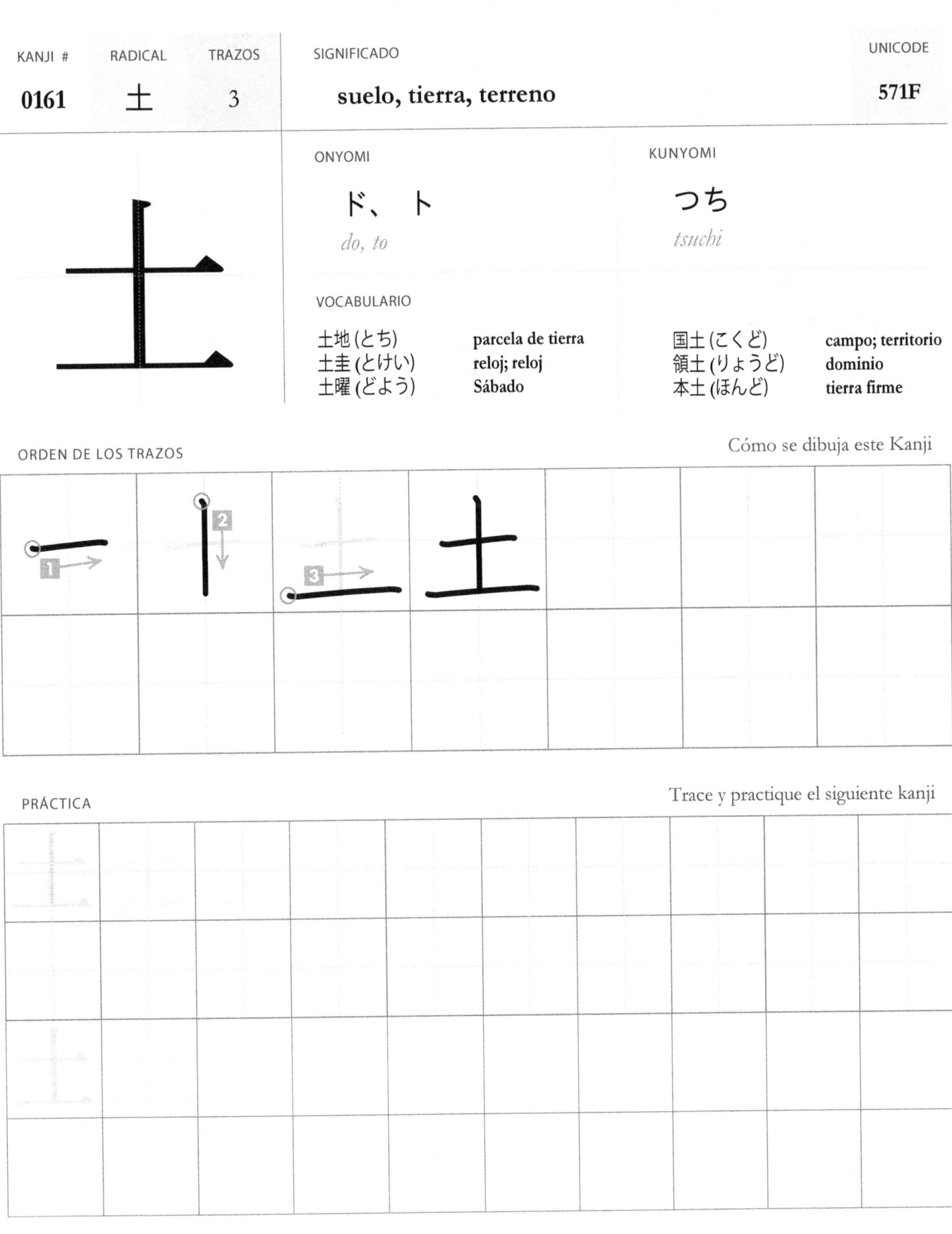

PRÁCTICA

Trace y practique el siguiente kanji

ESTILOS   土 土 土 土 土 土 土 土

KANJI #	RADICAL	TRAZOS	SIGNIFICADO	UNICODE
0207	木	4	árbol, madera	6728

ONYOMI

ボク、モク

boku, moku

KUNYOMI

き、こ-

ki, ko

VOCABULARIO

木曜 (もくよう)	Jueves	土木 (どぼく)	obras de ingeniería
木材 (もくざい)	madera aserrada; madera	大木 (たいぼく)	árbol grande
木立 (こだち)	arbolado	並木 (なみき)	árbol de carretera

ORDEN DE LOS TRAZOS

Cómo se dibuja este Kanji

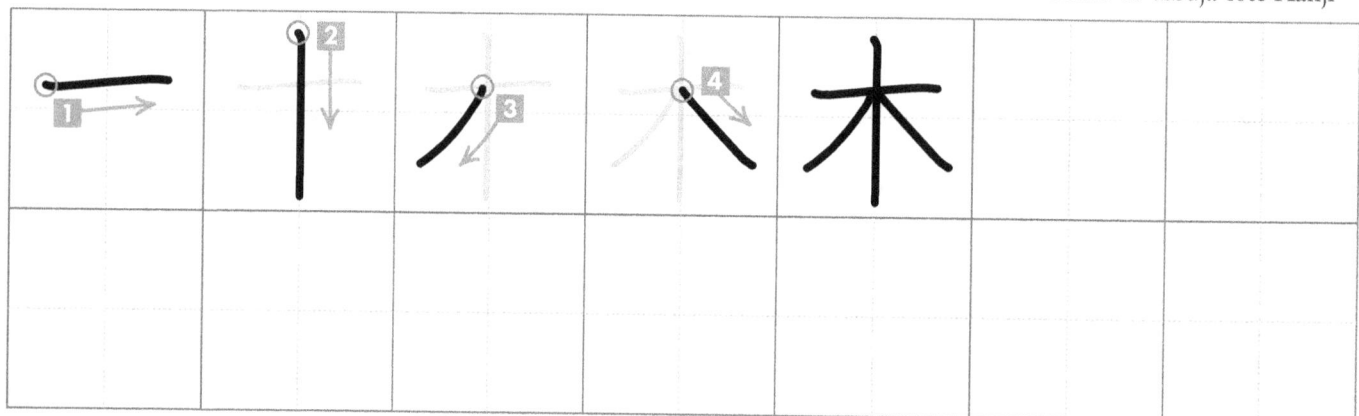

PRÁCTICA

Trace y practique el siguiente kanji

ESTILOS　木　木　木　木　木　木　木　木

ONYOMI

ブン、モン

bun, mon

KUNYOMI

き(く)

ki(ku)

VOCABULARIO

聞く (き)	oír; escuchar	新聞 (しんぶん)	periódico
聞き (き)	escuchar	見聞 (けんぶん)	periódico
聞ゆる (きこ)	famoso; célebre	聴聞 (ちょうもん)	escuchar; oír

ORDEN DE LOS TRAZOS

Cómo se dibuja este Kanji

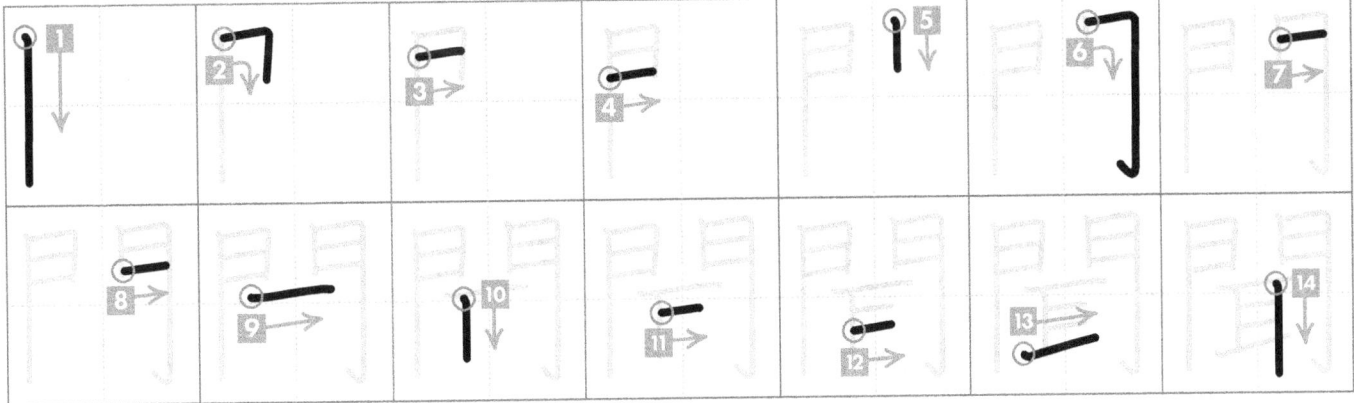

PRÁCTICA

Trace y practique el siguiente kanji

ESTILOS 聞 聞 聞 聞 聞 聞 聞 聞

KANJI #	RADICAL	TRAZOS	SIGNIFICADO	UNICODE
1582	食	9	comer, comida	98DF

ONYOMI

ショク、ジキ

shoku, jiki

KUNYOMI

く(う)、 た(べる)、
は(む)

k(u), ta(beru), ha(mu)

VOCABULARIO

食事 (しょくじ)　　comida
食品 (しょくひん)　comida; productos
　　　　　　　　　alimenticios
食堂 (しょくどう)　comedor

夕食 (ゆうしょく)　comida de la noche
昼食 (ちゅうしょく) comida de mediodía
朝食 (ちょうしょく) desayuno

ORDEN DE LOS TRAZOS

Cómo se dibuja este Kanji

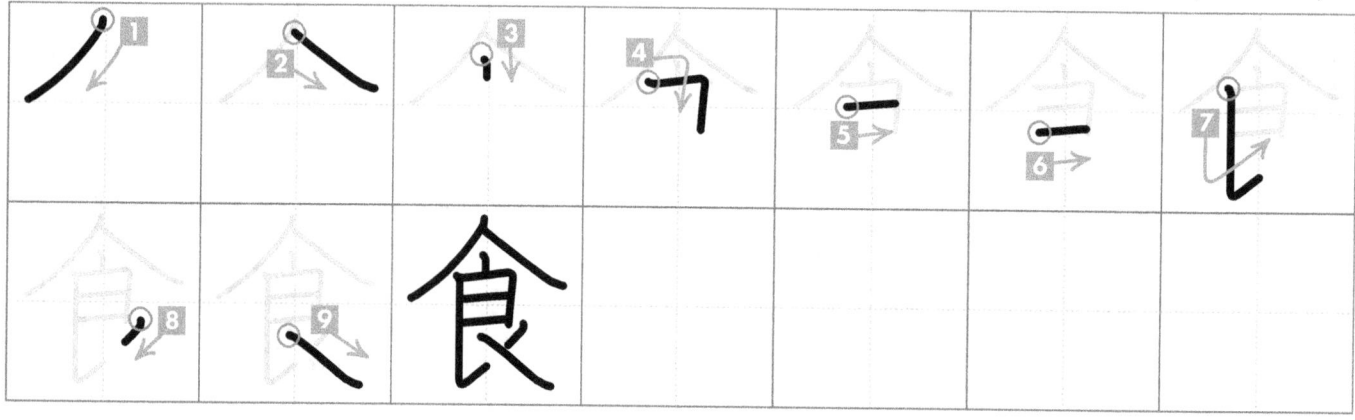

PRÁCTICA

Trace y practique el siguiente kanji

ESTILOS 　食　食　食　食　食　食　食　食

KANJI #	RADICAL	TRAZOS	SIGNIFICADO	UNICODE
0304	車	7	**coche, rueda**	**8ECA**

ONYOMI

シャ
sha

KUNYOMI

くるま
kuruma

VOCABULARIO

車輪 (しゃりん)　(coche) rueda
車庫 (しゃこ)　garaje; cochera
車内 (しゃない)　dentro de un tren, coche, etc.

電車 (でんしゃ)　tren; tren eléctrico
自動車 (じどうしゃ)　automóvil
駐車 (ちゅうしゃ)　parqueo

ORDEN DE LOS TRAZOS

Cómo se dibuja este Kanji

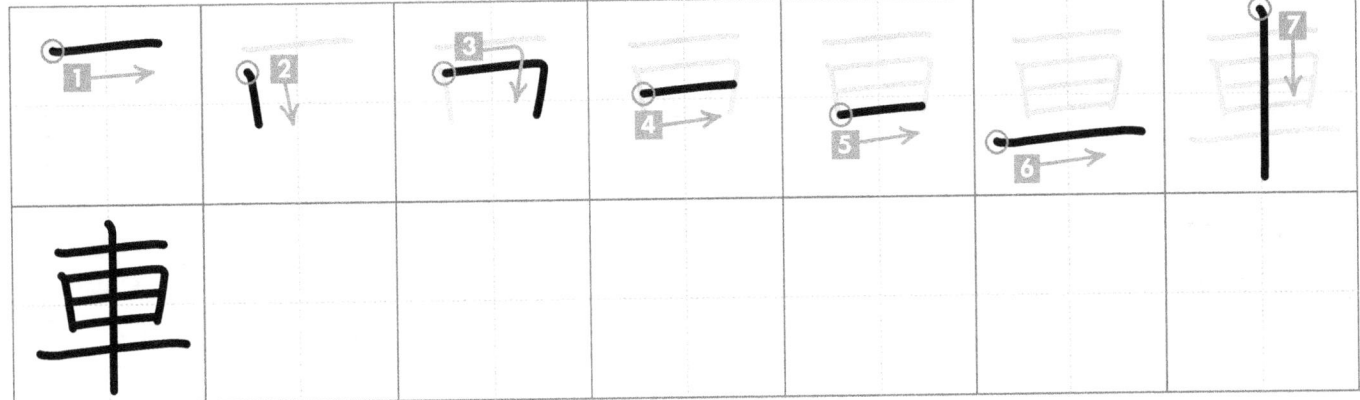

PRÁCTICA

Trace y practique el siguiente kanji

ESTILOS　車 車 車 車 車 車 車 車

KANJI #	RADICAL	TRAZOS	SIGNIFICADO	UNICODE
1087	人	7	**qué**	**4F55**

何

ONYOMI

カ

ka

KUNYOMI

なに、なん

nani, nan

VOCABULARIO

何時 (いつ)	cuándo; en cuánto tiempo	如何 (どう)	cómo; de qué manera
何処 (どこ)	dónde; qué lugar	幾何 (きか)	geometría
何か (なに)	algo	何々 (なになに)	de qué se trata

ORDEN DE LOS TRAZOS

Cómo se dibuja este Kanji

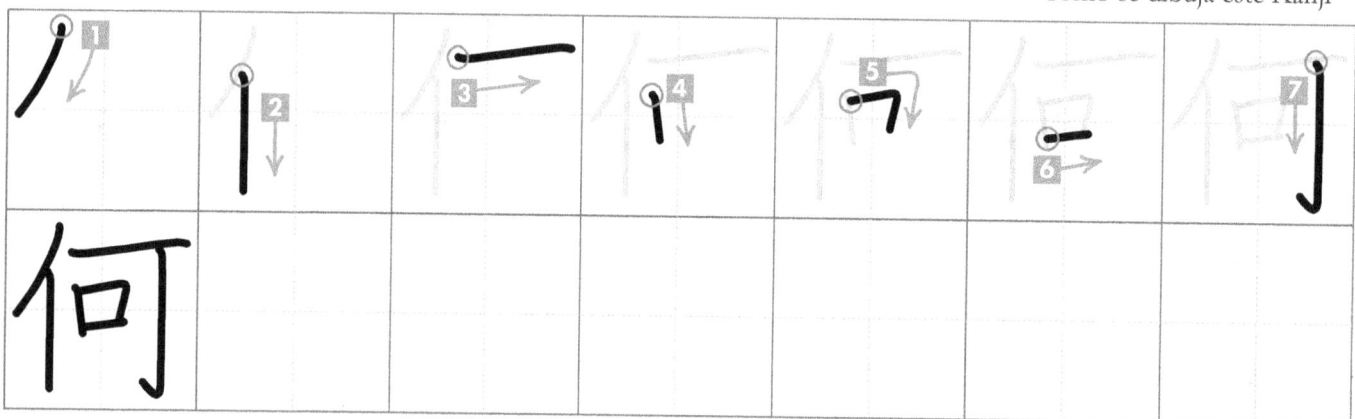

PRÁCTICA

Trace y practique el siguiente kanji

ESTILOS 何 何 何 何 何 何 何

KANJI #	RADICAL	TRAZOS	SIGNIFICADO	UNICODE
1740	十	9	sur	5357

南

ONYOMI

ナン、ナ

nan, na

KUNYOMI

みなみ

minami

VOCABULARIO

南北 (なんぼく)	norte y sur	東南 (とうなん)	sureste
南西 (なんせい)	suroeste	西南 (せいなん)	suroeste
南東 (なんとう)	sureste	真南 (まみなみ)	hacia el sur

ORDEN DE LOS TRAZOS

Cómo se dibuja este Kanji

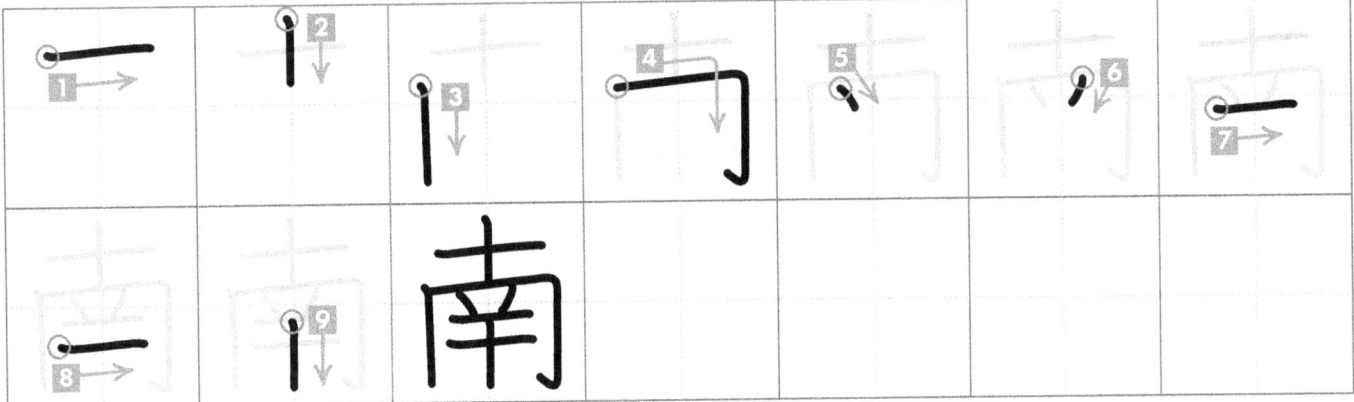

PRÁCTICA

Trace y practique el siguiente kanji

ESTILOS 南 南 南 南 南 南 南 南

KANJI #	RADICAL	TRAZOS	SIGNIFICADO	UNICODE
0068	一	3	**diez mil, 10.000**	4E07

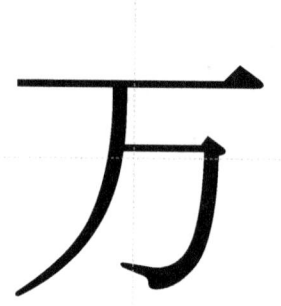

ONYOMI

マン、バン

man, ban

VOCABULARIO

万一 (まんいち)　　　emergencia
万人 (ばんにん)　　　todas las personas;
　　　　　　　　　　todo el mundo
万能 (ばんのう)　　　para todo uso;
　　　　　　　　　　utilidad

百万 (ひゃくまん)　　un millón
十万 (じゅうまん)　　cien mil
億万 (おくまん)　　　millones y millones

ORDEN DE LOS TRAZOS　　　　　　　　　　　　　　　Cómo se dibuja este Kanji

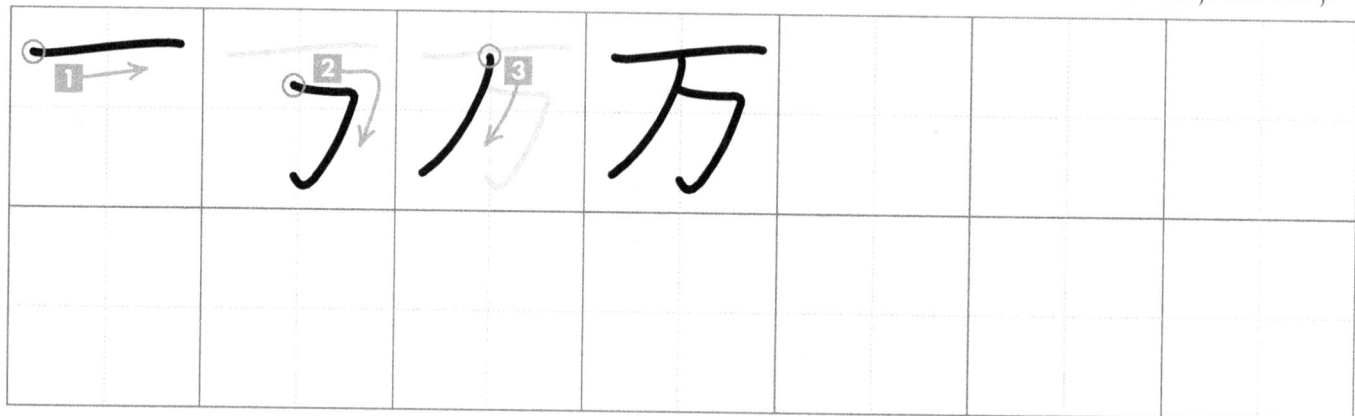

PRÁCTICA　　　　　　　　　　　　　　　Trace y practique el siguiente kanji

ESTILOS　　万　万　万　万　万　万　万　万

毎

ONYOMI

マイ

mai

KUNYOMI

ごと(に)

goto(ni)

VOCABULARIO

毎日 (まいにち)   cada día
毎月 (まいつき)   cada mes
毎年 (まいとし)   cada año

丸毎 (まるごと)   en su totalidad
人毎 (ひとごと)   con cada persona
毎回 (まいかい)   cada vez

ORDEN DE LOS TRAZOS

Cómo se dibuja este Kanji

PRÁCTICA

Trace y practique el siguiente kanji

ESTILOS   毎 毎 毎 毎 毎 毎 毎 毎

KANJI #	RADICAL	TRAZOS	SIGNIFICADO	UNICODE
0037	白	5	**blanco**	**767D**

ONYOMI

ハク、ビャク

haku, byaku

KUNYOMI

しろ(い)

shiro(i)

VOCABULARIO

白書 (はくしょ)　　papel blanco
白銀 (しろがね)　　plata (Ag)
白髪 (しらが)　　pelo blanco; pelo gris

告白 (こくはく)　　confesión
真っ白 (まっしろ)　　blanco puro; blanco
空白 (くうはく)　　espacio en blanco

ORDEN DE LOS TRAZOS

Cómo se dibuja este Kanji

PRÁCTICA

Trace y practique el siguiente kanji

ESTILOS　　白　白　白　白　白　白　白　白

ONYOMI

テン
ten

KUNYOMI

あまつ, あめ, てん
amatsu, ame, ama

VOCABULARIO

天気 (てんき)　　　tiempo
天国 (てんごく)　　paraíso; cielo
天井 (てんじょう)　techo; precio del techo

雨天 (うてん)　　　clima lluvioso
楽天 (らくてん)　　optimismo
炎天 (えんてん)　　calor abrasador

ORDEN DE LOS TRAZOS

Cómo se dibuja este Kanji

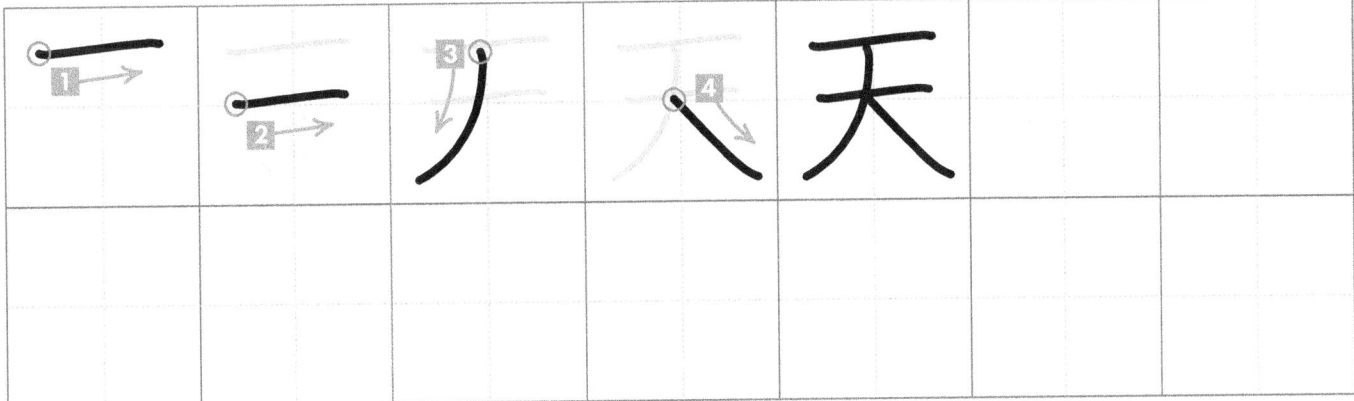

PRÁCTICA

Trace y practique el siguiente kanji

ESTILOS　　天　天　天　天　天　天　天　天

KANJI #	RADICAL	TRAZOS	SIGNIFICADO	UNICODE
0105	毋	5	**madre**	**6BCD**

ONYOMI

ボ

bo

KUNYOMI

はは、 かあ

haha, kaa

VOCABULARIO

母校 (ぼこう)	**alma mater**	祖母 (そぼ)	**abuela**
母子 (ぼし)	**madre e hijo**	父母 (ふぼ)	**padre y madre**
母国 (ぼこく)	**la patria de uno**	分母 (ぶんぼ)	**denominador**

ORDEN DE LOS TRAZOS

Cómo se dibuja este Kanji

PRÁCTICA

Trace y practique el siguiente kanji

ESTILOS　　母　母　母　母　母　母　母　母

KANJI #	RADICAL	TRAZOS	SIGNIFICADO	UNICODE
0173	火	4	**fuego**	**706B**

ONYOMI

カ
ka

KUNYOMI

ひ、-び、ほ-
hi, bi, ho

VOCABULARIO

火山 (かざん)　　volcán
火曜 (かよう)　　Martes
火星 (かせい)　　Marte (planeta)

花火 (はなび)　　**fuegos artificiales**
灯火 (あかり)　　**luz; resplandor**
噴火 (ふんか)　　**erupción**

ORDEN DE LOS TRAZOS

Cómo se dibuja este Kanji

PRÁCTICA

Trace y practique el siguiente kanji

ESTILOS　　火　火　火　火　火　火　火　火

KANJI #	RADICAL	TRAZOS	SIGNIFICADO	UNICODE
0082	口	5	**derecha**	**53F3**

右

ONYOMI

ウ、ユウ

u, yuu

KUNYOMI

みぎ

migi

VOCABULARIO

右手 (みぎて)　　mano derecha
右翼 (うよく)　　derecha (política)
右舷 (うげん)　　estribor

左右 (さゆう)　　izquierda y derecha
上右 (うえみぎ)　　derecha superior
下右 (したみぎ)　　derecha inferior

ORDEN DE LOS TRAZOS

Cómo se dibuja este Kanji

ノ 　ノ一 　右 　右 　右 　右

PRÁCTICA

Trace y practique el siguiente kanji

ESTILOS

右 右 右 右 右 右 右 右

KANJI #	RADICAL	TRAZOS	SIGNIFICADO	UNICODE
0372	言	14	leer	8AAD

読

ONYOMI

ドク、トク、トウ

doku, toku, tou

KUNYOMI

よ(む)

yo(mu)

VOCABULARIO

読書 (どくしょ) lectura
読者 (どくしゃ) lector
読本 (とくほん) libro de lectura

一読 (いちどく) lectura
解読 (かいどく) descifrar
下読 (したよみ) ensayo (de obra)

ORDEN DE LOS TRAZOS

Cómo se dibuja este Kanji

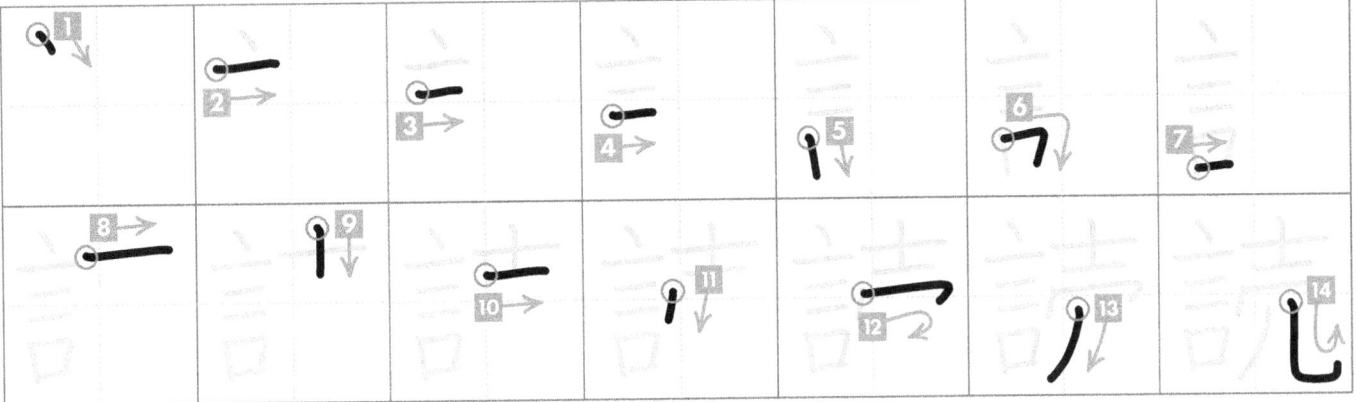

PRÁCTICA

Trace y practique el siguiente kanji

ESTILOS   読 読 読 読 読 読 読 読

KANJI #	RADICAL	TRAZOS	SIGNIFICADO	UNICODE
0760	又	4	amigo	53CB

友

ONYOMI

ユウ
yuu

KUNYOMI

とも
tomo

VOCABULARIO

友好 (ゆうこう)　　amistad
友愛 (ゆうあい)　　fraternidad
友邦 (ゆうほう)　　nación amiga

親友 (しんゆう)　　amigo íntimo
学友 (がくゆう)　　amigo de la escuela
校友 (こうゆう)　　compañero de escuela

ORDEN DE LOS TRAZOS

Cómo se dibuja este Kanji

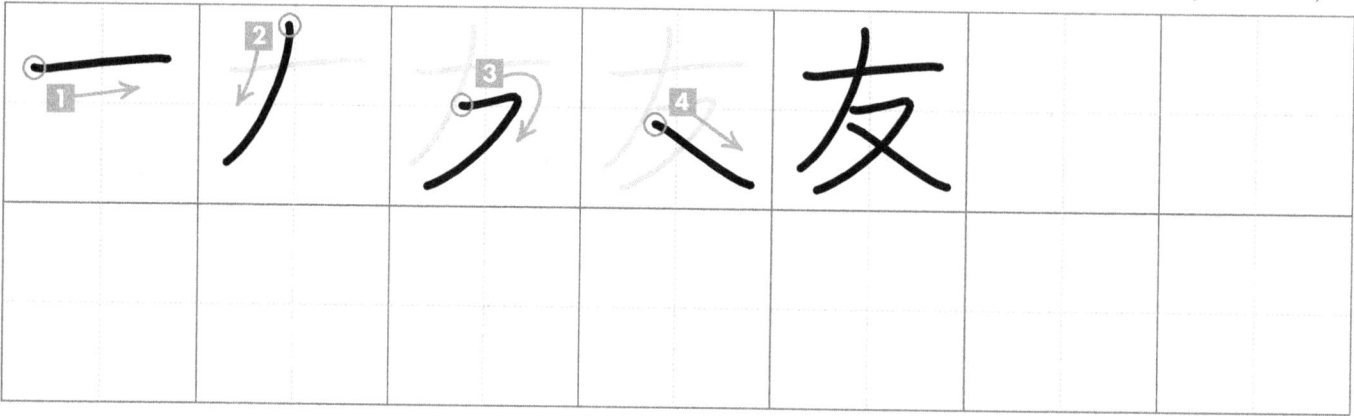

PRÁCTICA

Trace y practique el siguiente kanji

ESTILOS　友　友　友　友　友　友　友　友

KANJI #	RADICAL	TRAZOS	SIGNIFICADO	UNICODE
0081	工	5	izquierda	5DE6

左

ONYOMI

サ、シャ

sa, sha

KUNYOMI

ひだり

hidari

VOCABULARIO

左右 (さゆう)　izquierda y derecha
左手 (ひだりて)　mano izquierda
左腕 (さわん)　brazo izquierdo

上左 (うえひだり)　parte superior izquierda
下左 (したひだり)　inferior izquierdo
極左 (きょくさ)　extremo izquierdo

ORDEN DE LOS TRAZOS

Cómo se dibuja este Kanji

PRÁCTICA

Trace y practique el siguiente kanji

ESTILOS　左 左 左 左 左 左 左 左

KANJI #	RADICAL	TRAZOS	SIGNIFICADO	UNICODE
1038	人	6	**descansar, día libre, retirarse, dormir**	**4F11**

ONYOMI

キュウ

kyuu

KUNYOMI

やす(む)

yasu(mu)

VOCABULARIO

休む (やす) — estar ausente
休日 (きゅうじつ) — vacaciones; día libre
休止 (きゅうし) — pausa; cese

連休 (れんきゅう) — vacaciones consecutivas
週休 (しゅうきゅう) — vacaciones semanales
運休 (うんきゅう) — servicio suspendido

ORDEN DE LOS TRAZOS

Cómo se dibuja este Kanji

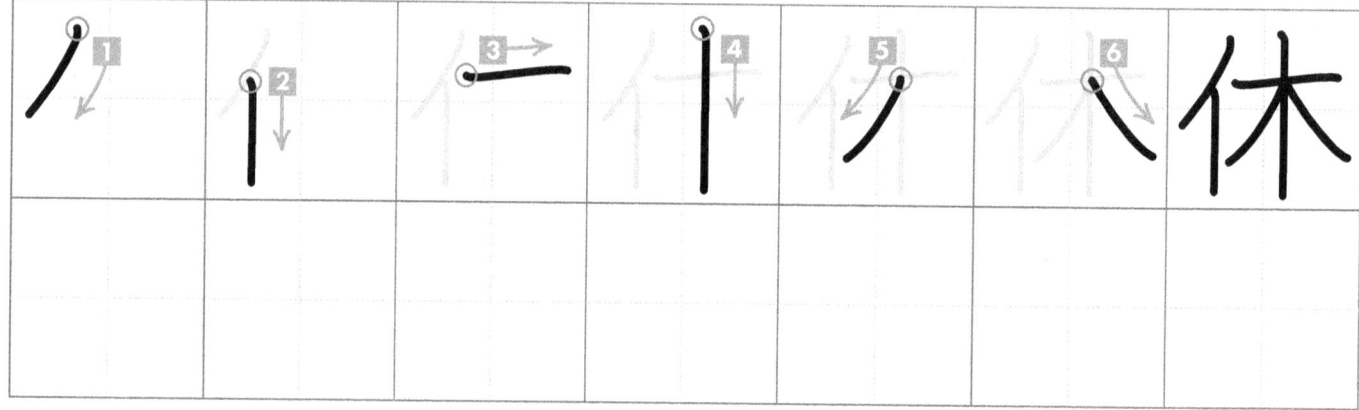

PRÁCTICA

Trace y practique el siguiente kanji

ESTILOS　休　休　休　休　休　休　休　休

KANJI #	RADICAL	TRAZOS	SIGNIFICADO	UNICODE
1366	父	4	padre	7236

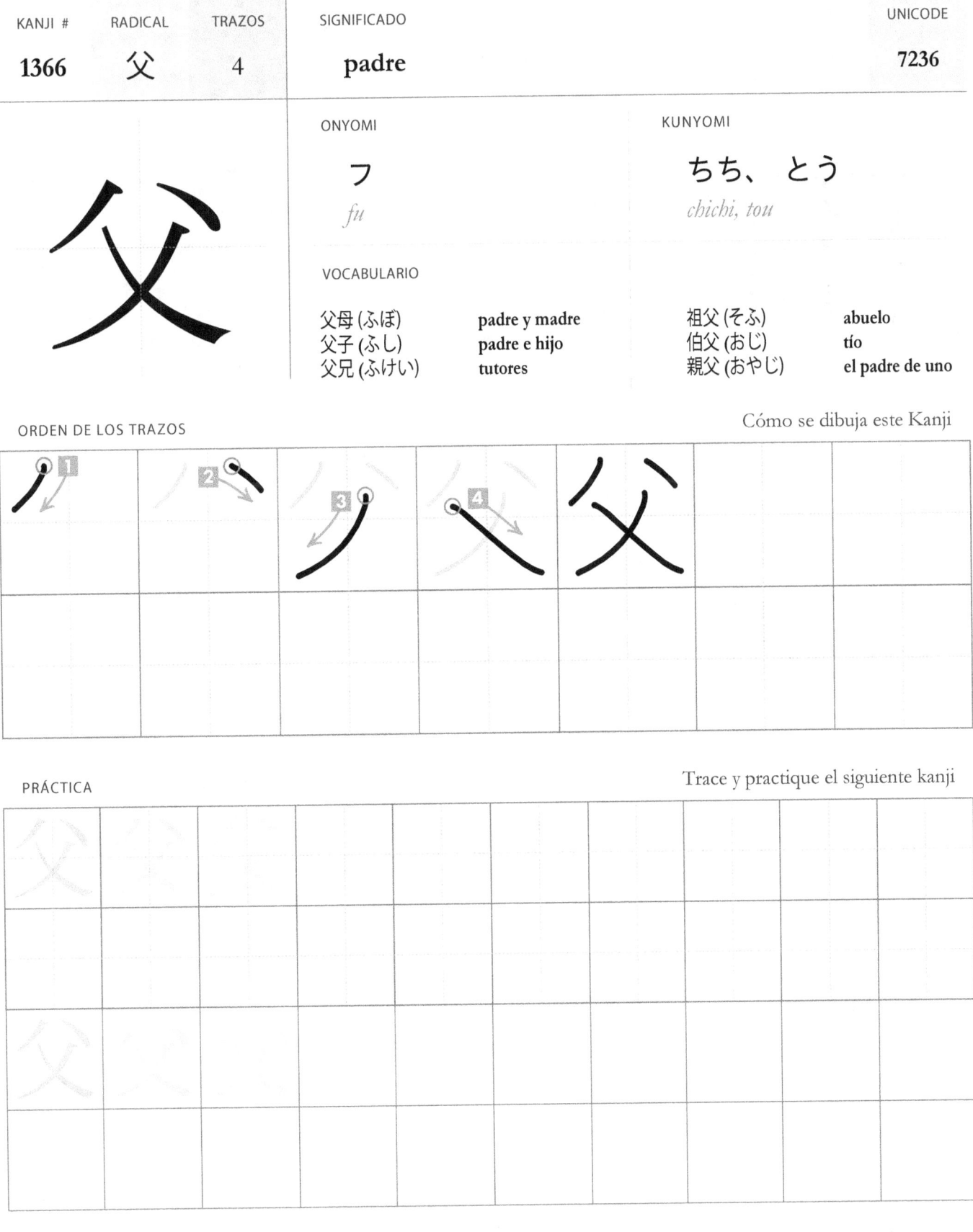

ONYOMI

フ

fu

KUNYOMI

ちち、とう

chichi, tou

VOCABULARIO

父母 (ふぼ) — padre y madre
父子 (ふし) — padre e hijo
父兄 (ふけい) — tutores

祖父 (そふ) — abuelo
伯父 (おじ) — tío
親父 (おやじ) — el padre de uno

ORDEN DE LOS TRAZOS

Cómo se dibuja este Kanji

PRÁCTICA

Trace y practique el siguiente kanji

ESTILOS 父 父 父 父 父 父 父 父

KANJI #	RADICAL	TRAZOS	SIGNIFICADO	UNICODE
0451	雨	8	**lluvia**	**96E8**

ONYOMI

ウ

u

KUNYOMI

あめ、あま

ame, ama

VOCABULARIO

雨天 (うてん)	clima lluvioso	梅雨 (つゆ)	temporada de lluvias
雨水 (うすい)	agua de lluvia	大雨 (おおあめ)	lluvia fuerte
雨量 (うりょう)	lluvia	時雨 (しぐれ)	llovizna

ORDEN DE LOS TRAZOS

Cómo se dibuja este Kanji

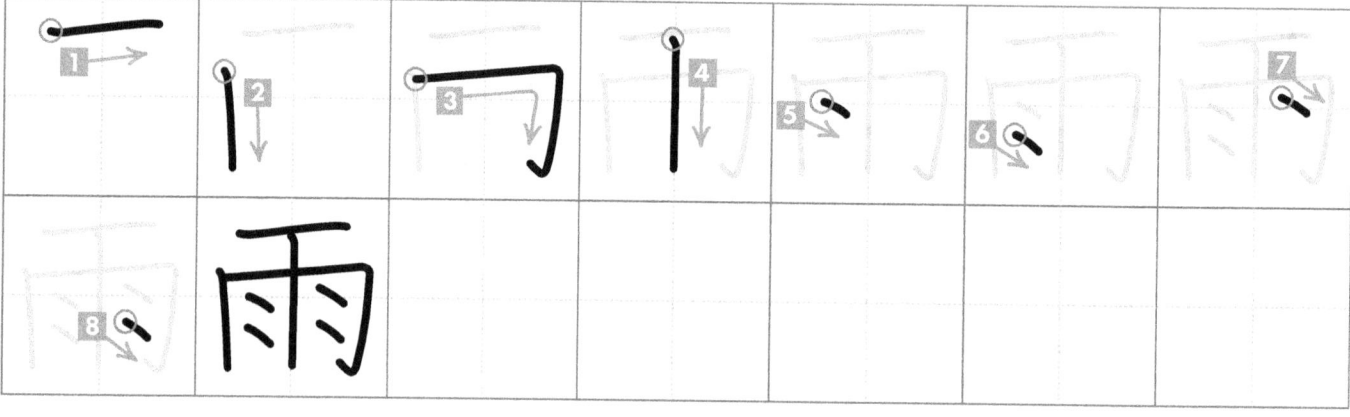

PRÁCTICA

Trace y practique el siguiente kanji

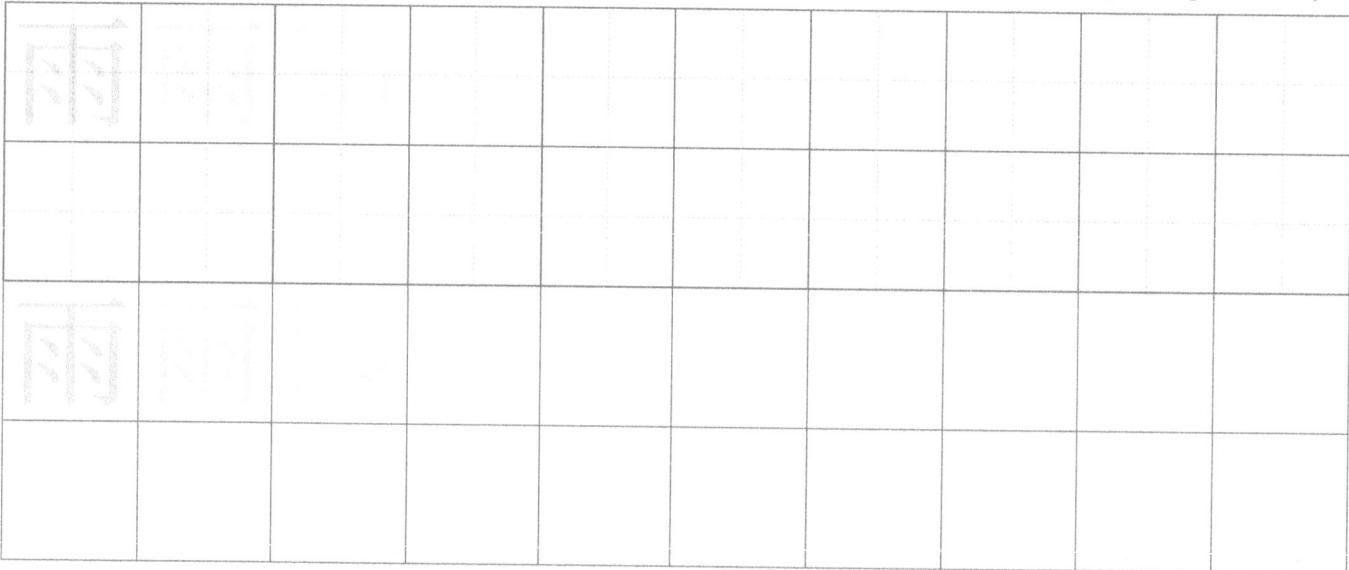

ESTILOS 雨 雨 雨 雨 雨 雨 雨 雨

PARTE 8

GENKOUYOUSHI

PAPEL CUADRICULADO
PARA PRÁCTICA
ADICIONAL

PARTE 9

KARTEIKARTEN
PARA FOTOCOPIAR O CORTAR Y GUARDAR

あ	ね	わ
い	た	り
ら	せ	や
れ	く	し

a

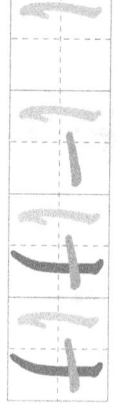

Se pronuncia como la 'a' de 'abuelo'.

i

Se pronuncia como la 'i' de 'invierno'.

u

Se pronuncia como la 'u' de 'uno'.

e

Se pronuncia como la 'e' de 'elefante'.

o

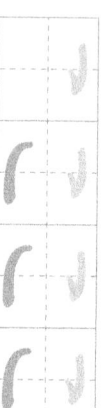

Se pronuncia como la 'o' de 'oreja'.

ka

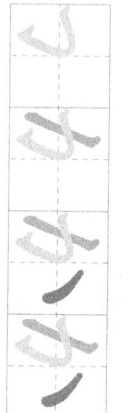

Se pronuncia como la sílaba 'ca' de 'casa'.

ki

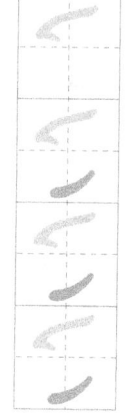

Se pronuncia como la 'ki' de 'kilo'.

ku

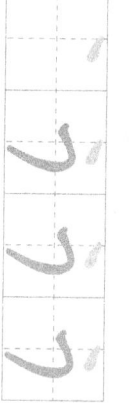

Se pronuncia como la 'cu' de 'cuna'.

ke

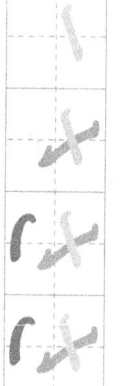

Se pronuncia como la 'que' de 'queso'.

ko

Se pronuncia como la 'co' de 'comida'.

sa

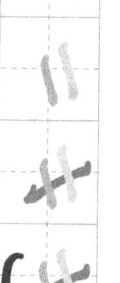

Se pronuncia como la 'sa' de 'salida'.

shi

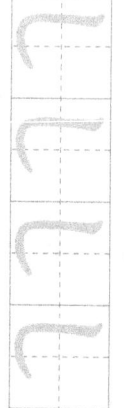

Se pronuncia como la 'shi', de 'sushi'.

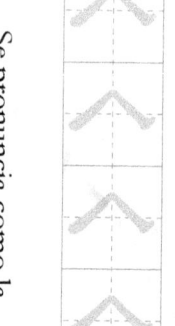

す　ち　な

せ　し　に

れ　ん　め

た　て　ぬ

su

Se pronuncia como la
'su' de 'subir'.

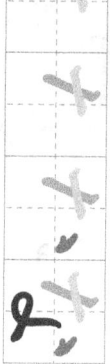

se

Se pronuncia como la
'se' de 'semana'.

so

Se pronuncia como la
'so' de 'sonido'.

ta

Se pronuncia como la
'ta' de 'taza'.

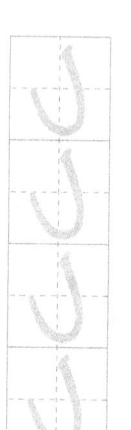

chi

Se pronuncia como la
'chi' de 'chiste'.

tsu

Se pronuncia como la
'tsu' de 'tsunami'.

te

Se pronuncia como la
'te' de 'tenedor'.

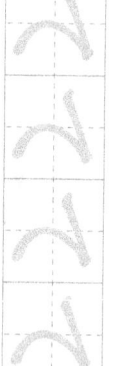

to

Se pronuncia con la
'to' de 'todo'.

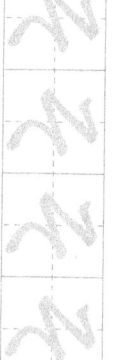

na

Se pronuncia como la
'na' de 'nada'.

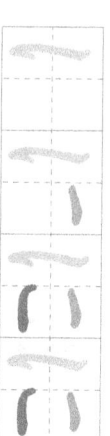

ni

Se pronuncia como la
'ni' de 'nido'.

nu

Se pronuncia como la
'nu' de 'nube'.

ne

Se pronuncia como la
'ne' de 'negocio'.

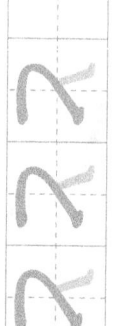

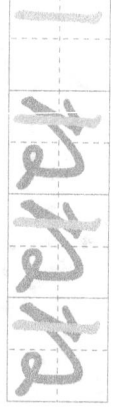

no
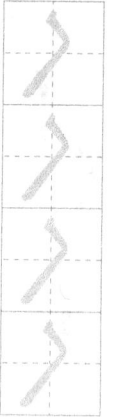
Se pronuncia como la 'no' de 'noche'.

he
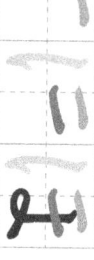
Se pronuncia como la 'je' de 'jefe'.

mu
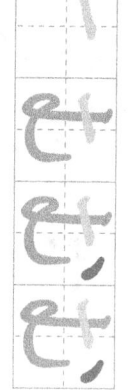
Se pronuncia como la 'mu' de 'mucho'.

ha
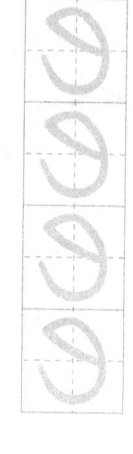
Se pronuncia como la 'ja' de 'jamón'.

ho
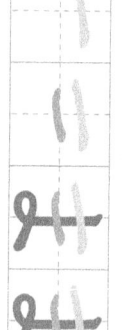
Se pronuncia como la 'jo' de 'joya'.

me
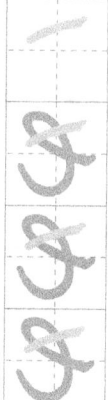
Se pronuncia como la 'me' de 'mesa'.

hi
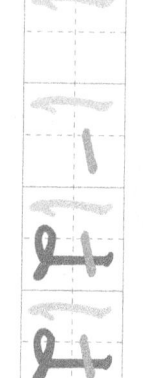
Se pronuncia como la 'ji' de 'jirafa'.

ma
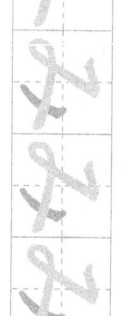
Se pronuncia como la 'ma' de 'mamá'.

mo
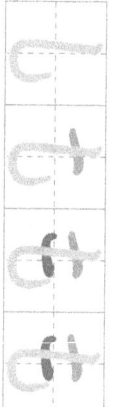
Se pronuncia como la 'mo' de 'moneda'.

fu
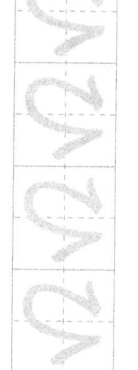
Se pronuncia como la 'fu' de 'fuego', pero la 'f' es suave.

mi
Se pronuncia como la 'mi' de 'minuto'.

ya
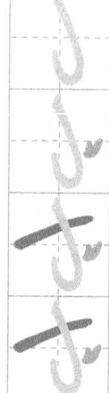
Se pronuncia como la 'lla' de 'llave'.

yu
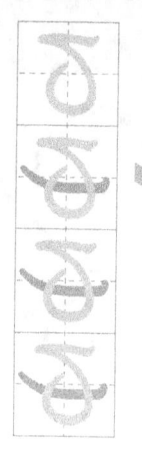
Se pronuncia como la 'llu' de 'lluvia'.

yo
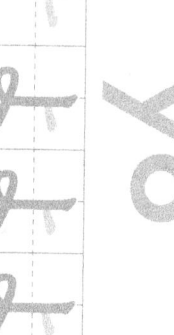
Se pronuncia como la 'llo' de 'llorar'.

re

Se pronuncia como la 're' en 'pared'.

ri
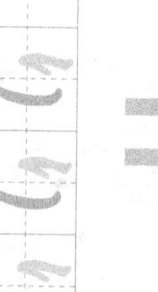
Se pronuncia como la 'ri' en 'herida'.

ra

Se pronuncia como la 'ra' de 'pera'.

ru

Se pronuncia como la 'ru' en 'oruga'.

ro
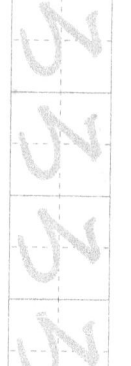
Se pronuncia como la 'ro' en 'oro'.

wa
Se pronuncia como la 'gua' de 'guante'.

wo
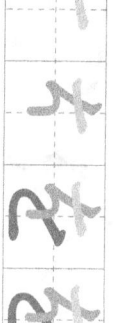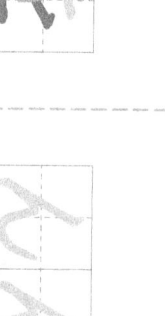
Se pronuncia como la 'o' en 'oso'. La 'w' es muda, no se pronuncia.

n*
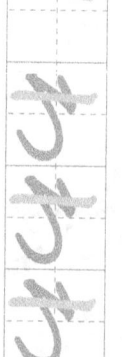
Se pronuncia simplemente como una 'n', como en la palabra 'Noruega'.

イ　ヤ　カ

イ　ア　川

ム　井　中

エ　力　ン

a

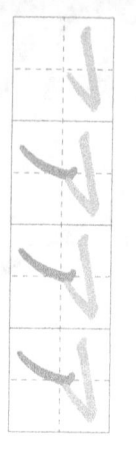

Se pronuncia como la 'a' de 'abuelo'.

i

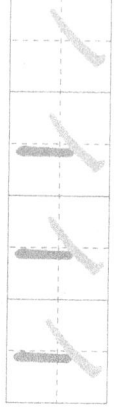

Se pronuncia como la 'i' de 'invierno'.

u

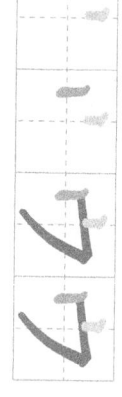

Se pronuncia como la 'u' de 'uno'.

e

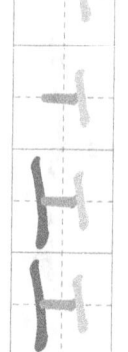

Se pronuncia como la 'e' de 'elefante'.

o

 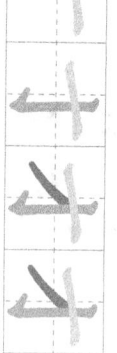

Se pronuncia como la 'o' de 'oreja'.

ka

Se pronuncia como la sílaba 'ca' de 'casa'.

ki

 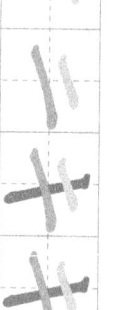

Se pronuncia como la 'ki' de 'kilo'.

ku

 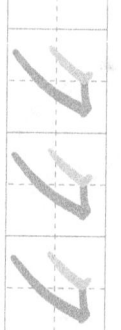

Se pronuncia como la 'cu' de 'cuna'.

ke

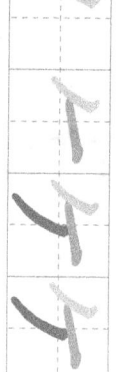

Se pronuncia como la 'que' de 'queso'.

ko

Se pronuncia como la 'co' de 'comida'.

sa

Se pronuncia como la 'sa' de 'salida'.

shi

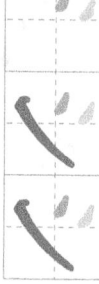

Se pronuncia como la 'shi' de 'sushi'.

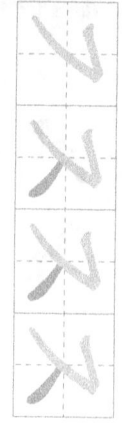

su

Se pronuncia como la 'su' de 'subir'.

se

Se pronuncia como la 'se' de 'semana'.

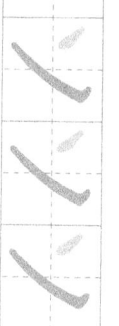

so

Se pronuncia como la 'so' de 'sonido'.

Se pronuncia como la 'ta' de 'taza'.

ta

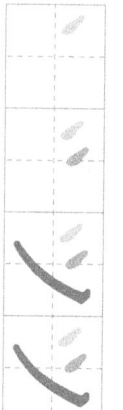

chi

Se pronuncia como la 'chi' de 'chiste'.

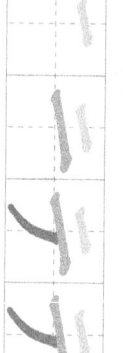

tsu

Se pronuncia como la 'tsu' de 'tsunami'.

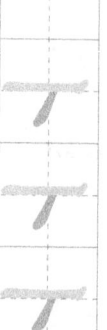

te

Se pronuncia como la 'te' de 'tenedor'.

Se pronuncia con la 'to' de 'todo'.

to

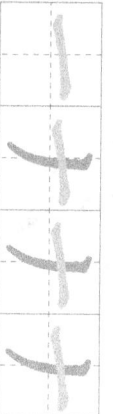

na

Se pronuncia como la 'na' de 'nada'.

ni

Se pronuncia como la 'ni' de 'nido'.

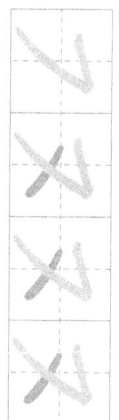

nu

Se pronuncia como la 'nu' de 'nube'.

Se pronuncia como la 'ne' de 'negocio'.

ne

no

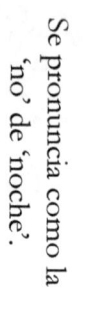

Se pronuncia como la 'no' de 'noche'.

ha

Se pronuncia como la 'ja' de 'jamón'.

hi

Se pronuncia como la 'ji' de 'jirafa'.

fu

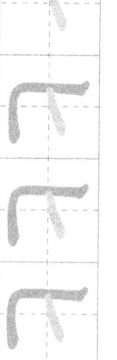

Se pronuncia como la 'fu' de 'fuego', pero la 'f' es suave.

he

Se pronuncia como la 'je' de 'jefe'.

ho

Se pronuncia como la 'jo' de 'joya'.

ma

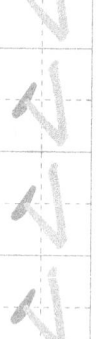

Se pronuncia como la 'ma' de 'mamá'.

mi

Se pronuncia como la 'mi' de 'minuto'.

mu

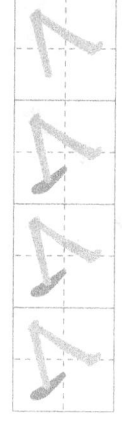

Se pronuncia como la 'mu' de 'mucho'.

me

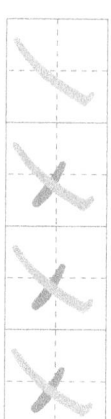

Se pronuncia como la 'me' de 'mesa'.

mo

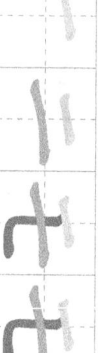

Se pronuncia como la 'mo' de 'moneda'.

ya

Se pronuncia como la 'lla' de 'llave'.

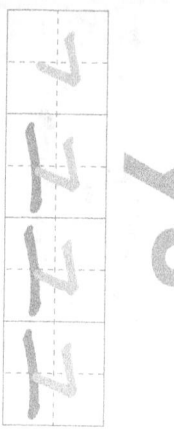 **yu**

Se pronuncia como la 'llu' de 'lluvia'.

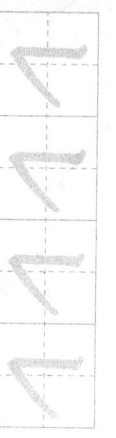 **re**

Se pronuncia como la 're' en 'pared'.

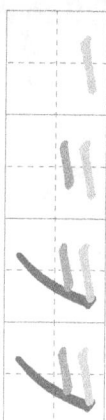 **wo**

Se pronuncia como la 'ó' en 'oso'. La 'w' es muda, no se pronuncia.

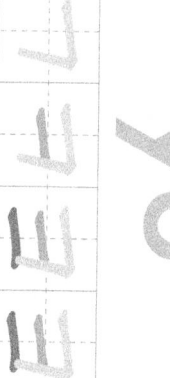 **yo**

Se pronuncia como la 'lló' de 'llorar'.

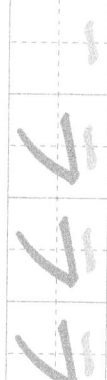 **ra**

Se pronuncia como la 'ra' de 'pera'.

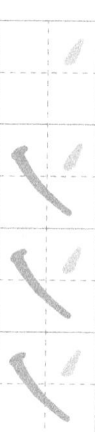 **n***

Se pronuncia simplemente como una 'n', como en la palabra 'Noruega'.

 **ru**

Se pronuncia como la 'ru' en 'oruga'.

 **ro**

Se pronuncia como la 'ro' en 'oro'.

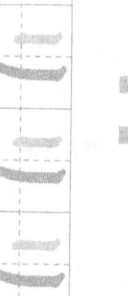 **ri**

Se pronuncia como la 'ri' en 'herida'.

 **wa**

Se pronuncia como la 'gua' de 'guante'.

日　丨　国

人　年　大

木　刂　十

田　乗　中

SIGNIFICADO	RADICAL	SIGNIFICADO	RADICAL
día, sol, Japón, contador de días	日	persona	人
un	一	año, contador de años	年
país	口	largo, grande	大

SIGNIFICADO	RADICAL
libro presente, verdadero, contador para cilindros largos	本
dos, 2	二
largo, líder, superior, mayor	長
salida, abandonar, salir	出
diez, 10	十
en, dentro, medio, medio, medio, centro	丨

行	昔	二
分	月	兄
生	前	後
上	間	五

SIGNIFICADO	RADICAL
ahora, el presente	今
entrar, insertar	入
círculo, yen (unidad monetaria japonesa), redondo	円
ocho, 8	八
cuatro, 4	四
nueve, 9	九
alto, caro	高
en el exterior	外
este	本
oro	金
estudiar, aprendizaje, ciencia	学
niño	子

米	下	大
七	小	辰
女	語	山
百	午	北

SIGNIFICADO **RADICAL** venir debido, siguiente, causar, llegar a ser 木	SIGNIFICADO **RADICAL** siete, 7 一	SIGNIFICADO **RADICAL** mujer, femenino 女	SIGNIFICADO **RADICAL** cien 白
SIGNIFICADO **RADICAL** abajo bajar, descender, dar, bajar, inferior 囗	SIGNIFICADO **RADICAL** pequeño 小	SIGNIFICADO **RADICAL** cuento, alto 言	SIGNIFICADO **RADICAL** mediodía, signo del caballo 十
SIGNIFICADO **RADICAL** seis, 6 八	SIGNIFICADO **RADICAL** espíritu, mente aire, atmósfera, estado de ánimo 气	SIGNIFICADO **RADICAL** montaña 山	SIGNIFICADO **RADICAL** norte 匕

名	先	書
水	千	川
西	男	羊
語	校	電

SIGNIFICADO	RADICAL
nombre, señalado, distinguido, reputación	口
antes, adelante, anterior, futuro, precedente	儿
escribir	曰
agua	水
mil	十
río, arroyo	巛
oeste	西
hombre, varón	田
mitad, medio, número impar, semi	十
palabra, el habla, lenguaje	言
escuela	木
electricidad, eléctrico accionado	雨

圖　木　土

何　丰　金

弗　刀　垂

申　天　田

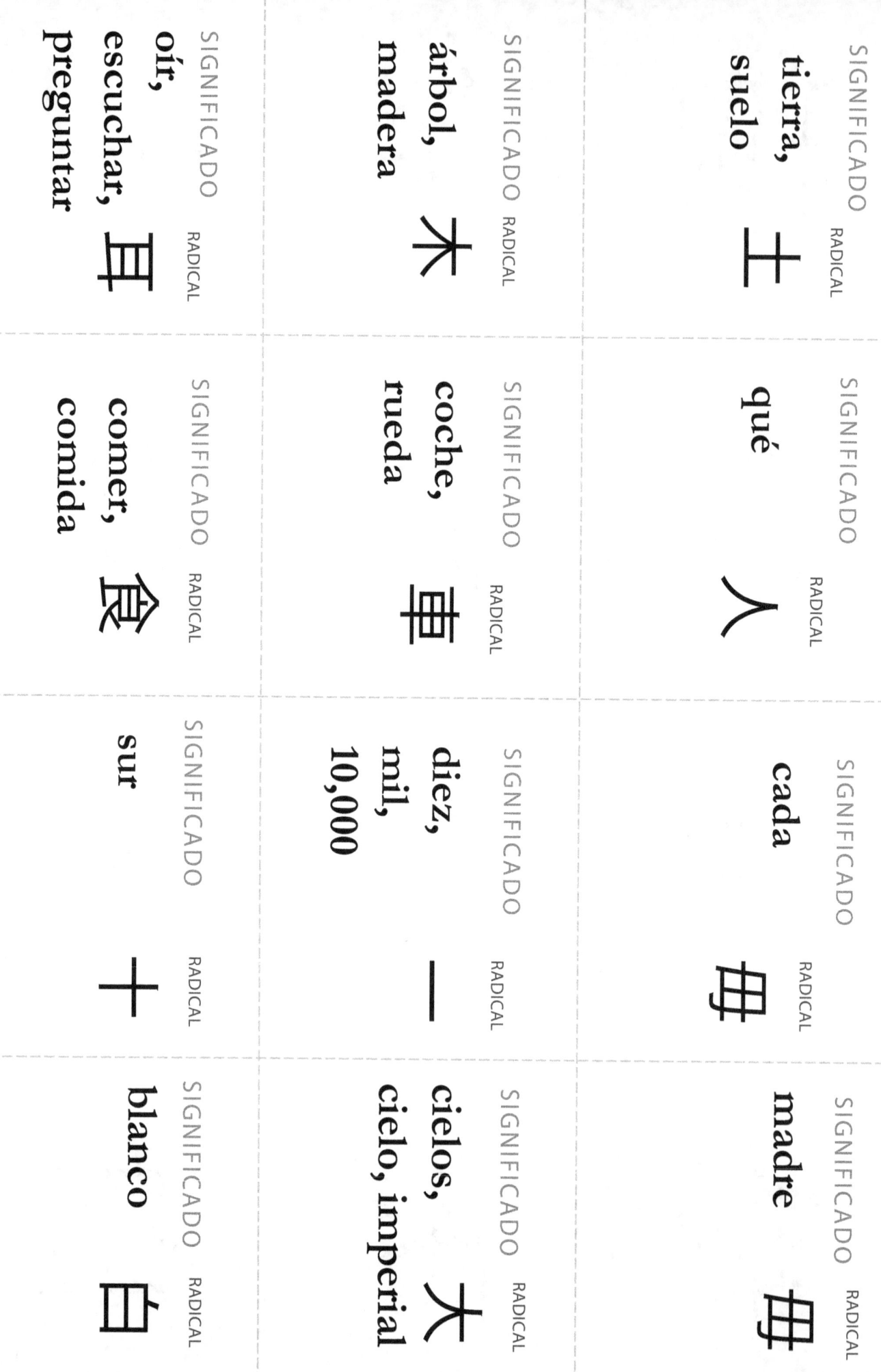

SIGNIFICADO
tierra, suelo
RADICAL
土

SIGNIFICADO
árbol, madera
RADICAL
木

SIGNIFICADO
oír, escuchar, preguntar
RADICAL
耳

SIGNIFICADO
qué
RADICAL
人

SIGNIFICADO
coche, rueda
RADICAL
車

SIGNIFICADO
comer, comida
RADICAL
食

SIGNIFICADO
madre
RADICAL
毋

SIGNIFICADO
cada
RADICAL
毋

SIGNIFICADO
diez, mil, 10,000
RADICAL
一

SIGNIFICADO
sur
RADICAL
十

SIGNIFICADO
cielos, cielo, imperial
RADICAL
大

SIGNIFICADO
blanco
RADICAL
白

火	右	読
友	左	休
父	用	

SIGNIFICADO **para leer** RADICAL 言

SIGNIFICADO **descanso, día descanso, retirarse, dormir** RADICAL 人

SIGNIFICADO **derecho** RADICAL 口

SIGNIFICADO **izquierda** RADICAL 工

SIGNIFICADO **lluvia** RADICAL 雨

SIGNIFICADO **fuego** RADICAL 火

SIGNIFICADO **amigo** RADICAL 又

SIGNIFICADO **padre** RADICAL 父

ありがとう

arigatou

Gracias

¡Gracias por escoger nuestro libro!

Ahora ya está bien encaminado para aprender a leer, escribir y hablar en japonés, y esperamos que haya disfrutado de nuestro libro de ejercicios de kanji.

Si usted ha disfrutado aprendiendo con nosotros, nos gustaría mucho que nos contara su progreso en una reseña.

Siempre estamos dispuestos a averiguar si hay algo que podamos hacer para mejorar nuestros libros para los futuros estudiantes. Nos comprometemos a ofrecer el mejor contenido para el aprendizaje de idiomas, por lo que le rogamos que se ponga en contacto con nosotros por correo electrónico si tiene algún problema con el contenido de este libro:
hello@polyscholar.com

¿Quieres más páginas de práctica?
Escanea el código QR o visita
https://amzn.to/3CWT6oG para
obtener un cuaderno.

www.ingramcontent.com/pod-product-compliance
Lightning Source LLC
Chambersburg PA
CBHW081324120626
46546CB00011B/3212